现代体育社会学（第二版）

主　编　陆小聪
副主编　赵文杰

上海大学出版社
·上海·

图书在版编目(CIP)数据

现代体育社会学/陆小聪著. —2版. —上海：
上海大学出版社,2020.12(2021.12重印)
ISBN 978-7-5671-4141-4

Ⅰ.①现… Ⅱ.①陆… Ⅲ.①体育运动社会学-高等学校-教材 Ⅳ.①G80-051

中国版本图书馆CIP数据核字(2020)第258357号

责任编辑　傅玉芳
封面设计　柯国富
技术编辑　金　鑫　钱宇坤

现代体育社会学(第二版)

主　编　陆小聪
副主编　赵文杰

上海大学出版社出版发行
(上海市上大路99号　邮政编码200444)
(http://www.shupress.cn　发行热线 021-66135112)
出版人　戴骏豪

*

南京展望文化发展有限公司排版
上海普顺印刷包装有限公司印刷　各地新华书店经销
开本 787mm×960mm　1/16　印张 18.25　字数 328千
2020年12月第1版　2021年12月第2次印刷
ISBN 978-7-5671-4141-4/G·3202　定价 45.00元

版权所有　侵权必究
如发现本书有印装质量问题请与印刷厂质量科联系
联系电话:021-36522998

序

要说体育,我基本是一个门外汉,很少身体力行地参加体育锻炼,但要说我不关心体育,那也不符合事实。1959年,容国团勇夺世界乒乓球男子单打冠军,一句"人生能有几回搏"感动了一代中国人,我作为一个公民,也是深受鼓舞的;1981年,中国男排身处逆境却顽强拼搏,最后反败为胜的壮举,就像号角一样吹响了"振兴中华"的时代强音。凡此种种,至今仍历历在目。

联合国教科文组织曾经作过一个国际性的调查,其中有一个问题是"公众认为怎样的民族成就是重要的"。调查的结果是:体育在所有能引起对国家成就感到自豪的指标中位居第一,其他依次是历史、艺术和文学、科学成就、军队、经济成果、民主、社会安定、公平待遇和政治影响等。这个调查结果说明了体育成就是人们对于自己的民族和国家产生认同的重要因素。

时代毕竟在快速地向前发展,体育所承载的社会意义也有了更多的阐释。北京奥运会的成功举办,不仅激发了每个中国人的民族自信心和国家自豪感,也为世界了解中国、共建"和谐世界"的人类理想迈出了重要的一步。

今天,体育不再是少数人所从事的一项事业,也不再是那些具有天赋的运动员的专利了。观察一下周围的人,你会发现越来越多的人开始参与到各种各样体育活动当中。同住在一个小区的老人们每天清晨会聚集在一起,或做操,或打拳,或跳舞,抑或天南海北聊家常,其乐融融,一派和谐的景象。年轻一点的职业白领们则会在下班后或节假日相约去健身房,去网球场,去游泳馆自由地舒展身体,释放工作的压力,感受生活的乐趣。你还可以发现,由于大众媒体的高度发达,在你的生活中,有关体育的新闻旧事纷至沓来,电视直播的精彩赛事会吸引住你的眼球；报纸、杂志以及网络上的体育评论让你知道体育不仅仅是一场比赛而已。不可否认，体育比以前任何时候都更直接地进入了人们的生活中，与此相关联的是，体育也越来越与经济、文化、教育、传媒等紧密地连接在一起，反映了一个社会的结构性特征。

  我的同事陆小聪教授长期从事体育社会学教学与研究，颇有建树。由他主编的这本《现代体育社会学》，从社会学的视角出发，深入分析了体育与相关的社会设置之间的辩证关系；探讨了在体育现象中所反映出来的体育社会问题的本质等。这些论述为我们更全面地辨析体育在社会发展中的功能，更理性地理解体育在个人生活中的价值，无疑具有启示作用和指导意义。

  是为之序。

邓伟志
2020 年 10 月

目　　录

第一章　体育社会学导论 … 001
　第一节　如何定义体育 … 001
　　一、Sport 概念的由来 … 002
　　二、Sport 论的展开 … 002
　　三、回归到体育 … 004
　第二节　体育的历史变迁 … 005
　　一、古希腊的体育精神 … 005
　　二、西方近代体育的形成 … 007
　　三、中国体育的社会建构 … 008
　第三节　体育的现代发展 … 010
　　一、体育的高度竞技化发展 … 010
　　二、体育的大众化趋势 … 011
　　三、体育的商业化倾向 … 012
　第四节　体育社会学的视野 … 014
　　一、作为方法论的社会学 … 014
　　二、体育社会学何以可能 … 016
　　三、体育社会学的发展 … 019

第二章　体育与政治 … 022
　第一节　体育体制及公共政策 … 022
　　一、关于体育体制 … 022
　　二、我国体育体制及公共政策 … 025

第二节　体育中的政治化现象　　027
　　一、体育的政治化　　027
　　二、什么使体育政治化　　028
　　三、体育中的政治化现象　　029
第三节　奥林匹克运动与政治　　033
　　一、政治介入奥林匹克运动的表现形式　　033
　　二、政治介入奥林匹克运动的原因　　037
　　三、奥林匹克运动的政治功能　　041

第三章　体育与经济　　045
第一节　体育经济的特征　　046
　　一、什么是体育商品　　047
　　二、消费是利益分析框架的关键　　049
第二节　体育经济的供求分析　　051
　　一、体育需求与价格之间的关系　　051
　　二、体育供给与价格之间的关系　　052
　　三、国内体育产品总值　　054
第三节　体育与经济的因素分析　　056
　　一、体育消费　　057
　　二、体育生产者　　059
　　三、影响需求和供给变动的因素　　060
第四节　体育经济的运行模式　　062
　　一、模式分析　　062
　　二、观念模式　　063
　　三、管理模式　　065
　　四、营销模式　　068

第四章　体育与文化　　073
第一节　东西方体育文化比较　　073
　　一、东西方体育文化差异　　074
　　二、东西方体育文化共同点　　077
第二节　体育精神与价值规范　　080

  一、体育精神与体育人文精神 080
  二、对现代体育精神的诠释 081
  三、现代体育精神的构建 084
 第三节 奥林匹克运动的文化意义 087
  一、奥林匹克文化的来源与范畴 088
  二、奥林匹克文化的性质 089
  三、奥林匹克文化的内涵 091

第五章 体育与教育 095
 第一节 现代教育制度与体育 095
  一、教育与体育关系的历史变迁 095
  二、现代教育制度与体育 097
  三、中国现代体育教育 098
  四、英美现代体育教育 101
 第二节 体育与人的社会化 102
  一、体育与人的社会化 102
  二、我们为什么参加体育运动 105
 第三节 体育的教育功能及其发展之路 109
  一、体育与人的全面发展 110
  二、体教结合——中国体育教育的发展之路 111

第六章 体育与传媒 115
 第一节 传媒研究的主要理论 115
  一、经典的传播学理论 115
  二、马克思主义批判理论 117
  三、当代文化研究 120
 第二节 体育与传媒的互动发展 122
  一、体育与传媒的结合 122
  二、传媒对体育的推动 125
  三、传媒对体育的控制 128
 第三节 中国体育传媒的发展 129
  一、平面体育媒体的现状 129

二、电视体育媒体产业　　131
三、新媒体介入体育传播　　133
四、中国体育传媒业的总体概况　　134

第七章　体育与观众　　137

第一节　走进体育场的意义　　137
一、体育观赏的文化意义　　137
二、体育观赏的社会功能　　139

第二节　球场暴力与社会安全阀　　141
一、球场暴力的定义　　142
二、谁在球场内"动粗"　　144
三、球场"动粗"是社会安全阀吗　　146

第三节　球迷群体与人际沟通　　149
一、球迷的界定及类型　　149
二、群体与球迷群体　　150
三、球迷群体与人际沟通　　151
四、球迷组织化——一种人际沟通的结果　　153

第八章　体育与城市规划　　156

第一节　城市景观体育的发展　　156
一、城市景观体育的概念与特征　　156
二、城市景观体育的背景与意义　　158
三、城市景观体育的现状与发展　　159

第二节　体育与城市公共空间　　163
一、城市公共空间概念　　163
二、体育对城市公共空间的意义　　164
三、城市体育公共空间的形态　　165
四、城市体育公共空间的发展　　166

第三节　奥运会与城市规划　　169
一、奥运会对城市规划的意义　　169
二、"绿色奥运"理念是城市可持续发展的保障　　172
三、北京奥运会对城市规划的推进作用　　174

第九章　体育与社区建设　　　　　　　　　　　　　　　177
第一节　社区体育概说　　　　　　　　　　　　　　　177
一、社区　　　　　　　　　　　　　　　　　　　　177
二、社区体育的兴起　　　　　　　　　　　　　　178
三、什么是社区体育　　　　　　　　　　　　　　180
第二节　城市社区体育和农村社区体育　　　　　　　183
一、城市社区体育　　　　　　　　　　　　　　　183
二、农村社区体育　　　　　　　　　　　　　　　187
第三节　社区体育与社区建设　　　　　　　　　　　193
一、什么是社区建设　　　　　　　　　　　　　　193
二、社区建设对社区体育发展的作用　　　　　　194
三、社区体育对社区建设的作用　　　　　　　　195

第十章　体育与生活方式　　　　　　　　　　　　　　199
第一节　体育与家庭　　　　　　　　　　　　　　　199
一、家庭的概念及其功能　　　　　　　　　　　　199
二、体育与家庭的关系　　　　　　　　　　　　　200
第二节　体育与社会交往　　　　　　　　　　　　　208
一、社会交往和社会交往方式的新变化　　　　　208
二、现代社会交往的冷漠、孤独和人类对新型社会交往的渴求　　　209
三、体育活动是一种社会交往平台　　　　　　　209
四、社会交往促使人们参与并坚持体育活动　　212
第三节　体育与休闲时尚　　　　　　　　　　　　　214
一、体育休闲是休闲的重要内容之一　　　　　　214
二、发展休闲体育，促进体育游戏化、生活化　　217
三、体育时尚化有助于休闲体育的发展和普及　　220

第十一章　体育与未来社会　　　　　　　　　　　　　223
第一节　体育与全球化的发展　　　　　　　　　　　223
一、关于全球化　　　　　　　　　　　　　　　　224
二、经济全球化中的体育　　　　　　　　　　　　225
三、全球化与体育文化　　　　　　　　　　　　　230

四、体育全球化与地方性体育　　234
　第二节　体育与风险社会　　235
　　一、中国体育场域的风险生态　　235
　　二、体育场域风险的生成机制　　239
　第三节　未来的体育　　241
　　一、更加适应人们的多元化兴趣　　241
　　二、适应科学技术和经济的发展　　241
　　三、体育的各项功能有所分化　　242
　　四、体育与媒体的互动关系更加紧密　　242

第十二章　研究综述：体育社会学的相关理论　　245
　第一节　功能主义的研究　　245
　　一、参与体育运动与发展良好性格之间的关系　　246
　　二、群体、社区和社会中的体育运动和社会整合　　248
　　三、运动参与和成就动机　　249
　　四、运动参与和提高防御能力之间的关系　　251
　第二节　冲突理论　　252
　　一、运动员的身体是如何被异化的　　252
　　二、体育运动如何对人们加以强制和控制　　254
　　三、体育运动和商业主义的发展　　255
　　四、体育运动与民族主义和军事主义的关系　　256
　　五、体育运动和种族主义、性别主义的关系　　257
　第三节　批判理论　　259
　　一、女权主义理论　　260
　　二、文化研究　　263
　第四节　互动理论　　266
　　一、体育运动成为发生在社会总体中的"性别分化"
　　　　过程的场所　　267
　　二、体育运动为社会化的强有力的形式提供了场所　　267

后记　　279

第一章
体育社会学导论

　　现代体育正以不同的方式进入了人们的现实生活之中,构成了我们生活于其中的这个社会世界的图景之一。精彩的体育赛事吸引着大众的眼球,各类媒体充斥着体育的报道评论,在余暇的时间里人们盘算着如何用体育的方式进行休闲娱乐。在全球化的背景下,体育更是成为一种跨越时空的符号和交流媒介,地球的每个角落都可能以各自的方式共同感受着体育所带来的欢欣或者困惑。

　　体育作为人类生活中的一种文化活动,总是与一定的社会结构相关联,反映着特定的历史时期的社会观念、制度和风俗,同时它也从一个侧面构成并影响着人们的社会生活方式。在不同的历史时期,体育的表现方式是不同的,而在不同的社会空间里人们对于体育的理解也存在着差异。那么体育究竟是怎样演变成现在这个形态的?体育在社会生活中的意义在哪里?体育社会学研究又何以可能?这些就是本章所要讨论的主要内容。

第一节　如何定义体育

　　何谓体育?从语义学的意义上说,体育所指的就是一种对于"身体的教育"(physical education),归属于教育的范畴,学校体育是这种意义的最好体现。如果追根溯源的话,我们发现体育一词是从日语的同名汉字中转译过来的,它的前身是"体操",专指20世纪初期在日本学校中开设的诸如"兵式体操"等教育课程。当"体操"更名为"体育"后,其内涵也随之得到了扩展,体育的含义不再局限于学校教育的领域,同时也指称那些高水平的竞技比赛以及工作之余的健身娱乐等活动。由此看来,体育的概念是双义的,即在狭义的意义上,它是特指在各类学校中开展的体育活动,而它更为广泛的含义则包括人们通过身体运动的形式所展开的各类竞技、娱乐、休闲和社交等活动。

一、Sport 概念的由来

今天,当人们言及体育的时候,实际上已经兼容了许多与之相类似的概念内涵,诸如竞技(sport)、游戏(game)、玩耍(play)、休闲(leisure)和娱乐(recreation)等要素,尤其是竞技(sport)与体育这一概念之间的关系最为密切,这是因为 sport 是国际社会指称我们所说的体育现象的主要用语,也就是说,西方人是用 sport 来称谓我们所认为的体育现象的。但是,必须指出的是,我们在理解 sport 的时候,却产生了若干歧义,比如我们经常把 sport 这一英语单词翻译成竞技,有时也翻译成竞技运动。对照 sport 的原义,无论竞技或是竞技运动都显得不够全面,在逻辑学上存在定义过窄的问题,一定程度上影响了我们对体育含义的完整把握。所以,在对体育的概念进行明确的界定之前,不妨先来考察一下 sport 这一概念,从而达到在对体育的理解上形成一种国际性的共识。

19 世纪末 20 世纪初,Sport 用语开始成为国际上广泛使用的称呼体育运动的英语单词,它的语源是出自拉丁语的 deportare,假设将其分解的话,便可还原为 de＝away,portate＝carry 的形式,意味着人们暂时脱离为生存所必需的工作与劳动,而在余暇时所进行的休养、娱乐和游戏等活动。在欧洲中世纪,法国人吸收了这一用语,因而有了法语的 desport,14 世纪时,英语将其转化为 disporte,而在 16 世纪,进而省略并定型为现在的 sport。

Sport 用语在被英语化的当初,它的含义较为广泛,包含了除了必需的劳动和工作以外,所有为了达到气氛转换目的的舆论、休闲等活动,而在 16 世纪则限定为游戏、消遣等特定的活动形式,尤其是意味着在户外进行的、使人感到愉快的身体活动。在 17 世纪和 18 世纪的时候,特指伴随野外的身体活动,如狩猎等带有胜负性质的游戏活动。

Sport 这一概念内涵经过长达五个世纪的演变,在 19 世纪的中叶才得以定型,基本包含了以下几个要素,即在户外进行的,具有竞技特性的各种形态的游戏和身体活动(陆小聪,1997)。

二、Sport 论的展开

最早尝试对 sport 现象作出文化学界定的是荷兰学者赫伊津哈(J. Huizinga),他在《游戏的人》(*Homo Ludens*,1938)一书中,系统地阐述了"人类文化在游戏中发生并得以成立"这一理论命题,并将 sport 现象置于文化的范畴展开了讨论。19世纪中叶以后,伴随着西欧社会日益世俗化的进程,镶嵌在 sport 活动中的一些纯粹的游戏要素不断地受到侵蚀和剥离,从而逐渐与社会结构之间失去有机的联系。针对这一现象,赫伊津哈指出:"Sport 作为一种真正意义上文化,不可或缺游戏的要素"(1996)。因为真正的游戏,其自身就是目的,而 sport 的世俗化发展已经使它附带了太多的功利性价值,从而肢解了它本来的意义。这一论断对以后的 sport 理论的研究产生了重要影响。

"二战"以后,世界再一次回到了相对和平的环境之中,Sport 活动成为许多国家的政策性行为,而且在多种目的的引导下,其表现方式及其结构与功能也发生了显著的变化,对于 sport 概念的把握出现了定义不清、边界模糊的现象。因此,法国的吉内特(B. Jillet)在他的《Sport 的历史》(*Histoire du Sport*,1949)中用历史分析的方法,对 Sport 的内涵进行了梳理和确认。立足于赫伊津哈的游戏论前提,吉内特对 Sport 作出了明确的概念界定,首次提出了关于 sport 的三要素论,即游戏性、竞技性和身体运动性。

20世纪60年代以后,国际上的 sport 发展出现了两极化的趋势,即面向普通民众的大众化与面向高水平(职业)选手的专业化趋势,这种发展无疑要求对 sport 概念做出新的解释和再定义。对此,英国的体育社会学家麦金托什(P. C. Mackintosh)以欧洲 sport 为考察对象,从社会学和历史学的角度分析了 sport 与社会结构之间的紧密关系。他在《Sport 和社会》(*Sport & Society*,1963)一书中写道:"作为 sport 本质性特征的游戏要素,不同于其他带有偶然性的玩耍,或者表演性的游戏,它要求卓越性以及进取、搏击的精神","战胜自己、环境以及对手的努力本身所赋予人的满足感,是 sport 所特有的一种价值,这种价值并不随胜利或失败而逸失,因为其本质上的游戏性决定了它可以被重复操作、反复演练"。麦金托什的这一分析,对 sport 所具有的价值意义进行了提炼,也为后来者的研究开启了思路。

美国的爱德华兹(H. Edwards)的《Sport 社会学》(*Sociology of Sport*,1973)吸收了麦金托什的主要观点,并且在比较分析了相关概念的异同后指出:正如由 play,recreation,contest,march,game 的顺序到达 sport 一样,Sport 的自身发展也体现了这一历史的渐进性特征。这些特征依次为:① 活动中个人的自发性、自主性弱化;② 公认的规则、团体的构造性趋向中心位置;③ 从日常生活的压力中超脱所带来的分离感减弱;④ 个人的义务、责任得到强调;⑤ 活动的影响波及未直接参加活动的集团。爱德华兹的这些论述是基于美国职业体育的高度发达状况而言的,揭示了现代 sport 朝向专业化发展的基本特征,而这种发展正如美国的路易(J. W. Loy)在《Sport·文化·社会》(*Sport, Culture &*

Society，1969)中所断言的那样，Sport 正在成为一种"要求高度的运动能力并在一定的组织下所进行的游戏"。

1992年5月，第7届欧洲sport(体育)部长会议在古代奥运会发源地希腊的露德斯岛举行，在这次会议所审议通过的《新欧洲Sport宪章》中，重新将sport定义为："在轻松愉快的，或者组织性的参加形式下，以体力的增强、精神充实感的满足、社会关系的形成以及所有层次上的以对竞技成绩的追求为目的的身体活动。"这一定义体现了迄今为止欧洲社会对sport这一用语在理解上所达成的共识，也在某种程度上反映了现代体育发展的最新动态[1]。

三、回归到体育

从sport概念内涵的演变过程中可以看到，Sport经历了由日常性用语发展到专门术语的历史过程。虽然这两者都包含了在身体运动的条件下，进行娱乐和竞技活动的意味，但作为日常用语，sport主要体现了它的娱乐性特征和大众化的方向，而作为专门术语，sport则集中于竞技性的因素，指向作为社会结构一部分的专业领域，即高水平的体育竞技活动。即使如此，它们却共同构成了sport概念的意义内涵，两者同时是不可或缺的。不仅如此，这两个属性之间也是相互渗透，互为联结的，比如运用竞赛的方式组织开展大众化的体育休闲娱乐活动；而高水平的竞技比赛，往往是具有观赏性的，优秀的专业选手则经常是在一种相对愉悦快乐的心态下，发挥出最高的水平，从而自娱娱人。

如前所述，在将sport翻译成汉语的时候，我们经常以"竞技"或"竞技运动"相对应，显而易见，这种置换虽然忠实地传达了sport所固有的竞技性本质，并且也充分反映了西方体育以及文化传统中重视竞争的特点，但却未能将它所同时具有的娱乐性充分表现出来。近代以前，我国的传统体育曾经浸透在优于娱乐、重于健身的氛围之中，而随着西风东渐，本土的体育传统受到冷落，因此在移植sport概念时出现顾此失彼的现象，突出了它的竞技性要素，而压抑了包含其中的游戏、娱乐以及健身等意义。

中国女篮在1984年的洛杉矶奥运会上获得季军，成为世界强队，但有一位美国教练看了当时的女篮训练后评论说，"中国人还没有真正理解篮球"。为什么在奥运会上名列前茅的球队仍然没有真正懂得篮球呢？这是因为，虽然今天的篮球比赛作为一项高度制度化的竞技活动，却是起源于游戏和娱乐，是一种能够使人乐在其中、尽情地表现自我的活动，当我们把篮球仅仅肢解为一些技术和

---

[1] 陆小聪：《论Sport概念的演变》，《天津体育学院学报》，1997年第2期。

战术,并像一个生产流水线在制造的时候,篮球的魅力其实已经离我们很远了。米卢的"快乐足球"理念之所以能够大行其是,获得成功,就在于它回归到了 sport 的本来意义,足球对于运动员来说不再是一种"苦行",也不再仅仅是一些刻板的技术要领和战术要求,而成为施展想象力和生命意志的空间。

让我们再一次回到对于"体育"的定义上来。如何更为贴切地对 sport 这一重要名词进行汉译,至今还是一个悬而未决的问题。这里要讨论的是,既然体育这一用词不能直接等同于 sport,那么两者是怎样的一种关系?我们又怎样用英语来对应通常所说的"体育"呢?国际上与此最为接近的表述是"Sport & Physical Education"。这种表述包含了两层含义。首先,体育不仅是 Physical Education,它同时应该包括 sport 的内涵,这一点在体育学术界已经形成一种共识。其次是对于 sport 这一概念应有一个比较全面的把握,即这个概念之下包含了所有层次的以身体活动为主要方式的娱乐、游戏和竞技运动。本书就是在这个意义上展开对于体育的社会学讨论。

第二节 体育的历史变迁

体育的活动方式及其价值规范是在一个漫长的历史过程中逐渐形成的。今天的体育已经形成了一个蔚为壮观的局面。那么,体育是怎样成为现在这样的形态、我们又如何来理解今天的体育状况?要回答这些问题,我们首先应该了解过去不同地域的体育及其演变的过程,在一种体育发展的历史坐标中,形成对于今天的体育的认识定位。

一、古希腊的体育精神

追溯体育的历史,就要回归到体育的起源问题上。有关体育的起源,曾经有多种不同的假说,归纳起来主要有如下几种:① 体育起源于生产劳动;② 体育起源于宗教祭祀;③ 体育起源于军事训练;④ 体育起源于教育。不同地域历史发展的差异性,表现在体育起源上自然也是千差万别的,但在一点上却是共同的,即在早期的发展阶段,体育并不是作为一项独立的社会活动而存在的,更多的是伴随着其他的社会活动,或者说从属于一种外在的活动目标。这种情况到了近代以后才发生了重大的转变。近代体育的形成与发展是以西欧社会的结构性转型为背景,同时又是以古希腊的体育样式为原型,继承并发展了古希腊的体育传统。

古希腊是人类历史上的一个奇迹，它在各个领域都有极其光辉卓越的成就。对于古希腊的文明，人们向来给予很高的评价。英国诗人雪莱曾经自豪地说：我们都是希腊人，我们的文学、我们的宗教、我们的艺术都根源于希腊。恩格斯则说：没有希腊罗马奠定的基础就没有近代的欧洲。

面向更高的生存是古代希腊人的理想，这种理想用一句话来概括的话，那就是追求"卓越"（arete），成为身心全面发展的人。卓越者固然与众不同，但那是作为一个完整的人在卓越的方向上的与众不同。古希腊人对于那些片面发展的专门家是不屑一顾的，因为这意味着放弃作为一个完整的人的生存，因而永远不会成为一个卓越者。快乐地生活，认识到世界的美好和生于其中的乐趣，是古希腊不同于其他社会的一个重要特点。古希腊社会留给我们的所有事物中都铭刻着生的快乐，这也许可以用来解释古希腊之所以在古代社会中取得如此成就的原因（依迪丝·H，2005）。

古希腊人热爱理性、热爱生活、喜欢思考也喜欢运动。在这个世界上，古希腊人大概可以称得上是最善于游戏的人，到处都有各种各样的体育比赛，其中最著名的则是在奥林匹亚举行的四年一次的运动会。这些比赛对所有的古希腊人来说都非常重要，在比赛期间，他们以神的名义宣布停战，以使全希腊人可以无所顾虑地投入比赛。古希腊人重视体魄的健美，充满游戏精神，热爱竞争，同时又十分崇尚规则和公平，这种体育精神也是古希腊文明的突出标志。

古希腊常在祭神日举行运动会，其中规模较大的有：奥林匹克（Olympic）、伊斯特摩斯（Isthmus）、皮托（Pytho）、尼米亚（Nemea），其中，影响最大的是奥林匹克运动会。奥林匹克运动会自公元前776年开始，每四年在伯罗奔尼撒半岛西部奥林匹亚村宙斯神宗教仪式中举行，会期一般为五天。此时，各城邦务必休战，最初竞技在草地上进行，观众站在山坡上观看。妇女不准进入会场。参加比赛的所有运动员都必须是纯希腊血统并获得市民权的人。奖励偏重于荣誉，而非金钱。优胜者被戴上橄榄枝编成的花冠，在其故乡要举行庆祝游行和宴会，以欢迎健儿荣归。竞赛项目多是平常训练的内容，主要有赛跑和角力，以后又增加五项竞技、拳击和战车赛等。在大会期间，来自希腊各地的哲学家、历史学家、诗人、艺术家等发表演说、展览作品，所以泛希腊竞技活动也是各城邦的一次思想文化的交流，它促进了希腊文化的繁荣。

古希腊文化中的体育影响了艺术、哲学和许多人的日常生活，它与我们今天称之为体育的状况有很大程度的不同。首先，古希腊人所开展的体育活动是以神话和宗教信仰为基础的，它们常常与节日庆典结合举行，包括祷告、祭祀用品、宗教设施，还有音乐、舞蹈和各种仪式等互相融合在体育活动过程之中。其次，古希腊的体育活动没有复杂的管理系统,没有达到高度组织化、制度化的程度。第三,即使是大型运动会,古希腊也没有形成系统的测量成绩和保持记录的方法。但是有一个主要的相似点,即通过体育活动,在整体上反映和再造了一个社会关系的模式,比如,古希腊社会中,富人、男性和年轻人所具有的权力和优势,规定着比赛和竞技,限制着妇女、老人和那些缺乏大量经济资源的人的体育参与。

即使这样,古希腊在体育方面所取得的成就至今仍有着广泛而深刻的影响。现代体育的一些竞技项目起源于此,奥林匹克的竞技形式也得以保留并发展,古希腊的体育思想仍然闪耀着智慧的光辉。

二、西方近代体育的形成

欧洲社会进入中世纪以后,随着罗马帝国权势和影响的增长,竞技场和角斗士比赛成了当时主要的体育形式,这种观赏性运动表演随着罗马帝国的衰落而逐渐失去了发展的动力。在民间社会,因为封建领主与下层民众的分离,体育活动则形成两种截然不同的活动方式,即农民参与的地方比赛和骑士及贵族开展的马上比武,这些活动缺乏像今天的体育活动所具有的专业性和组织性。古罗马体育继承了古希腊体育的某些方面,但是除了竞技场和角斗士比赛以外,并没有留下特别值得称道的体育遗产。

今天的体育,已经成为社会结构的重要组成部分,形成了相当系统的组织体系、制度规范、活动内容及其方式。而我们所熟知的这些体育活动,从内容到形式多数发轫于西欧的近代时期。近代以后,伴随着西欧社会世俗化进程、民族国家制度的形成以及人文主义精神的高扬,体育的意义得到彰显,体育活动逐渐体现出专门化的特点。一些现代体育项目如足球、网球、橄榄球和篮球等先后成型于这一时期,各类体育组织及其相关制度、赛事也随着西欧社会的近代化进程得到发展。

文艺复兴运动开启了欧洲近代史的帷幕,它最响亮的口号是"回到古希腊",重建古希腊的"人本主义精神"。以后又经过宗教改革和启蒙运动的洗礼,西欧社会发展出了资本主义的萌芽。在这过程中,体育无论在内容还是在形式上都发生了重要的变化,体育成为学校教育不可缺少的组成部分,并由学校走向社会,逐渐形成一个独立的体系。欧洲大陆先后形成德国体操、瑞典体操两大体系和学派。英国传统的户外运动、游戏也迅速得到改进,并逐渐向规范化方向发展。一些新的运动形式或项目(如棒球、篮球、排球等)陆续产生,一些国家纷纷建立体育制度。随着国际体育交流的扩大和加深,近代国际奥林匹克运动会和其他国际组织也相继产生,从而大大改变了世界体育运动的面貌。

以1776年美国的《独立宣言》和1789年的法国大革命为契机,西方各国进入了近代民族国家(nation-state)的建设和形成时期。民族国家的政治基础在于贵族特权的废除和民主制度的建立,人们在法的意义上成为国家主人的同时,被赋予了保卫国家、成为合格的国民等义务。国民教育的实施是民族国家建设的基本途径,而以德国体操为代表的国民体育则成为国民教育内容的组成部分,也奠定了西欧近代体育的重要基石(稻垣正浩,1995)。

英国是近代竞技运动的重要发源地。18世纪末叶以后,当欧洲大陆许多国家热衷于德国体操和瑞典体操等体育运动的时候,英国则盛行着各种户外运动和游戏,这种体育活动不仅在民间广泛可见,甚至在培养英国社会未来精英的如"伊顿公学"等学府也得到普及,因为在体育中的教育价值得到了提炼和认可。在这些贵族子弟学校中,通过各类的体育活动,特别是集体项目的球类活动,旨在培养学生的团结协作精神、遵守规则的意识以及将来作为精英人物的领袖气质。对于体育上的这种价值追求,逐渐地发展出了一种所谓的"体育家精神"(sportsman ship),其内涵包括"协作""公平竞争""勇气"等等。

文艺复兴时期人文主义者对古代希腊和罗马的研究,曾唤起人们对古代奥运会的憧憬,而近代体育的兴起则进一步为奥运会的复兴提供了基础。因此,1888年当法国教育家顾拜旦男爵提议恢复奥运会时立即得到了一些欧洲国家的响应。1894年6月,12国代表一致同意在国际范围恢复四年一届的奥运会。就在这次会议上,成立了"国际奥林匹克委员会"。1896年第一届国际奥运会在希腊的雅典成功举行,揭开了近代奥运会史的序幕。奥运会的复兴,对于促进近代体育运动的国际化、规范化和各国之间文化体育交流等方面起到了巨大的推动作用。

三、中国体育的社会建构

中国古代并没有"体育"这个用词,有的只是"养生""武勇"和"游戏"等概念,上古三代的"射御角力"、春秋战国的"斗剑蹴鞠"、秦汉三国的"走马导引"、两晋南北朝的"骑射围棋"、隋唐五代的"节球服食"、宋元明清的"捶丸打鞦"等我国民族传统活动,与西方的近代体育无论在价值理念还是外在的表现方式上都大相径庭。"体育"的概念是在近代随着西方文化在中国的传播过程而被接纳的(熊晓正等,1997)。

1840年鸦片战争以后,中国由一个闭关自守的封建社会逐步沦为半殖民地半封建的社会。随着帝国主义的入侵、西方文化的输入,中国在体育运动方面发生了前所未有的变化。一方面,欧美国家的体育制度、方法及运动项目随着西方的学校教育渐渐传入中国,且经数十年的发展而成为中国体育运动的主流;另一方面,以中国武术为中心的传统体育活动虽仍在广大地区的民间流行,但从总体来看,已退居次要地位。西方近代体育在中国的兴起与发展构成了中国近代体育的基本内容。

第二次鸦片战争以后,"洋务运动"作为"以夷制夷"的手段得到实施与展开,在这一过程中,西方近代体育中的若干内容,如经日本改造的"兵式体操"等作为军事训练的手段而首先被一些军事学校所重视。清政府则在1901年开始宣布实行"新政",在教育方面,于1903年颁布了《奏定学堂章程》,该章程规定了中国第一个在全国范围内付诸实施的学制(通常称为"癸卯学制"),也规定了各级各类学校均应开设"体操科"(体育课),并要求从小学到高等学堂,师范及职业学堂每周"体操科"时间为2—3小时。中国比较正规的田径、球类等运动及其竞赛活动,首先是由教会学校和基督教青年会开展起来的。1910年10月,上海青年会发起组织了一次规模较大的运动会,这次运动会后来被称为第一届全国运动会。到1948年止,全国运动会共举行了七届,而前三届运动会均在基督教青年会的主持下得以举行。中国近代的体育组织,最早出现于20世纪初20年代以后,殖着竞赛性运动的盛行,各种体育团体相继出现,其中影响最大的是精武体育会和中华全国体育协进会。

自1840年的鸦片战争至1949年中华人民共和国成立,在中西文化激烈碰撞,本土文化又处于弱势的社会背景下,在对西方的近代体育由被动接受到逐步融合的过程中,经历了从"师夷之长"到"民力富强之本"、从"尚武教育"到对"体育真义"的追求,又由"土洋对立"到建设"民族本位体育"等认知上的发展(熊晓正等,1997)。但由于连年战争,国力凋敝,民生潦倒,西方的近代体育在中国只是在一些有闲阶层中得到了有限的发展。即使在一些高等学府中,也由于"选手体育"的盛行,体育成为具有运动天赋的部分学生的独占物。由于体育在当时缺乏民众的普及基础以及相应的制度支撑,中国运动员在国际体育舞台上屡遭败绩,因而被贴上了"东亚病夫"的标签。

1949年10月1日,中华人民共和国成立。为了改善国民的体质状况,提高劳动力素质和增强国防力,在新中国成立之初,提倡"国民体育",促进体育的大众化、生活化和经常化成为当时体育政策的基本方针。1952年以后,奥运会等国际体育赛事逐步演变为东西方的"冷战"格局下的一场"代理战争",中国开始重视着眼于竞技运动水平提高的制度建设,在体育政策上实现了注重体育的"普及和经常化"到"普及与提高相结合"方针的转变,并在事实上逐步将"普及"也纳入了竞技体育的轨道,将其从属于"提高"的目标。20世纪80年代前后,在"以竞技体育为先导,带动体育事业全面发展的"政策方针下,具有中国体育特色的"举国体制"基本建立,即在全国范围形成了在各级体育行政部门主导下的、统一管理、资源集中、结构分层的运动训练与体育竞赛体系,其目标在于迅速达到并赶超世界最高的竞技体育水平。"举国体制"制度优势使中国竞技体育得到了快速的发展,取得了引人瞩目的成就。1984年中国体育军团在洛杉矶奥运会上初试锋芒,即取得了令人可喜的战绩,极大地振奋了作为中国人的民族自豪感,同时掀起了前所未有的"体育热"。

中国竞技体育所取得的成就,是以"举国体制"为保障,同时以体育资源的最大集中为代价的,这在一定程度上影响了体育大众化等体育政策目标的实现,这种状况一直到20世纪90年代中期以后才开始得到改观。

第三节 体育的现代发展

科学的进步和现代社会经济制度的建立,促使社会生产力得到了极大的解放。马克思曾经说过:"资产阶级在它的不到一百年的阶级统治中所创造的生产力,比过去一切世代创造的全部生产力还要多,还要大。"现代社会比以往任何时候都更加呈现出快速变化、日新月异的发展特征,社会经济结构的深刻变化促使现代体育的发展出现了新的局面。

一、体育的高度竞技化发展

1896年,在希腊首都的雅典所举办的第一届国际奥林匹克大会,象征着体育进入了现代发展时期。早期的奥运会主要得力于民间外交力量的推动,运动员可以个人或所在俱乐部的名义参赛,所以曾经被认为是纯粹的体育专门家的聚会,这种状况一直到1908年的第四届奥运会时才得到改变。第四届奥运会的参赛资格规定:参赛选手必须经过所在国家奥委会的认可后方能获得报名资格,由此,国家的力量开始进入奥运会的竞技场之中。随着现代奥运会在国际上影响力的不断增强,世界各国开始重视在奥运舞台背后的政治和社会意义。这种意义主要体现在奥运会等国际竞技场上的胜利,可以给国家带来荣光,增强民族的凝聚力和自豪感。20世纪50年代以后,东西方两大阵营之间的冷战格局,进一步为国际体育的竞争增添了浓厚的政治性色彩。因此,提高运动技术水平以争取国际体育竞争的胜利问题逐渐地被纳入了许多国家的政策视野,为此设立专门的体育行政机构，制定相关的体育政策及其经费支持制度。我国在体育发展上所形成的"举国体制"，不但在制度的意义上与"计划经济体制"具有同构性，同时也可以认为是对国际体育竞争局面的政策性反应。

竞技体育发展的体制化结果，是使它成为一个高度专门化的领域，各国的竞技体育水平因此得到了快速的提高，从而使得国际间的体育竞争日趋激烈，这在冷战时期曾经是不同社会制度的国家之间在意识形态意义上进行较量的代理形式。体育的高度竞技化，是在一种"国家主义"的动力之下发展起来的，即使在经历了20世纪90年代初期的"柏林墙"倒塌、冷战的历史被宣告终结的今天，竞技体育中所内含的"国家主义"倾向并未因此得到消解。在这个高度分化和快速变迁的时代，因为社会整合资源的日益稀缺，竞技体育所具有的国家象征意义，比如在国际竞技舞台上为优胜者升国旗、奏国歌等仪式不仅表现和提升了国家的形象，并且作为将国家、群体连接起来的有效方式，成为人们达到国家和民族认同的可能途径。

体育的高度竞技化发展同时得益于现代高科技的技术支撑。计算机技术的运用，运动生物力学、生物化学技术的介入和现代医学监控手段的实施等，都为竞技水平的快速提高起到了推波助澜的作用。高水平竞技在某种意义上已经同时成为现代科技水平之间的较量，从而使它获得了展示"现代科技成就的橱窗"之美誉。

在现代国际体育舞台上，向人类的运动极限进行挑战等精彩场面纷呈迭出。它独具一格的观赏价值，赢得了众多的观众，因此也赢得了众多的商家和媒体的关注。但在"胜利至上主义"的旗帜下，社会偏离行为也是层出不穷，"兴奋剂丑闻""假球""黑哨"等竞技场内外的"恶性竞争"现象，已经引起广泛的社会关注。

二、体育的大众化趋势

20世纪60年代以后，体育在向高度竞技化方向发展的同时，出现了另外一种国际性的趋向，即体育的大众化潮流，也被称为体育发展的"第二道路"。一些西方先进国家在城市化得到快速推进、实现了全面的机械化生产以后，因为普遍的运动不足状况提高了人们对于自身健康的危机意识，而生活水平的提高和余暇时间的增多，则为人们在体育运动中进行休闲娱乐提供了可能。在这一背景下，大众体育运动（Sports for All）首先在西欧国家得到展开，并且得到了相应的国家政策的支持。1961年前联邦德国政府开始实施体育的"黄金计划"，目的在于构筑服务全体国民的体育场地设施体系，开辟体育的"第二道路"。《挪威体育联盟》于 1965 年发表了"挪威大众体育振兴 15 年规划",旨在推进大众性的体育活动。随后西方许多国家分别出台了各自的发展大众体育的政策纲领。1975 年,《欧洲大众体育宪章》在欧洲体育部长会议上得到公布,联合国教科文组织则在此后的 1978 年正式发表了《国际体育宪章》,并在第一条中明确指出:"参加体育活动是所有人的基本权利……任何人都必须有充足的机会,根据所属国家的体育传统参加体育活动。"

20 世纪 90 年代以后,国际大众体育运动进入新的发展时期,体育锻炼对于增进人类健康、促进社会发展的积极作用得到了进一步的认识,越来越多的国家把促进大众体育的发展作为体育政策的重要目标,其中新加坡于 1995 年公布《为了生活的体育》(*Sport for Life*),美国在 2000 年发表《健康公民 2010》(*Healthy People*, 2010),等等。我国顺应国际大众体育的发展潮流,国务院在 1995 年正式颁布了《全民健身计划纲要》。体育大众化政策的实施,为人们经常性地参与体育锻炼提供了良好的制度环境,体育场地设施以及体育活动的组织等作为政府提供的体育公共服务,日益进入人们的日常生活之中。因此,体育由原来意义上单纯的观赏性活动,同时演化为人们随时可以亲自参与其中的活动内容。在这种大众性的体育活动中,正呈现出一种价值取向多元化的趋势,除健身功能以外,体育中的休闲、娱乐、时尚和社交等价值被越来越多的人所认识,因而形成了大众对于体育活动内容及其方式的多样化需求,这就为相关体育市场的形成带来了契机。各种层次的体育健身俱乐部、高尔夫球场以及网球、台球、保龄球等商业性体育服务设施成为满足人们不同体育需求的消费热点。

随着余暇时代的到来,体育成为人们进行休闲娱乐的重要内容,体育的大众化将得到更大范围的推进。因此,如果 20 世纪体育的主题是"奥林匹克运动"的话,那么,21 世纪的体育将会是"大众体育"的时代。

三、体育的商业化倾向

为什么古代奥运会从鼎盛走向衰落?比较公认的有两种解释:第一种解释是宗教上的原因所致。公元前 2 世纪,罗马征服了希腊。公元 393 年,罗马皇帝狄奥多西一世宣布基督教为国教,因此把祭祀宙斯神的古代奥运会看作是异教活动,并在基督教成为罗马国教的第二年(公元 394 年)下令终止了古代奥运会。第二种解释是伯罗奔尼撒战争使古希腊社会走向了衰败,长期的战争导致了经济萧条和社会风气的低下,古代奥运会也逐渐失去了原来的意义,而越来越成为追名逐利的场所。最受人诟病的是以获取高额奖金为目标的职业运动员开始出现在竞技场上,城邦之间亦为争夺有才能的职业运动员而展开金钱攻势。因此,一般认为，古代奥运会即使没有因为宗教上的原因被终止，其实也是败絮其中了，因为在它的后期已经充满了商业主义的色彩。

正因为如此，现代奥运会在相隔1 500年之后确立了一个重要原则，即业余化原则(amateurlism)。它的基本理念是，不能通过体育获取经济利益，不能以体育为手段谋求经济报酬。但随着现代奥运会规模的不断膨胀，体育发展的经济基础问题引起普遍的关注。1974年，奥林匹克宪章已经正式删除了"业余化原则"的有关规定，1984年洛杉矶奥运会在尤伯罗斯的策划下，首次运用市场营销的手法，成功地举办了一届史无前例的商业化的奥运会，由此开创了体育与经济联姻的新时代。以奥运会为代表的大型体育赛事，经常被盛大地包装成为一种商业产品。最为典型的例子是1985年以后国际奥委会通过国际体育娱乐公司(ISL)所推出的"奥林匹克赞助计划"（TOP计划）①，它成为现代社会中体育与经济密切关联的象征性标志。通过赛事的冠名权、电视转播权、广告特许权等的营销过程，使体育组织及其活动获得了充分的经济支撑，得以维系自身的存续与发展，而体育赛事的国际性特点及其广泛的受众性，足以使一些企业特别是跨国公司把体育当作全世界推销它们的产品和服务的手段与媒介，以实施它们的全球营销策略。大众媒体特别是电视的介入，对体育的商品化过程起到了推波助澜的作用，电视等媒体从获得受众、提高视听率的立场出发，对具有报道价值的体育赛事等总是给予特别的"青睐"，它使这些体育赛事产生了巨大的商业性价值，从而吸引了众多的经济资本进行商业性的赞助和广告投入。

其实，早在19世纪末20世纪初，随着资本主义市场经济制度的形成，体育的职业化运动已在英美等国得到初步开展。今天，美国的职业体育联盟体制如NBA等按照现代企业制度规范建立"经济上的合资企业，法律上的合作实体"，通过垄断经营的方式，获取最大的经济利益。

体育的商业化发展除了体现在大型的体育赛事以及一些职业体育项目以外，也渗透到了大众体育的领域。近年来，面向大众的体育健身娱乐市场迅速崛起，各种商业性的体育设施与服务如健身俱乐部、高尔夫球场等成为体育消费的热点。对于体育商业化的是非功过虽然至今评说不一，但不可否认的是，今天的体育比以往任何时候都更紧密地与商业资本结合在了一起，成为现代体育发展的重要特征。

---

① 全称为Top Olympic Program，只要一个公司与国际娱乐公司签约，成为TOP赞助商，它就同时获得了冬季奥运会和夏季奥运会合法赞助商，国际奥委会和各国奥委会指定独家赞助商的头衔，从而能获得长期的和全球性的赞助利益，并能受保护地排斥同类竞争对手运用奥运营销战略。

第四节 体育社会学的视野

体育社会学是社会学的分支学科之一,同时也是一门与体育学交叉的分支学科。体育作为人类的一种文化实践,反映了特定历史时期的社会特征。因此,运用社会学的理论与方法分析体育这一社会现象,不仅有助于更好地认识体育在一定的社会结构中的意义,同时也将为社会学研究提供经验性素材,丰富和发展社会学的想象力及其自身的理论解释力。

一、作为方法论的社会学

虽然"社会学"这一名词最早出现于1848年法国思想家孔德所著的《实证哲学教程》之中,但作为一门规范形式的学科,社会学至今不过一百多年的历史。如果要从它的起源看的话,则可以追溯到欧洲18世纪的启蒙时期,社会学的早期假说就来自当时的一些启蒙主义思想家。启蒙运动首先是一场思想运动,体现为一系列的核心观念、价值和原则,它们相互关联,形成一种关于自然与社会世界的图景,并且作为一种解释性的构想,成为重要的社会和历史的建构性力量。重要的是,启蒙运动中所形成的思想,剥去了笼罩在社会生活之上的神秘色彩,从而能够以一种理性的科学的眼光来看待实际社会情形。被认为几乎是启蒙运动直接产物的法国大革命,打破了建立在君主政治等旧制度之上的社会秩序,同时释放出各种权力、财富和地位的要素,需要有更为合理的制度安排来进行重新整合,这些都为社会学的问世准备了条件(童星,2003)。

工业革命和资本主义的崛起也是促使社会学形成的重要社会力量,18世纪晚期首先发生在英国的工业革命迅速蔓延到了整个欧洲,从而使西方世界实现了从农业社会向工业社会的转型。急剧的社会变迁,导致了既有社会纽带和整合机制的崩溃。一切固定的东西都烟消云散了,一切神圣的东西都被亵渎了。人们终于不得不用冷静的眼光来看待他们的生活地位、他们的相互关系。在这种冷静的眼光中就包含了社会学的思考,如何重建社会秩序,成为摆在人们面前的重大问题,对于这些问题的思考及其观点成就了社会学的诞生。

"有关社会的研究并不新鲜,但在完全世俗的和物质的意义上予以分析,能够予以理性的探究和解释,则无疑是一种现代的观念,而且这种观念只有在启蒙运动的话语中才能得到最终的明确化"。事实上把社会作为一个有机整体来加以系统考察和论述也是启蒙运动以后的事。如果说任何一门学科的产生和发展,都是为满足现实的认知需要,回应时代所提出的问题,那么我们可以说,社会学同以往任何时候的社会研究的区别在于,它是针对现代社会特征的一种反思性的分析和回应,其关心的核心主题是"现代性"的形成和命运,因为只有在现代性条件下,人类存在的社会性层面的问题才会显现出来,进而成为社会学观察和研究的对象。伯格等指出:"社会学不只是在研究途径和方法上是一个特殊的现代学科,它也是从一开始就受到现代性的困惑而展开的一个探索性的课题。"

当人们注意新闻媒体的报道时,或许会发现这些同时也可能是社会学家正在关心的问题。但正如著名社会学家吉登斯所说:"大多数人都是依据自己生活中所熟悉的特征来解释这个世界。社会学则要求以更为宽阔的视角来说明我们为什么会是这个样子以及我们为什么会这样行动。"(吉登斯,2003)那么社会学究竟是用怎样的视角来关注我们这个生活世界的呢?

如果仅仅说社会学就是一门以现代社会的形成及其变迁为研究对象的学科,至少与其他学科如经济学、政治学等在边界上是模糊的,因为事实上这些学科也分别是从一个特定视角来研究现代社会的。社会学家与经济学家和政治学家等共同关注着这个世界,可是,在共同的对象面前,"社会学家……的方式与经济学家或政治学家将有很大的不同。他所思虑的情景与其他科学家所关心的人类情景是同一的。但是社会学家的视野与他们不同"(Berger P,1963)。正是在这个意义上,社会学作为现代学科规训体系中的一支,与其说是一门具有确定研究对象的学科,毋宁说是一种思维方法,一种洞察我们身处其中的世界的奥秘的独特视角和方法论体系(肖瑛,2006)。那么,社会学作为一门独立的学科,它又是从怎样的一种视角展开对于现代社会的系统研究的呢?美国社会学家古尔德纳认为,"要探讨社会学的特点,要了解社会学是什么,就需要我们去辨认那更深一层的关于人和社会的假设。任何社会学理论都依赖于一些关于人和社会性质的假设。正是这些假设,形成了各式各样的理论观点得以建立于其上的基础"(Gouldner W,1970)。德国社会学家齐美尔早在1917年以《社会学的基本问题:个人与社会》为题,对这个问题做出了明确的判断。齐美尔认为,个人之间是处在不断的互相作用过程之中的,由于个人之间的互相作用而联系起来的网络就是社会。因此,社会只不过是对互动中的一群人的称呼。社会学的任务是要阐明个人与社会的关系,即阐明个人怎样互相交往而形成群体,制度规范与秩序,反过来它们又是怎样制约个人的社会行动的。通过对于这个基本问题的理解与分析,进而探索在现代条件下促进社会整合,重建社会秩序的可能路径,这一社会学的基本问题因而具有了对于社会学知识体系、理论和方法论进行深度分析的视角意义(文军,2006)。从社会学史的角度看,无论是古典的社会学理论还是现代的社会学研究都在试图回答这一基本问题,从而构成了其自身知识体系的基础以及对现代社会进行观察和研究的视角与方法,打开了具体研究得以拓展的轨道。当代个人与社会的关系正在经历更为深刻的变化,这就使社会学的这一理论和实践的前沿问题具有了新的时代意义(郑杭生等,2003)。

社会学经过一百多年的探索,已经形成了庞大的知识体系和众多的理论学派,主要包括了结构功能论、社会冲突论、符号互动论以及批判理论等,所涉及的论域几乎包含了现代社会生活的所有领域。这些深厚的学术积累与其说规定和明确了作为一门独立的现代学科的研究对象,还不如说它对于研究现代社会提供了一种有别于其他学科的思维方法,同时也提供了一种洞察我们身处其中的世界的奥秘的独特视角和方法论体系。因此,社会学研究的内容及范围并不会受到它既有的理论范式所限定,相反,它具有一种开放式的动态性的扩散力,辐射到社会生活的所有领域,在这一过程中不断地验证并扩大其自身的解释力。

二、体育社会学何以可能

现代社会学已经形成了众多的分支学科,这些分支学科的共同特点是将社会学理论的原理、原则、观点及方法运用于对具体社会现象的研究过程之中,从而获得对这些社会现象发生、发展的规律性的认识,并提出相应的解决方法。由于它们包含有许多对社会学中层理论的提升和运用,又贴近于现实的社会生活实践,因而倍受学术研究、政策研究和管理研究者的重视。其中,作为社会学的分支学科之一的体育社会学,主要运用社会学的方法观察并解释现代社会中的体育现象及其问题。在此,社会学的理论范式可以成为在研究体育问题时的一种有效的分析工具,同时,对于体育现象的经验性研究也能丰富与发展社会学理论本身,因此,它与其他分支学科一样,是社会学学科建设的一个重要环节。

体育社会学何以可能?即体育社会学作为现代学科体系中的一支,它之所以能够存在并且得到发展的基本条件是什么?这个康德式的问题[①]其实涉及两个层面:首先,体育社会学作为一门从社会学的视角研究体育的学问,它所关注的问题是否与社会学关于"个人与社会的关系"这一基本问题紧密关联。其次,通过体育所表现出的社会性现象,是否具有区别于其他社会生活领域的特殊性,并且体育社会学的研究能否对此做出具有社会学意义的解释。

体育已经构成了我们生活于其中的这个社会和文化世界的一部分。人们既

---

① 康德曾经提出"自然是如何可能的?"的著名命题,西美尔对此归结为"为了能有自然,什么是必须存在的条件?"的问题,通过这个问题的解决以实现自然本身的形式(西美尔,2002)。

是体育的观赏者同时也是参与者,奥运会、世界杯足球赛、网球大师杯,等等,几乎都是一个个世界性的事件,这些体育赛事通过卫星电视吸引着全世界数十亿人的目光;各种大众媒体对于体育的报道的篇幅甚至经常超过经济、政治或其他人们所关心的专题;体育明星的社会知名度甚至高于政界名流或经济精英;人们越来越多地与家人、朋友或同事等谈论体育的新闻。在今天的时代,体育已经如此深刻地渗透到了社会生活之中,以至于体育成为影响人们对于自身所在的社会做出判断的指示器之一。"因为体育与我们所处的社会和文化情境相关,它提供情节和形象,许多人以此去解释和评价这些社会和文化情境,解释我们的生活以及周围世界中的事件"(杰·科克利,2003)。体育在反映一个社会的结构性特征的同时构成了这个社会本身,并通过文化形塑的方式,成为我们所赖以生存的社会世界的一部分。

如果可以把体育当作社会和文化的一部分来研究,那么对于社会学家而言,研究体育运动是一件合乎逻辑的事情。把体育看作是一种社会现象来研究时,社会学理论及其方法就有了用武之地。社会学能为我们描述和理解特定社会和文化情景下的人类行为和社会互动提供分析概念和研究方法,使我们能够看到体育行为与历史、政治、经济和文化生活之间的联系(杰·科克利,2003)。

社会学家埃利亚斯曾经运用社会学的方法对英国传统体育形式之一的狩猎活动进行了考察分析。狩猎曾经是人类通过劳动获得食物的重要方式。但近代英国式的狩猎却是"狩猎者对自己和猎犬设置了非常特殊规定的狩猎形式",比如在"捕杀猎物时禁止人类直接参与"等等。如果狩猎者事先规定了狩猎对象只是狐狸,那么在狩猎过程中追赶或杀死狐狸以外的其他动物,都不会被规则所允许。狐狸以外的动物,无论它多么可口美味都要被放弃。在此,狩猎不是为了能够将美味带回家享用,而是作为了一种纯粹的"体育"活动。在这种英国式的狩猎中,作为猎物的狐狸即使在"狩猎后的酒宴上","也只是作为一种谈资而没有其他的任何作用"。埃利亚斯认为,这种变化是与近代社会以后的"文明化"过程相对应的,也可以认为是这种"文明化"过程的结果。类似的情况也可以在足球、板球、拳击、摔跤等体育项目中找到例证。近代以后,为了控制在这些体育项目中经常会发生的暴力性和残虐性行为,确保在平等的条件下进行比赛,有关的制度规范开始建立,一系列有关比赛的规则以及对于违反规则的处罚规定也得到实施。这种体育竞赛的制度化过程,都可以用埃利亚斯的"文明化"理论找到解释的思路(平野秀秋,1995)。

法国社会学家布迪厄则运用其自身的社会学理论对体育问题进行了具体的论证。布迪厄认为:学校教育制度是与世俗的世界相分离的空间,是一种把支配阶级的文化灌输给学生的特别制度。在早期的伊顿公学等贵族学校中,通过身体训练形成作为社会精英的教养与意识,为了达到这一目的,体育逐步实现规则化和制度化,从而催生了近代体育的形成。他以橄榄球为例,做出了如下的分析。18世纪前后,在英国各地的下层市民之间已经有多种形式的橄榄球游戏,这种游戏粗犷豪迈,有时甚至接近于残酷野蛮,它反映了下层市民富于挑战性、追求竞争性的生活习性。伊顿公学等培养富家子弟的贵族学校问世以后,橄榄球运动经过包装与改造而被赋予了特别的意义,即通过橄榄球运动,锻炼贵族子弟的刚毅性格,作为未来的精英人物,培育他们的"竞争意识""胜利意识",而这种意识又必须是建立在严格服从规则、在"公平竞争"的前提下得到实现。这种精神反映了中世纪骑士阶层的性向,与不择手段去夺取胜利的行为形成鲜明的对照。这样,橄榄球从一种英国民间的大众游戏形式,转化为渗透了"贵族哲学"的近代体育运动,成为当时培养英国社会精英人物的媒介与手段。

布迪厄由此认为,体育实践场域的形成,总是与一定的哲学思想有着不可分离的关系。各种竞技规则的形成,体育团体的建立以及经过国家认定的体育制度都反映着体育实践这一场域所特有的逻辑。因此,体育实践与其他社会实践一样,因其拥有特定的历史场景及其逻辑结构,而具备了作为科学分析对象的条件(清野正义,1995)。

如果把社会学看作是研究现代社会的一种方法,那么体育社会学就是运用这种方法从体育的角度对于社会进行解读的一个独特视角。作为社会学的一门分支学科,体育社会学研究的领域主要分布在三个层面:首先在宏观的层次上,研究体育与整个社会制度间的相互关系,考察体育的发展如何受到一定的社会条件的制约及其特殊的表现方式;其次在中观的层次上,探讨体育与其他社会活动领域的相互关系,比如体育与政治、经济、文化等的关系模式[1];最后在微观的层次上,研究在体育领域内部的组织之间、人与人之间的相互关系,分析在体育中的"行动者"的社会性特征及其逻辑[2]。

在方法论上体育社会学存在两种可能被选择的研究路径:一是从社会学本身的问题意识作为前提,通过对体育现象的经验研究,证明社会学理论的基本判断或假设,前述布迪厄的研究就是一个经典范例,即通过对不同阶层的人的体育

---

[1] 本书以下各章主要从这个层次上展开体育社会学意义的讨论。
[2] 科克利在其著作中将其表述为:体育社会学主要研究体育与其所在的社会和文化背景之间的关系,以及在特定文化中与体育有关的具有深层社会意义的活动与事件。由于体育是由社会建构的,所以体育社会学就把体育与社会的关系,体育与社会的、政治的和经济的过程联系起来加以研究。通过这些研究去理解:(1)体育所处的社会;(2)围绕体育所产生的社会世界;(3)与体育相关的个体和群体的经验(杰·科克利,2003)。

行为分析,验证了他自身的有关场域、惯习和资本等社会学理论;二是从体育的现实需要出发,运用社会学的理论与方法展开研究,从而获得对于体育问题本身的深入认识。比如,这一研究路径同样可以运用社会分层的理论与方法,分析不同阶层的人的体育行为及其心理预期,从而为体育公共服务的提供方式以及体育消费市场的营销策略建立决策性的依据。

三、体育社会学的发展

体育社会学研究的制度化进程开始于 20 世纪 60 年代中期,但它的起源可以追溯到 19 世纪末。例如在当时的英国涌现了很多关于狩猎、拳击、足球和橄榄球等运动的研究成果;一些美国学者围绕运动场的问题展开了各自的社会学研究。凡勃伦在名著《有闲阶级论》中也涉及了美国的高校体育。20 世纪初,社会学奠基人之一的韦伯,在其名著《新教伦理与资本主义精神》中论述了英国清教徒的体育运动与社会变迁的关系,另外在德语和英语的一些教育社会学的研究中也有关于体育的分析。在这个时期,虽然专门的体育社会学研究并没有形成,但是在主流社会学都已经关注到了体育研究。

1921 年,著名批判理论家阿多诺的学生里塞(Heinz Risse)撰写的《体育社会学》(*Soziologie des Sports*)专著问世,宣告了体育社会学学科的诞生。这本体育社会学著作延续了霍克海默、阿多诺等人所开创的法兰克福学派的批判传统,探讨了学校体育与当时的社会背景之间的关系。20 世纪 50 年代和 60 年代是西方高等教育改革和扩张的年代,社会学也拓展了很多专门化的分支学科,这与当时在西方所出现的一种"宽容革命"(permissive revolution)有关,它是指在不同阶级、种族、性别和代际权力的群体中结构、行为的变化和平衡。"宽容革命"促进社会学扩大了思考方式,尤其是一些比较激进的思想扩展到科学、宗教、法律、艺术、医学、教育和体育等领域的研究。在这股潮流中,社会学以一种宽容性的方式来观察人类行为的"非形式化"过程,包括体育问题。在这个阶段,符号互动论学者乔治瑞·斯道(Gregory P. Stone)发表了具有洞察力的论文"美国体育:游戏和展示"(*American Sports: Play and Display*, 1955),这是 1921 年里塞的《体育社会学》之后的第一份具有原创性的体育社会学研究。在 1961 年的英国,伦敦经济学院的安东尼·吉登斯和莱彻斯特大学的埃利克·邓宁成功地用社会学主要理论来分析了体育话题。

1964 年,国际体育社会学会(ICSS)正式成立,并定期出版了国际体育社会学评论(IRSS),这标志着体育社会学时代的到来,同时为大量的体育和社会相关的研究和理论的形成提供了制度性条件。60 年代至 70 年代早期,体育社会学开始成为许多大学的一门专业课程,并且出现了大量的体育社会学研究的出版物。社会学和体育学的各种国家和地区的专业协会,都定期资助和召开关于体育话题的学术会议。除北美和欧洲之外,体育社会学同时也在日本、韩国等非西方国家得到迅速的发展。

综观国际体育社会学的发展,可以发现它已经成为一个众多社会学家和体育研究者共同参与的研究领域,因而也成为最富有活力的社会学分支学科之一。虽然社会学和体育学在研究方法、路径等方面存在一定的差异,却不妨碍两者共同用社会学的方法去研究体育。一方面体育研究离不开理论的支撑,因为在没有理论的情况下研究体育,则只能仅仅是描述和再现现状。同时,社会学家同样也可能在对于体育现象的关注中,寻找到自身的研究问题并从中得到启示。在法国,从20世纪70年代开始,在著名社会学家布迪厄的周围就聚集起了一批学者,其中包括社会学家和体育研究者,他们都是以布迪厄的实践理论为主要的研究工具,尤其是较多地参考了布迪厄在《区隔》一书中的基本观点,以场域、惯习和资本等为分析工具,对于体育场域中规则的产生、惯习的形成及其与社会分层的关系等问题展开了具体的实证性研究。虽然他们在知识背景和问题意识上各不相同,却共同组成了体育社会学研究的"布迪厄学派"。20世纪70年代以后英国的体育社会学研究得到了迅速的发展,对于体育与休闲的研究打破了体育学独家经营的格局,社会学家埃利亚斯的弟子邓宁等以"文明化理论"为主要研究工具,结成了体育社会学研究的"埃利亚斯学派",伯明翰大学的现代文化研究中心的众多学者则从文化研究(culture studies)的视角分析体育与休闲的问题。其中,哈格列佛斯(J. Hargreaves)于1986年出版的《体育·权力·文化》一书,运用葛兰西的霸权理论对休闲和体育文化的形成过程进行了深入的探讨,开拓了体育社会学研究的视野,引起了众多学者的关注。

我国的社会学研究于1952年遭到停顿,一直到1979年才开始重建工作,期间经历了近30年的空白时间,社会学的研究基础几乎消失殆尽。因此,我国的体育社会学在它起步之初,与国外相比存在着起点低、基础弱的特点。即使如此,还是很快地聚集了一批体育社会学研究的有志者。1982年,江苏省率先在该省社会学会和体育科学学会的支持下,成立了中国第一个省级的体育社会学学术团体并以小城镇的体育问题为中心,开展了系统的研究工作。1983年,北京大学的林启武教授编写了《体育运动社会学》,介绍了美国的体育社会学研究概况,之后全国各地相继有一些从事体育理论研究的教师开始了体育社会学领域的研究。在体育社会学研究引起体育理论界的广泛关注并得到较快发展的情况下,1987年,中国体育科学学会设立体育社会学组,1994年,成立了中国社会学会体育社会学专业委员会。目前,我国的体育社会学研究已经进入了组织化和制度化建设的轨道,专业的学术团体定期地举办有关的学术交流活动;公开出版了多部体育社会学的专著(教材);形成了大量的体育社会学研究成果;研究领域及其方法也在得到不断地扩展;在体育院校中普遍开设了体育社会学的专业课程,有些院校已经开始招收体育社会学研究方向的硕士和博士研究生。这些都预示着我国的体育社会学研究将会有一个更好的发展前景。

本章参考文献

[1] 童星:《现代社会学理论新编》,南京大学出版社,2003年。
[2] 文军:《西方社会学理论》,上海人民出版社,2006年。
[3] [荷] 赫伊津哈:《游戏的人》,中国美术学院出版社,1996年。
[4] [美] M. 波洛玛:《当代社会学理论》,华夏出版社,1989年。
[5] [美] 杰·科克利:《体育社会学——议题与争议》(第6版),清华大学出版社,2003年。
[6] [美] 依迪丝·H:《希腊精神——西方文明的源泉》,辽宁教育出版社,2005年。
[7] [日] 稻垣正浩:《スポーツ史講義》,大修館书店,1995年。
[8] [日] 平野秀秋:《比赛的梦想》,《工作与游戏的社会学》,岩波书店,1995年。
[9] [日] 清野正义:《体育·余暇社会学》,道和书院,1995年。
[10] [英] 吉登斯:《社会学》(第4版),北京大学出版社,2003年。
[11] [英] 吉登斯:《社会理论与现代社会学》,社会科学文献出版社,2003年。
[12] [德] 西美尔:《社会是如何可能的》,广西人民出版社,2002年。
[13] Berger, P. 1963, *Invitation to Sociology: An Humanistic Perspective*, Harmondsworth: Penguin Books.
[14] Gouldner, A. W. 1970, *The Coming Crisis of Western Sociology*, New York: Basic Books.

第二章
体育与政治

体育是人类社会所特有的一种社会现象。但是体育作为社会文化的组成部分并不是孤立存在的,它总是与一定社会的政治经济有着密切的联系。在阶级社会中,体育总是受一定社会的政治经济制约,并为一定社会的政治经济服务。因此,认为体育与政治可以分离的想法是幼稚的,体育不可能存在于文化真空中。有组织的体育活动长期以来就与政治、政府和国家联系在一起。本章从体育体制与公共政策、体育中的政治化现象以及奥林匹克运动与政治这三个方面,对体育与政治的联系分别予以具体的阐述。

第一节 体育体制及公共政策

一、关于体育体制

(一)体育体制的基本含义

体育体制是国家组织管理体育的各种机构、各项制度和准则的总称。它包括三个组成部分:一是体育的组织机构,即各级体育的行政机构、体育事业机构的设置;二是各级体育行政机构、事业机构的职责、权利、利益的划分,以及处理它们相互之间关系的准则;三是各项体育管理制度(凌平,2003)。

一个国家的体育体制是实现该国体育目的和任务的组织基础,没有合理高效的体育体制的正常运转,任何体育目标的实现、体育制度的落实和体育规章的执行都是一句空话,是难以完成的。正因为体育体制是如此重要,所以各个国家先后从理论到实践、从管理制度到管理方法,探索着符合本国发展特点的体育管理体制。

（二）体育体制的系统构成

一个国家的体育目的以及为达到这一目的而必须实现的各个阶段的层次目标都是通过某种具有制约作用的"规定性"或"整合机制"的调控媒介予以实现的。在体育运动的整体运转中，体育体制以及作为社会实施体育的途径和过程，是代表精英体育、大众体育和民间体育等各种体育运动之间相互关系的"规定性"或"整合机制"的调控媒介，而这一"非实体性"的调控系统是否正常运行，决定了一个国家精英体育、大众体育和民间体育是否能够蓬勃开展的关键所在。

根据文化分层理论，体育体制是由观念、价值系统，制度、规范系统，组织、领导系统和物质、保障系统这四个子系统构成的一个整体（凌平，2003）。

1. 观念、价值系统

任何国家的政治体制、经济体制、科技体制和文化体制等都有其自身的理论基础及观念、价值体系。一个国家的体育体制与其政治体育、经济体制一样，也有其自身的并与其政治经济体制相吻合的理论基础，用以表明该国实施体育的目的、价值和规律，它由体育学说、体育理论、体育思想等观念形态的内容构成，它们共同支持和维护体育体制的存在。

2. 制度、规范系统

体育体制中的一个重要组成部分便是一整套规范人们在体育运动中必须遵循的规章制度和竞赛条例。这一制约机制主要是用于规定人们在体育活动中的相互关系以及人们各自的体育行为准则和模式。我国于1995年8月29日第八届全国人民代表大会常务委员会第十五次会议通过并于1995年10月1日正式实施的《中华人民共和国体育法》便是这种制度、规范系统中的最高形式。

3. 组织、领导系统

国家为合理而有效地实现体育目的，有计划、有组织地建立起来的各种体育行政部门和社会体育团体便是体育体制中的组织、领导体系。它的主要职责是负责领导、推动、组织、协调和监督各地区、各部门、各单位的体育活动的开展和运动竞赛的实施。我国体育体制中的组织领导机构主要包括：中华人民共和国体育运动委员会及各级地方体育运动委员会；中国人民解放军体育指导委员会；中华人民共和国教育委员会体育卫生与艺术教育司；中华全国体育总会；中国奥林匹克委员会；中国体育科学学会；中华全国总工会体育部和中国共产主义青年团中央委员会文化体育部等。我国体育的组织领导机构在推动和开展《全民健身计划》和《奥运争光计划》中发挥着巨大作用。

4. 物质、保障系统

物质、保障系统是指为保证体育体制的贯彻实施而必须具备的物质基础和器具设备。要使一个国家的体育体制能够顺利运转，除了要有一套为众人接受的观念、价值体系和一套优秀的组织领导管理体系以及一套完善的制度、规范体系外，还依赖于一定的物质手段。即体育场馆、器械、设备、仪器等硬件系统。它们共同构成体育体制的系统整体。

（三）世界体育体制的基本类型

从总体上来说，世界体育体制的基本格局主要可分为两大类：一类是以原苏联、原民主德国、罗马尼亚等东欧社会主义国家为代表的国家行政协调体制；另一类则是以美国、原联邦德国、英国等西方发达资本主义国家为代表的社会自我协调体制。而在每一类协调体制中，又都有两种具体形态：直接的国家行政协调体制和间接的国家行政协调体制；无宏观控制的社会自我协调体制和有宏观控制的社会自我协调体制。

1. 国家行政协调体制

直接的国家行政协调体制和间接的国家行政协调体制都是靠上下级隶属关系，通过纵向的信息指令和行政手段来控制体育的运行和走向。两者的区别在于纵向调节手段不同，直接的国家行政协调体制是行政权力机构对省、市、县、区等下级体育部门实行集中型的单向控制和管理；在间接的国家行政协调体育中，类似国家体育运动委员会这样的行政权力机构不是通过垂直集中型的单向指令控制和管理，而是借助手中的权力，通过竞赛制度、运动员审报年龄的限制、项目的设置、奖牌的分配比例和各单项的得分多少等形式的控制，迫使各省、市、地、县、区等下属单位作出大致符合上级体育部门要求的决策。这里的基层体育部门有着双重的依赖，即对上级体育行政机构的纵向依赖和对所处社会环境的横向依赖，其中纵向依赖占主导地位。

2. 社会自我协调体制

无宏观控制的社会自我协调体制和有宏观控制的社会自我协调体制，都是通过体育团体、体育协会或体育俱乐部的横向信息流和社会上的工矿企业、大专院校、机关单位及民间组织的力量来协调体育的运行和发展。两者的区别在于：在无宏观控制的社会自我协调体制中，体育的运行几乎完全受社会体育团体、职业体育俱乐部以及从事体育的人们的兴趣爱好和社会氛围的调节和引导。在有宏观控制的社会自我协调体制中，社会既不是通过直接行政手段，也不是通过对各体育团体或俱乐部进行大量的烦琐的间接行政干预来控制体育的运行，而是借助法律程序和规范的宏观约束手段或国民经济的增长幅度及参数等手段来进行调节和管理。

3. 两类体育协调体制的比较

直接的国家行政协调体制和无宏观控制的社会自我协调体制是两类截然相反、互为排斥的体育管理体制，彼此既不相容，又无共性，因此，它们之间的比较是泾渭分明的。而间接的国家行政协调体制和有宏观控制的社会自我协调体制，都是间接控制的，但两者也有明显的区别。例如，两者都要利用社会经济力量或通过税收来资助和调节体育的运行发展，但在有宏观控制的社会自我协调体制中，国家有统一的税率，国家立法机构通过了体育税收法后，每个企事业单位必须也只能依法纳税。而在间接的国家行政协调体制中，各企事业单位需要纳税，但实际用于发展体育的资金比率，是由上级主管部门同各下级单位讨价还价后决定的。又如，在采用竞赛制度协调体育的发展规模和走向中，有宏观控制的社会自我协调体制通常是以法律形式委任和确定的。在间接的国家行政协调体制中，竞赛杠杆的协调权力完全控制在国家行政权力机构中，由于上下级体育部门存在着主体利益的差异且又无法律约束，协调后的各级体育主管部门多会形成"区域战略对策"的双重依赖现象。

二、我国体育体制及公共政策

（一）我国的体育体制——举国体制

"举国体制"特指中国体育领域的管理体制及其运作模式，萌生于20世纪50年代。它以政府为主导，通过行政手段下达体育发展目标与任务，以计划手段按其目标与任务配置体育资源，以国家财政支付体育经费。政府逐级行政管理体制、行政区划代表队竞争赛制与运动队层级训练选拔体制是这一体制的主要内容。"举国体制"中的"国"实为国家权力的执行者——政府，举国之力即是举政府之力，尤其是举中央政府之力（刘燕舞、胡小明，2006）。

其特点在于层次制和分职制相结合。所谓层次制，就是自上而下分为若干层次，层次越高管辖范围越大，每一个层次管理的内容和性质基本相同。上位层次指挥下位层次，从而整体上呈现出"金字塔"式的排列结构。这里，国家体育总局为体育运动管理的最高层次领导，通过制定体育管理的方针政策及有关法规、条例，对全国体育事业实施领导。下位的各省、自治区、直辖市人民政府所属的体育部门属第二层次，它们在贯彻执行体育总局制定的体育管理的方针、政策、法规、条例的同时，还结合本身局部的实际情况，制定相应的体育管理法规、条例，对本省、自治区、直辖市的体育事业进行调控。各地（市）、县体育主管部门是体育管理的第三层次领导。所谓分职制是从横向上设立平行的若干职能部门，各司其职。同层次的不同部门所管辖的职责范围相同。属政府部门的国家体育总局及国家教委体育卫生艺术司,与社会体育团体中华全国体育总会、中国奥委会、中国体育科学学会等一起,分别行使对我国运动训练竞赛、学校体育、群众体育、体育科学研究等的管理(徐金华,2003)。

(二) 我国的体育公共政策

体育公共政策是体育发展的行为准则,它规定与指导着体育发展的方向。体育政策的产生受到社会政治系统各种因素的制约和影响,是众多因素综合作用的产物。众所周知,群众体育和竞技体育是中国体育事业的两大组成部分。普遍增强人民体质、提高全民族的健康水平,体现了社会主义体育事业的本质特征和首要任务,在此基础上,提高运动技术水平是中国体育工作的又一重要任务。因此,20 世纪 90 年代,我国确立了群众体育与竞技体育协调发展的战略。

1995 年 6 月和 7 月,国务院先后颁发了《全民健身计划纲要》和《奥运争光计划纲要》,这两个计划纲要对应群众体育和竞技体育这两大类体育活动,表明了国家和体育决策部门在认识和落实"群众体育和竞技体育协调发展"这一基本指导方针的过程中,上升到了一个新的高度。《中华人民共和国和社会发展第十个五年计划纲要》中又进一步指出:"加强公共体育设施建设,开展全民健身运动,健全国民体质监测系统,发展竞技体育。"

2002 年 7 月 22 日,中共中央、国务院下发了《关于进一步加强和改进新时期体育工作的意见》,这是其后我国体育发展的总政策。中央 8 号文件是 2001 年我国申奥成功后,中共中央、国务院为办好北京奥运会、加快体育发展、满足群众需求、推动我国社会主义建设而专门制定的,有很强的针对性,体现了党和国家对体育工作的高度重视,也表现出政策、思想、理论的先导性。

国家体育总局于 2000 年 12 月 15 日发布的《2001—2010 年体育改革与发展纲要》,分析了 2001—2010 年间中国体育发展的经济社会环境,明确了体育改革和发展目标、基本方针,提出了群众体育、竞技体育、体育产业、体育科技、体育交往、体育管理体制与运行机制等方面的改革与发展对策。文件指出,我国处于社会主义初级阶段,人口众多,人均收入不高,地区间经济发展不平衡,是制约体育发展规模和速度的主要因素。提出体育发展的规模速度既要尽力而行,又要量力而行等,这些思想和政策对体育的宏观调控有着重要意义。竞技体育与群众体育协调发展,是随着社会、经济条件的改善与转变而形成的。在竞技体育优先发展的计划经济时期,体育资源不足,群众体育不可能得到国家的重点扶持,同时,群众体育发展的社会经济条件仍不成熟,受生活水平、思想观念的制约,群众体育缺乏自发性的群众基础。随着我国逐步进入"小康"社会,人们生活水平大幅度提高,余暇时间增多,对体育的需求也在不断增加。因此,改变以往单纯注重竞技体育的弊端,认识群众体育与竞技体育相互依靠、相互渗透的关系,重视竞技体育与群众体育的协调发展,是体育运动自身发展的规律。

第二节　体育中的政治化现象

一、体育的政治化

当人们开始谈论体育中的政治问题时,首先要理解"政治"这个词的本来意思。"政治"的含义有很多种,考证这个词的本源,发现它来自古希腊的"polis"一词,意思是"城邦"(K.吐依、A. J.维尔,2004)。"城邦"是古希腊社会的基本组织单位。因此,政治一开始就包含着合作与冲突两个方面。文化之间需要寻找合作与竞争之间的平衡,无论是内部还是外部关系的处理上,只有找到了这种平衡,它才有可能生存下去。

也许对于政治过程最简要的描述是"谁,什么时候,在什么地方,通过何种方式,得到了什么",这应该是最普通和最适用的定义了。它同样适用于体育运动。政治和体育之间的关系并不是当代社会的产物,有组织的体育运动长期以来就与政治、政府和国家联系在一起。在社会学意义上,政治是指社会生活中权力的取得和使用过程;政府是指所有那些有权制定规则、管理社会成员行动的正式组织和机构;国家是指一套法定的组织和机构,它在公认的地理边界内制定和执行规则、管理人们的行动(杰·科克利,2003)。

因为一系列的原因,政治和体育之间的联系是强有力的。第一,运动员参加比赛时,他代表的是一个组织,而这个组织必然和其他组织之间存在着竞争关系。第二,运动员要在仪式上宣誓自己效忠于哪个组织。第三,政府负责运动员的培养,并负担运动员进行训练和比赛的费用。第四,因为体育组织本身就是机构性的,这种性质导致在体育组织内部和体育组织之间必然存在着政策和策略的问题。

有人主张体育与政治无关,这种想法其实是幼稚的。体育不可能存在于文化真空中,它是社会的内在成分。作为社会的一部分,它会受到社会、政治以及经济力量的影响。体育也不可能离开创造、组织、开展体育运动的人们而存在。这些人的生活以及他们之间的相互关系至少部分地与权力和控制问题联系在一起。政治成为体育的一部分只是因为政治是人们生活的一部分。因此,体育运动与政治以及政治过程是密不可分的,体育的政治化在体育活动过程中也是不可避免的。

二、什么使体育政治化

前面已经讲到,体育的政治化在体育活动过程中是不可避免的。那么,究竟是哪些因素导致体育活动成为一个政治过程的?

从目前来看,政府对体育的干涉与赞助、组织和场地的需求相关。实际上,体育是人们生活的重要组成部分,体育可以成为展示问题的场所,这些问题常常导致政府的管理和控制。政府在体育运动中介入的形式因社会的不同而不同,政府介入体育目的在于:保护人们和维护秩序;促进体能和健康;提高团体的声望;在群体成员中建立社会团结感;在群体中确认政治意识形态;肯定政治体系的合法性和当权者的合法性;促进经济发展。

政府的介入在计划经济的中央集权国家尤为明显。体育运动的赞助是直接的,政府往往亲自掏钱买单;运动场馆为国家所有并且由国家运作;国家决定体育运动的规则和政策以及开展体育运动的条件。市场经济国家的政府介入虽然没有那么直接,但是其介入的范围往往十分广泛。运动项目和场地经常由城市、州、地区或联邦资金支持。很多政府官员和机构控制着什么样的条件下谁可以参加体育运动、参加什么体育运动,他们经常规定赞助和开展商业化体育运动的条件。

政府官员和机构在制定规则、政策、资助方面优先考虑的事情,反映了一个社会中各群体间的政治斗争。这并不意味着政府介入体育时总是使同一批人受益,但它却说明政府介入很少会为每一个人带来同等的利益。例如,当资金给予精英运动项目及用于精英运动员的发展和训练时,大众参与的体育项目所得的资金就减少了。当然,资助优先权也可以偏向大众运动而不是精英运动。但是重要的是,优先权本身正处于竞争和协商中。这个政治过程是体育运动不可回避的部分。

历史表明,政府在涉足体育运动时,拥有最多的资源、组织、外界支持的群体,组织目标最符合公共官员政治立场的群体最有可能受到照顾。最不可能受到欢迎的群体是那些不能理解体育与政治的联系,缺乏有效影响政治过程的资源的群体。只要人们相信体育运动和政治无关的神话,他们就在制定规则和政策,以及分配资金方面继续处于不利的地位。

谈及体育对国际关系的影响时,人们经常讨论体育与全球政治过程的关系。理想的情况是,体育运动在促进和平与友谊的背景下把各国聚到一起。虽然这种情况也有,但事实上,多数国家利用体育运动来实现自己的利益。实际上,在国际体育比赛中展现民族主义已经成为一件司空见惯的事,这种情况以后还会继续下去。奥运会就是一个很典型的例子。推动和观看奥运会的人所看重的主要还是国家所获得的金牌数量和表达民族优越感。

随着强大的跨国公司与国家一起成为全球政治的主要角色,体育运动被日益用于经济和政治目的。民族主义和促进国家利益仍是全球体育运动的一部分,但是自从冷战结束以后,消费主义和资本主义的扩张已经变得越来越重要。在跨国关系的背景下,运动员和运动队不仅同国家联系在一起,同时还与公司的理念联系在一起。从本质上来看,全球性的体育比赛既是政治的也是经济的。他们宣扬一种融合了与工作、个人主义、生产效率及消费相关的资本主义意识形态。

全球政治过程也跟体育运动的其他方面相联系,如精英运动员的流动模式和体育商品的生产。当运动员跨越国界参加比赛或者跨国公司在劳动密集的贫穷国家上生产设备和服装然后在富国销售时,政治问题就出现了。当我们同时在全球层次和地方层次上研究体育时,我们最能理解这些问题以及其他与全球政治过程相关的问题。这使我们能够判断出,什么时候体育运动促进了人们相互之间的文化交流,增进了来自世界不同地区的人们之间的相互了解;什么时候体育运动又成为强大国家和实力强劲的公司对世界上较弱国家的社会生活和政治事件施加微妙影响的过程。

政治也是体育运动的结果和组织的一部分。政治过程之所以存在,是因为体育组织中的人们必须回答:怎么才有资格成为一项体育运动、体育运动规则应该是什么、这些规则如何实施、谁应该组织和控制比赛、在什么地方举办运动会、谁有资格参加运动会、报酬如何分配等。这就是许多体育运动组织被描述为"管理实体"的原因,它们是影响与体育运动有关的每个人的政治决策的背景(杰·科克利,2003)。

三、体育中的政治化现象

"政治"一词总是与国家事务联系在一起。然而,政治包括各种组织层次上管理人民和实行政策的所有过程。因此,政治是体育的内在成分,许多地方的、国家的和国际的体育组织都被称为"管理实体"。

运动组织做的许多事情,多数是提供和管理体育运动参与机会、建立和执行政策、控制和管理竞赛、确认运动员的成绩,这听起来像是一系列简单的任务,然而,它们很少是通过某种形式的反对、争论和妥协来完成的。体育运动组织的成员会同意许多事情,但它们也具有各种不同的利益和取向。事实上,当人们处理如下体育运动和体育运动参与问题时，经常产生利益冲突，如体育运动在国际上的确认、体育运动规则的制定、谁来制定和执行体育运动的规则、谁来组织和控制体育比赛、在哪里举办体育比赛、谁有资格参加该项运动等。

（一）一项体育运动在国际上的确认

我们应该知道，体育并没有普遍的定义。社会中一项体育运动或像奥运会那样的特殊运动会，是通过政治过程才决定其成为体育的。

用来评判体育运动的标准更多地反映了某些人的思想和兴趣。比如在奥运会中，一项男性竞赛活动或比赛必须至少有70个国家参加，一项女性活动或比赛必须至少有40个国家参加，才能被认定为一个体育运动项目。在国际奥委会考虑确定这些项目为奥运会运动项目之前，这些运动必须有一个官方指定的国际管理机构，有相当数量的国内管理机构，以及该项目世界冠军的历史记载。再有，在媒体合同高达数十亿美元的今天，如果一项活动和比赛能够吸引电视和年轻观众的兴趣，这些观众反过来又会吸引新的奥运会广告商和赞助商，那么它们就更有可能被确认为一项体育运动。开展女性参与的活动也可以，因为观看奥运会的女性比男性要多，而且奥运会中男性项目的数目仍比女性项目多。

当然，这种定义体育运动的方式有利于全世界那些历史上具有资源从而输出比赛的国家。对于前殖民势力尤为有利，因为他们把本国的比赛作为向全世界殖民地人民输入文化价值和习惯的一种途径。今天的富有国家不仅把本国的运动通过卫星向全世界转播，同时也具有资助这些运动从而使之在许多国家开展的资源。因此，当国际奥委会开始确定奥运项目时，那些来自富国的运动项目被列在名单之首。当它们被确定为奥运会项目时，这些国家的文化价值和传统习惯就得到再次肯定。通过这种方式，他们的比赛成为全世界的体育运动。

这也是传统文化中本土性体育运动未能成为奥运会比赛项目的部分原因。在世界上少数地区开展的比赛不具备被认定为体育运动的资格。所以，如果来自传统文化国家的人们想要参加奥运会时，他们必须学会参加富国中流行的活动和比赛。由于这些人在资源缺乏的国内很少有机会获得训练所需要的设备和场地，它们就必须依赖富国的人以及组织的支持，以便自己能够在得到确认的体育运动中成为国际级运动员。通过这种方式，运动成了对富国的人和组织有利的工具。因此，体育运动的确认也就成为一个政治过程。

（二）体育运动规则的制定

体育运动是社会架构。这说明人们在彼此的互动中构造了这些体育运动，并且在环境和文化的限制下制造身体上的挑战。支配体育运动的规则也是社会架构，并通过政治过程决定。为什么在主要的棒球联赛中一垒到本垒的距离应该是 90 英尺？为什么篮球的球筐要距离地面 10 英尺高？为什么女子篮球比赛使用的篮球比男子使用的篮球要稍微小一点和轻一点？为什么撑竿跳高运动员不能随意使用他们想要的撑竿？为什么一个 145 磅的摔跤运动员不能自愿地跟一个 185 磅重量级的运动员比赛？类似的问题有很多，但重要的一点是，体育运动规则的确立可以出于许多方面的考虑，而这又使体育运动带上政治色彩。

许多人不能认识到，只要有正式的规则来支配人们什么能做、什么不能做，就总会成为政治过程。因为体育运动比多数人类活动具有更多的规则，它比我们生活中所参与的多数活动更为政治化。

（三）谁来制定和执行体育运动的规则

体育运动的规则由某个管理实体的人们所控制，这些长期以来被认定为官方的信息来源，并且对体育运动参与者进行管理。被认定为某项体育运动的唯一管理实体的过程显然包括政治。管理实体具有权力、地位，它们控制着资源。因此常见的情况是，不止一个群体宣称它是制定体育运动规则的合法实体。各种管理实体的并存会造成某项运动的运动员和观众的迷惑。比如，职业拳击目前有五个管理实体，每一个都有自己的重量级别和冠军，每一个都声称是自己拳击界公认的规则制定实体。新运动项目滑板溜冰和同轴滑冰，至少有两个不同的组织争相成为公认的管理实体。随着这些组织寻求建立对这些体育运动以及参赛运动员的权力，它们相互竞争去招募付费成员并赞助竞赛项目。然而，在这个过程中，它们的政策使运动员产生迷惑并限制了参与机会。一旦发生这种情况，人们就可以清楚地看到运动中的政治。

有了规则，还需要去执行它。这又给运动增加了一个政治维度。任何当过裁判的人都会告诉你：很少有明确犯规的时候，确认犯规是困难的，人们对犯规的看法很少能达成一致。犯规在许多运动中时常发生，但是最好的裁判往往知道应该何时吹罚这些犯规。实际上，裁判和官员时常会讨论比赛中何时该吹哨，何时不该吹。因此，使体育运动对所有运动员和观众都公平是一项政治挑战。

（四）谁控制和组织体育比赛

对体育运动项目的组织和控制常常掌握在官方管理实体的代表手中。管理实体稳定时，标准就产生了，但是标准从来不是建立之后就一劳永逸了。例如，虽然管理实体的官员尽力制定了评判花样滑冰、体操等项目的标准，但是，评委们往往给自己国家的运动员打高分,并且给分的方式常常与冷战时期的政治集团联系在一起。这令运动员感到非常失望。最令人心痛的是,某些项目女运动员的"可爱""发型""体型""眼睛颜色"也可以影响评委的打分。政治以多种多样的形式出现!

既然运动项目已经变得日益商业化,运动项目的组织和控制就可能被官方的管理实体连同公司赞助商以及媒体工作人员共同执行。运动的地点、时间、日程安排,什么人会被授予体育新闻报道许可权,哪个电视公司有权转播体育项目,门票的价格是多少,以及其他问题都是通过政治过程来解决的。此过程的参与者以及他们的利益因不同赛事而有所变化,这意味着运动中的政治永远不会结束。

(五)体育比赛在哪里举行

选址的政治是体育的内在组成部分。随着体育运动、运动队以及体育赛事被乡镇、城市和国家用于经济目的,地址的选择变得越来越有争议。

奥运会举办地的选择是一个政治过程,这一点任何一个曾经帮助和组织过奥运会地址招标的人都会同意。比如,1996年夏季奥运会对亚特兰大的选择就是整个政治过程的一部分。在这个过程中,奥委会的官员历经劝诱、宴请、贿赂以及压力,被迫在亚特兰大、雅典、多伦多、墨尔本、曼彻斯特以及贝尔格莱德之中选择了亚特兰大。

2002年世界杯足球赛的地址选择也是如此政治化。日本和韩国被选为共同主办者,是为了避免新兴太平洋周边经济实体的分离,同时也促进亚洲足球的发展。

(六)谁有资格参加体育运动

谁参加、谁不参加体育运动是体育运动中激烈争论的话题。甚至小孩儿在玩非正规的游戏时,他们也会讨论甚至争论谁参加比赛、谁出局的问题。在体育组织中,这种讨论和争论就更常见了。体育组织中的权威人士往往对参与资格做出决定。他们会利用性别、年龄、体重、身高、健全状况、居住地,甚至人种和种族等要素决定参与的资格。虽然关于资格的政策常常看似代表了人类和体育运动不变的真理,但是它们实际上还是建立在不同群体官员争论和赞成的标准之上,这种赞同通过政治过程来进行。

当涉及有关运动员和官员的利害关系时,这些资格争论就会变得尤其激烈。国际奥委会因为南非的种族隔离政策而禁止南非运动员参加奥运会(1964年到

1991年)就是一个例子。由于南非奥委会正式地根据种族来决定运动员参加国家队的资格,国际奥委会决定南非运动员不再有资格参加奥运会。然而,我们应该注意到,国际奥委会对南非的禁令在组委会内部、在世界各地以及在各国体育运动组织的有关人士中间,引起了激烈的争辩。国际奥委会在一定程度上是受到了反种族隔离活动分子的影响,这些人威胁说,如果国际奥委会不撤回对南非的认可,他们将大规模地联合抵制奥运会比赛。

第三节 奥林匹克运动与政治[①]

一、政治介入奥林匹克运动的表现形式

尽管国际奥委会坚决反对政治对奥林匹克运动事务的干预,如《奥林匹克宪章》第61款规定"在奥林匹克领域内不准进行任何示威或政治的、宗教的或种族的宣传",国际奥委会的领导人也强调体育与政治的分离,如布伦戴奇认为"我们最重要的原则之一,就是体育完全脱离政治",基拉宁也指出"奥林匹克运动必须避免任何形式的政治、宗教或种族的干预",但是,奥林匹克运动无法摆脱政治风云变幻的影响。在奥林匹克运动一百多年的发展过程中,政治以多种形式介入这一运动,大体上可以分为以下几种主要类型。

(一)与民族主义及国家主权有关的政治介入

"民族"(nation)的最初含义是指出生于其中并与之有血缘关系的群体。到了17世纪,国家权力与占有一块领土并有着许多共同点(历史、文化、语言)的民族的概念合而为一,出现民族国家(nation-state)。1789年的法国大革命进一步促进了民族意识的觉醒,激发民族独立自治的愿望,纷纷走上以谋求主权为象征的民族解放与国家独立之路。当代世界就是由一个个独立的民族国家为基本单元构成的。

尽管国际奥委会在《奥林匹克宪章》中表示,奥运会是运动员之间的比赛,不是国家间的比赛,但在现实社会生活体系中,脱离于民族属性和游离于国家政府管辖之外的个人,不仅无法存在,也不可能存在。实际上,早在1894年巴黎索邦举行的恢复奥运会的体育代表大会上,在确定奥运会的指导原则时,顾拜旦就提

[①] 本节内容根据任海主编的《奥林匹克运动》一书中的第十章"奥林匹克运动与政治"改编而成。

出"政府的支持"是运动会取得成功的必要条件,并要求国家选择参加比赛的运动员,从而清楚地表明运动员是国家的代表。

顾拜旦重建奥运会的初始目的之一,就是试图通过参加体育运动振奋法国青年,通过国际体育比赛,培养他们对法兰西的忠诚与自豪。在1896年奥运会结束不久,他写道:"一个人在看到自己的俱乐部或学院在全国比赛中获胜会感到一种满足。当他看到自己的国家获胜,这种感觉将是何等的强烈!就是出于这些想法,我寻求恢复奥林匹克运动会。"

于是,顾拜旦在奥运会庆典中有意设计了被一些人批评为强化民族意识的仪式,如在开幕式上,运动员按国别入场,国旗为获胜者而升,国歌为获胜者而奏,运动服上标有国徽。在1920年安特卫普奥运会上,由顾拜旦倡议的运动员宣誓第一次出现在奥运会上时,其"以我的祖国的荣誉和体育的光荣"的誓词,有相当的民族主义色彩(后来改为"以体育的光荣和我们队伍的荣誉")。

此外,大众传媒也一再将人们的注意力集中在运动员所代表的国家,虽然国际奥委会没有参赛国家的奖牌排行表,但是电视、广播和报纸等新闻媒介在奥运会前就努力预测哪一国会"赢"。在奥运会进行中,又不断报道奖牌数,用各种方式计算各国在奥运会中的表现。在闭幕时,"赢"的国家被全世界新闻所报道。

这样,运动员在奥运大赛中的表现,不可避免地与其他国家和民族的形象联系在一起,具有代表一个民族、国家和地区的象征意义,而能否跻身于奥林匹克大家庭,则成为一个国家或地区存在的一种文化标志。因此,争夺奥林匹克大家庭成员资格的斗争,多年来,特别是第二次世界大战以后,成为国际奥委会最难以解决的棘手问题。

尽管国际奥委会在1962年声明,"由于奥林匹克运动是非政治性的","对国家奥委会的承认不意味着对其政治上的承认,因为这超出了国际奥委会的能力",但是,它不能摆脱民主德国与联邦德国、韩国与朝鲜等在代表权问题以及中华人民共和国合法席位问题上的斗争带来的一系列问题。

(二)与国际冲突有关的政治介入

纵观百年历史,以民族国家为基本单位构成的国际社会纷争不已,从美、苏之间两大阵营的对抗,到领土和资源之争,各种类型的国际冲突从来就没有停止过。处于纷纭复杂的国际政治关系中的奥林匹克运动也无法超然于国际政治冲突之外,形形色色的政治矛盾与冲突不可避免地渗透到这一领域,影响奥林匹克运动的进程。此乃有史可鉴:

1908年,第四届奥运会在英国伦敦举行。开幕式上,美国队旗手拒绝向英王致敬;芬兰拒绝在帝俄的旗帜下入场,没有参加开幕式。

1912年,第五届奥运会在瑞典斯德哥尔摩举行。英国奥委会以没有在第一次世界大战开始后清除德国奥委会的委员资格为由退出比赛。

1916年,由于第一次世界大战,原定在德国柏林举办的奥运会没能举行。

1920年,举办地比利时的安特卫普拒绝邀请德国及其在第一次世界大战中的同盟国奥地利和土耳其参加奥运会。

1940年,由于第二次世界大战,原定在日本东京举办的第十二届奥运会未能举行。

1944年,同样由于第二次世界大战,原定在英国伦敦举办的第十三届奥运会没能举行。

1948年,第十四届奥运会在英国伦敦举办。但是举办国拒绝日本、德国参加本届奥运会,因为这两个国家是第二次世界大战中的侵略国。

1952年,中华人民共和国进入国际奥委会,台湾抵制了当年在芬兰的赫尔辛基举办的奥运会;同样是在这一届,原民主德国不被承认,拒绝入场,最后两个德国作为一个队参加比赛。

1956年,由于苏伊士运河战争,一些阿拉伯国家退出了在澳大利亚墨尔本举行的奥运会;中华人民共和国也因为国际奥委会接纳了台湾而宣布退出。

1960年,南朝鲜进入奥运会,北朝鲜宣布退出;当年,国民党被迫以"台湾"的名义参赛,在开幕式上,他们举着告示牌通过检阅台,以示抗议。

1972年,11名以色列运动员被阿拉伯恐怖分子枪杀,开幕式变成了追悼会。

1976年,28个非洲国家因新西兰橄榄球队访问南非,而抵制了奥运会。同时,加拿大政府拒绝对台湾发签证。

1980年,美国、联邦德国、加拿大、日本、中国等国家抵制了在莫斯科举行的第22届奥运会,以抗议苏联人入侵阿富汗。另有16个国家在开幕式、闭幕式上用五环旗代替本国国旗,10个国家只有旗手一人参加入场式。

1984年,苏联、民主德国、波兰等国以安全得不到保障为由拒绝参加洛杉矶奥运会,以示对前一届奥运会的报复。

1988年,朝鲜和古巴拒绝参加在韩国汉城举办的第二十四届奥运会。

1992年,因为前南斯拉夫战火不熄,联合国决定实施制裁,不允许其参加任何国际活动,各国际单项体育联合会禁止其参赛。最后经过协调,国际奥委会允许前南斯拉夫运动员参加个人项目比赛。

从以上事件中可以看出,由于政治因素的介入,奥林匹克运动在很大程度上受到了影响。

(三) 与种族主义有关的政治介入

种族主义 (racism) 是认为某一种族天生劣于或优于其他种族的意识形态，其基本特征是种族偏见与种族歧视。种族主义导致社会主导群体对从属群体的歧视与排斥，其排斥方式有种族灭绝、驱逐、政治区划以及隔离。在奥林匹克的国际大舞台上，围绕着坚持还是反对种族歧视的斗争从 20 世纪初期就开始，并在 60 年代后达到高潮。

奥运会中出现种族歧视的现象，可追溯到 1904 年底第三届美国圣路易斯奥运会期间组委会搞的"人类学日"活动。

20 世纪 30 年代初，希特勒在上台前就十分仇视和反对奥运会，称之为"犹太人与和平主义者搞的花样"，还斥责德国运动员在 1932 年奥运会上与黑人比赛有损日耳曼民族的尊严。1933 年纳粹上台后，企图利用 1936 年柏林奥运会给法西斯主义蒙上一层和平的面纱，同时为显示其德国的种族主义——日耳曼民族与众不同的"优越性"制造证据。这届奥运会由于希特勒上演了各种种族歧视的丑剧，严重违反了奥林匹克运动的宗旨，被后人称为"纳粹运动会"。1954 年在庆祝奥林匹克运动诞生 60 周年时，国际奥委会曾为自己的错误进行检讨，并发表了公报，认为军国主义和纳粹主义的喧嚣气氛笼罩了那届奥运会，产生了可悲的后果。

20 世纪 60 年代后，反对种族歧视的斗争开始登上奥林匹克舞台，在其后的 20 多年中高潮迭起，核心问题是南非的种族隔离制度。

1964 年，东京奥运会拒绝奉行种族隔离制度的南非参加。

1968 年，国际奥委会曾允许南非参加奥运会，后因非洲最高体育理事会抵制和举办国墨西哥拒绝发给南非入境签证而改变了决定，撤销了让南非参加奥运会的邀请书。这届奥运会还出现了向美国国内种族歧视表示抗议的"黑人权利"事件。

1970 年 5 月召开的国际奥委会第 70 次全会上，根据表决结果决定，将南非国家奥委会驱逐出奥林匹克运动。

1972 年慕尼黑奥运会开幕前夕，在非洲国家集体干预下，国际奥委会举行非常会议，取消了奉行种族主义的罗得西亚的参赛资格。

1975 年，罗得西亚被逐出奥林匹克运动。

1976 年蒙特利尔奥运会上，由于 1976 年 6 月南非邀请新西兰橄榄球队访问，非洲最高体育理事会发出最后通牒，要求将新西兰逐出该届奥运会，但是遭到国际奥委会的拒绝，于是 20 多个非洲国家在奥运会开幕前夕采取抵制行动，离开蒙特利尔回国。

1984年,各国、地区奥委会通过《墨西哥城宣言》。宣言第15条要求国家奥委会协会"向有关的国际单项体育联合会派出代表,敦促其采取与国际奥委会同样的政策立场,将南非从会员中清除出去,直到其放弃与《奥林匹克宪章》相矛盾的种族隔离政策"。

1989年,国际奥委会第95次全会进一步对南非施加压力,决定此后凡参加在南非举办的比赛的任何运动员,将不准参加以后的奥运会。

1991年6月,南非种族隔离制度退出官方历史舞台。

1991年7月9日,国际奥委会重新承认了南非国家奥委会。

至此,奥林匹克运动中的"南非问题"终于得到解决。但这并不意味着种族主义在国际社会的消亡。以民族平等与世界和平为宗旨的奥林匹克运动仍然任重而道远。

二、政治介入奥林匹克运动的原因

政治因素介入奥林匹克运动,绝不是偶然的,是外部国际环境影响和奥林匹克运动自身内在规定相互作用的必然产物。可以说,其原因是多方面的:具体包括:

(一)纷争不已的国际环境

现代奥林匹克运动产生于各主要资本主义国家刚结束自由竞争的阶段,成长在充满政治纷争的不安定时代。现代奥林匹克运动的起源本身就是一个带有振奋民族精神和促进民族团结初衷的社会运动。尽管国际奥委会反复重申体育独立于政治之外的主张,但战争、意识形态的冲突、强权政治、各国外交政策、恐怖主义却不愿独立于奥林匹克运动之外,他们不断向奥林匹克运动提出新的挑战。1925年7月顾拜旦辞去国际奥委会主席职务时,他深深感到,要使奥林匹克立于大国纷争之外,已经越来越不可能了。

第二次世界大战之后,世界进入了一个政体模式多元和经济发展水平分化的国家竞争共处的时代。既有南北之间的经济矛盾,又有东西之间的政治冲突。国际政治的基本行为主体依然是独立的、按照自己意志行事的政治实体——国家,国际政治中的聚焦点是国家利益。一方面,民族之间、国家之间由于相同的利益关系和价值取向而相互结合、协调行动,形成一定的政治、经济、文化共同体;另一方面,由于相反的利益关系和价值取向而成为仇敌,相互对立,相互敌视,形成复杂的国际冲突。国际社会既不可能有统摄全球的价值观念和政治伦理标准,也难有能够约束各国政策、调整国际关系的强制性组织。因此,国际事态是以"竞争——摩擦——协调——再摩擦——再协调"的方式发展着。自第二次世界大战以来的五十多年中,虽然没有爆发新的大规模战争,但局部地区民族纠纷、国内政治冲突、国际恐怖主义等问题不断发生,构成了对国际社会安全的新挑战。

这些问题同样也波及奥林匹克运动这一领域,并对其产生直接而明显的影响。人们常用"绿茵战场"来比喻国际经济运动赛场,这在一定意义上并非没有道理。和平时期,各种政治主体试图借助奥运会这个"没有硝烟的战场",通过与竞争对手进行较量,从而实现树立本国的形象,显示国家的力量、表达意识形态与制度的优越、调整外交关系、发泄政治不满等种种政治目的。可以说,国际社会体系相互竞争、相互冲突的政治格局是奥林匹克运动中发生各种政治事件和矛盾的温床。

尽管国际体育界的不少人士一直在呼吁奥林匹克运动的非政治化,但这种理想目标由于受到来自现实国际政治环境各方面的牵制、阻碍和干预而无法真正实现。正如国际奥委会第六任主席基拉宁所说的那样,在他担任国际奥委会主席的八年期间,所遇到的"95%的问题都涉及国内和国际政治","我们生活中的一切都受到政治决定的制约"。1984年美国洛杉矶奥运会组委会主席尤伯罗斯在经历了奥运会组织过程中的种种政治事件后发现,奥运会不仅是一个体育的,而且是一个政治的活动。

(二) 民族主义的动因

在政治介入奥运会的诸多动因中,最强大也是最为持久的是民族主义这股力量。所谓民族,是"在资本主义时代形成的有共同语言、共同地域、共同经济生活以及表现于共同文化上的共同心理素质的稳定的人们的共同体"。而"民族主义是近代以来产生的一种社会心态和运动,民族主义心态即指个人对民族或民族国家无上忠诚,把本民族的利益看得高于一切的感情"。

民族主义是以民族观念为基础的,它在不同的国家和不同的时期发挥着不同的作用。民族主义具有两重性,它既可以作为殖民主义者的工具,使民族压迫成为国际现象,为殖民主义的侵略和扩张制造借口,使民族压迫成为国际现象,为殖民主义的侵略和扩张制造借口,又可以作为强化民族内部凝聚与团结、鼓舞民族独立与平等、争取民族自由与解放的旗帜和内在动力。从17世纪英国清教运动开始,欧美各国逐渐兴起民族主义运动。20世纪以后,亚非各国也先后进入民族主义运动。"民族主义是从1830年到1914年影响西方世界历史的最强大的力量之一。它从现代最初几个世纪里的一种模糊情绪发展成为一种真正的信仰。"而这一时期正是现代奥林匹克运动孕育、诞生并初具形态的时期。基于民族主义情结而爆发的各种政治风波不可避免地影响到了奥林匹克运动。

在这个以民族国家为基本单位、和平共处与矛盾对立共存的世界上,民族主义以其顽强的生命力和巨大的号召力,成为一种比宗教更为强大的力量。在奥运会这一最高级别的国际体育比赛场上,在充满竞争的经济较量中,这种力量得到了生动的展示和充分的释放。

(三) 奥运会场景与媒体效应

不管围绕奥运会发生的政治事件的原因、目的、形式有何不同,但有一点是相同的,那就是事件的制造者将奥运会当作一个政治舞台,以期引起人们对该事件的注意,从而获得某种预期的轰动效应,以表明自己的政治态度,或显示自己的民族形象。在国际政治环境中,能够实现政治目的的途径是多种的,但从成本—效益角度而言,恐怕再也没有比奥运会更为适宜的途径了。众所周知,奥运会是举世瞩目的国际性盛大聚会,在参与者人数之多、地区之广、文化共享性之强、影响作用力之大,尤其是与大众传播媒介之间的亲和力之高等方面,没有其他任何国际文化活动可以与奥运会匹敌。

奥运会上,不仅聚集着世界上 200 多个国家和地区的 1 万多名运动员、数万名观众,而且世界各大传媒集团蜂拥而至,新闻大军云集。媒体无所不包的新闻采访,通过遍布全球的电视网络、广播网络和互联网,以最快的速度将与奥运会有关的各种信息在顷刻之间传遍世界的各个角落。奥运会是当今全世界共同庆祝的盛大节日,是整个国际社会几十亿人关注的焦点。这里所发生的一切在瞬息之间就会成为世界性新闻。在政治家眼里,这正是进行政治信息表达的绝好时机。

在 2004 年雅典奥运会期间,伊拉克国奥足球队接连爆冷,以优异战绩挺进四强。这一成绩不仅让战乱中的伊拉克人民欣喜若狂,也成了布什连任竞选的一根"救命稻草"。为了宣扬发动伊拉克战争的正确性,布什在他的竞选广告中竟然把伊拉克能够参加奥运会算成了自己的功绩。布什正是通过这一方式借助媒体对奥运会的关注来实现其特殊的政治目的。

随着奥运会自身魅力及其辐射力的不断增大,奥运会与大众媒介亲和力的不断加强,奥运会将继续成为国际国内政治亲切关注的焦点舞台,国际政治力量对奥运会的渗透、干预、利用将会继续存在下去。因此,有学者认为,奥运会的政治化是与电视的普及同步发展的。

（四）竞技运动的特点与仪式设置

奥运会是一种特殊的国际文化交流形式，交流的主要方式就是竞技比赛。竞技比赛是一种特殊的竞争，表现为竞技地点的"隔离性"、竞争时间的"有限性"、竞争方式的"秩序性"、竞争结果的"不可预见性"等特征。它以严格的规则，为竞争者提供了一个有别于"日常生活"的理想的、对等的公平竞争环境。在这里，一切由于经济、文化或种族差别而引起的不平等消失了，竞争对手在同等的比赛条件下，胜负完全取决于自己的体能、技能和智能的发挥。因此，竞技比赛的胜负作为这种公平竞争的结果具有不可争辩性。

随着竞技运动的发展、运动成绩的提高，运动员在奥运会上仅仅依靠自己的天赋、个人的力量就能夺魁、名列榜首早已成为历史，今天运动员成功的必要条件除了个人的才能和多年艰苦的训练外，还包括现代化的训练条件、高水平的教练、控制训练过程在最佳状态的精密仪器和大量的国内外比赛的经历等。由于一名运动员在奥运会上成绩的优劣也反映了他所在的国家能否为他提供这些条件和提供的程度如何，于是，在某种意义上，运动员所表现出的运动成绩凝聚着国家的、社会的力量，而不可能仅仅是个人的成败。因此，运动员的血肉之躯在竞技场上拼搏的胜负便具有被视为一个国家力量的表现的可能性。

但仅有以上两个条件还不够，还只是具有可能性而已，而上面已经说过的奥运会的一整套强化民族意识的仪式将运动员个人之争转变为民族国家之间的象征性的竞争。虽然国际奥委会反复强调奥林匹克竞技是个人之间而不是国家之间的比赛，但是，奥运会的百年历史中，没有一名运动员纯粹是代表自己进入奥林匹克竞技场的，所有参赛者必须经过该国和地区的奥委会的同意方可参赛。因此，他们事实上就是国家或地区的代表。而覆盖全球的电视通信网络系统，通过一系列技术手段将这种竞争的象征意义展示在几十亿观众面前，使人们相信，竞技比赛就是民族国家之间的竞争。百年来的奥运会和其他国际竞技运动比赛逐渐使这种象征意义在人们的心目中扎下了根。

由于竞技运动比赛结果的不可争辩性、运动员成绩与其所在国家或地区的不可分割性、奥运会特有的一系列强化民族意识的仪式和新闻媒介大规模的宣传作用，使奥运选手的表演与国家形象结合了起来，成为增强人们的民族认同感的一种象征，起着增强民族凝聚力的作用。这就是今天世界上许多国家对奥运会表现出这样的热心的主要原因所在；这就是为什么奥运会本身并无国家奖牌得分名次的比较，而几乎所有的国家和新闻媒介都不厌其烦地保持着各种量化的比较，这也是为什么一届一届的举办城市都力图在建筑、设施和服务方面胜过上一届而不懈努力的重要原因。

（五）奥运会商业化的推波助澜

奥运会商业化对政治介入奥林匹克运动的推波助澜作用主要表现在两个方面：其一，在商业化的刺激下，奥运会的规模和影响迅速扩大，从而为政治的介入提供了适宜的舞台；其二，商业性的电视网络等大众传播媒介充分利用围绕奥运会展开的政治事件的新闻价值，大加渲染，以吸引更多的观众。如对慕尼黑沉血事件的报道使奥运会的电视观众大大增加，对历次政治抵制的报道也是如此。

三、奥林匹克运动的政治功能

作为一项社会运动，奥林匹克运动奉行和平主义和国际主义原则，旨在促进世界和平，使世界变得更加美好。奥林匹克运动对国家政治和国际政治具有一定影响，表现为：

（一）促进国际间的相互了解，维护世界和平

当顾拜旦创立现代奥运会的时候，他希望体育运动能够改善国家间的关系。在他给各国际体育组织的信中，表示希望在四年一度的奥运会上，来自世界各地的代表通过和平的竞争促进国际团结。从历史上看，现代奥林匹克运动是作为国际和平运动的一个部分而出现的。正如匈牙利史学家拉斯洛·孔指出的：19世纪后半期出现的垄断组织导致了帝国主义时代基本矛盾的产生。与此同时，一些消除这些矛盾的对立倾向也作为社会自我调节的手段明显地表现出来，于是产生了一些负有促进民族合作使命的国际组织，如红十字会（1863年）。奥林匹克运动也是这种国际和平运动的一部分。

奥林匹克运动就其性质来说，是非政治的。在奥林匹克运动中强调的是各个民族之间的共同联系。另外，奥林匹克运动采用可供人们共享的活动形式——竞技运动作为各民族间沟通的工具。这是一种国际化的身体语言，无须翻译，无须解释，人们就可以自由地交流。来自世界各地的运动员，不分肤色、种族、贫富、意识形态、宗教信仰，在统一的规则下，紧张激烈而又公正友好地竞争。事实证明，正是因为奥林匹克运动对政治的淡化，才使之成为完成一些极为困难而敏感的政治任务的适宜工具。

回顾国际政治的历程，奥林匹克运动几度成为解决历史性政治"难题"的先导。如，以中华人民共和国与中国台北参加奥运会为契机，为在"一国两制"条件下参加国际活动开创了切实可行的模式；对峙已久的朝鲜与韩国双方，以探讨共同组队参加奥运会的可能性为平台，开始了直接的对话，并在悉尼和雅典奥运会的开幕式上合队入场，表达其民族统一的愿望；南非是以重新回到奥林匹克大家

庭为标志,来表明自己抛弃种族隔离政策,从而得到了国际社会的承认。事实似乎要证实这样一个好像是矛盾的道理:奥林匹克运动正是以它极其淡薄的政治色彩,发挥着强大而又难以代替的政治功能。反对政治干扰正是为了在更高的层次实现崇高的政治目的。换言之,为了达成更重要的政治目的而排除小的政治干扰,这确实是绝妙的辩证逻辑。

国际奥委会赋予奥林匹克运动的以弘扬奥林匹克精神、维护世界和平、加强各国人民之间的了解的政治使命,正是以奥林匹克运动所具有的政治功能为依据的。

(二)爱国主义与国际主义的统一

进入现代奥运会以来,由于世界范围内人口的大规模流动,许多国家的民族构成已向多元化方向发展。在一个国家中,如何将文化传统不同的民族凝聚在一起,融合为一体,是许多国家面临的一个具有普遍意义的问题。奥林匹克运动有意识地采用一些突出国家外部标志的仪式,如奏国歌、升国旗等,这有助于增强以国家为单位的民族认同感,引发人们的爱国主义意识,从而增强民族凝聚力。这种凝聚力的发展对发展中国家来说更为重要,因为这些国家是在发达国家已经占据了优势地位的国际环境中谋求现代化的,它们必须高速前进才能缩小与发达国家的差距。而要高速前进不可避免地要进行其国家社会内部的自我更新,从而导致不同的社会群体之间的矛盾冲突,引起社会动荡。因此,民族的凝聚力是这些国家快速发展的重要前提。同时,奥林匹克运动又通过向人们显示世界上各个民族的优秀文化,各个国家运动员的出类拔萃的身体能力和精神风貌,打开人们的眼界,教育人们懂得自己的祖国固然可爱,其他国家也同样值得尊敬,从而避免让自己的爱国主义激情盲目地走向极端,发展为夜郎自大的、狭隘的民族中心主义。正如顾拜旦说的:"国际主义,这是各民族的互相尊重和崇高的欢乐之情的体现。"在奥运会的仪式中也体现了这种将爱国主义与国际主义融为一体的用意,如果说为优胜者奏国歌、升国旗,激发了人们的爱国主义,那么在闭幕式上,所有运动员不分国家,联袂携手而行,在奥运圣火的辉映下,载歌载舞,亲如手足,又使人们感到世界是一个家庭。

爱国主义与国际主义是两个难以把握的概念,它们之间的关系尤其难以掌握。但是,奥林匹克运动以浅显易懂、生动而鲜明的方式将这种抽象的概念和抽象的关系揭示出来,不能不说是一种创造。

(三)促进各民族间的平等

近代以来的国际关系史,就是各主权国家追求主权平等、独立自由的历史。

但是缔造国际民主的难度远远大于国内民主的构建。强权政治与霸权主义迟迟不肯退出历史舞台，以强凌弱、弱肉强食的"丛林法则"在国际上仍然大行其道。国际关系仍处于支配与被支配的不平衡的权力关系中。不平等的表现多种多样，其中，种族主义是民族间平等的一大障碍。自第二次世界大战以后，围绕着反对还是允许在奥林匹克运动中存在以南非为代表的种族主义，在奥林匹克运动内展开了惊心动魄的斗争。奥林匹克运动经过这场斗争，不仅在全世界范围内促进了反对民族压迫、民族歧视的正义事业，而且使奥林匹克理想大大普及于来。自20世纪80年代以来，奥林匹克运动的领导层在反对种族歧视的斗争中立场鲜明、态度积极，并及时地采取了一系列具体措施，如成立了专门的组织机构——反对种族歧视委员会等，从而有力地维护了国际公正事业，促进了国际之间民族的平等。

（四）促进国际关系准则的建立

在以民族为基本单位的现代社会中，国家之间应当根据什么标准来确定它们的关系，国家之间的交往应当依据什么原则，是人们长期争论的问题。随着国际关系民主化进程的推进，《联合国宪章》等一系列国际法文件相继出台，规定了国家间的平等、民主、合作与和平相处的基本原则，如主权平等原则、和平共处五项原则、民族自决原则、反对霸权主义原则等。可以说，国际关系基本准则凝聚了现代条件下公认的世界民主、平等、正义和国际道德，但是如何遵守这些准则，还缺乏具体的实例。奥林匹克运动强调在规则面前人人平等，强调尊重对手，肯定每个个体都有平等的自由发展的条件和机会，提倡公平竞争，并以一系列措施来保证这一原则的贯彻。于是，奥林匹克运动给世界提供了一个范例，给人以多方面的启迪。奥林匹克运动对于促进国际关系准则的确立发挥着积极的作用。

本章参考文献

［1］凌平：《模式的变革与变革的模式——中国体育体制和运转机制变革的研究》，国家体育总局软科学课题，2003年。

［2］刘燕舞、胡小明：《中国体育体制研究：历史回顾与未来展望》，《体育文化导刊》，2006年第5期。

［3］卢元镇：《中国体育社会学》，北京体育大学出版社，2001年。

［4］任海：《奥林匹克运动》，人民体育出版社，2005年。

[5] 徐金华:《关于我国体育体制特点及其发展的研究》,《南京体育学院学报》,2003年第12期。

[6] [美]杰·科克利:《体育社会学——议题与争议》(第6版),管兵等译,清华大学出版社,2003年。

[7] [澳]K.吐依、A.J.维尔:《真实的奥运会》,朱振欢、王荷英译,清华大学出版社,2004年。

第三章
体育与经济

体育在千百年的历史发展中与社会的诸多方面都发生了各种关系,体育与经济是其中之一。体育与经济的相互联系来自现代性对人类生活世界的影响。所谓现代性,就是资本主义和工业主义对人类生活世界的改造[①]。也就是说,自从资本主义和工业主义产生以来,体育受其影响与经济相互联系,成为现代社会中较为突出的特点。

在资本主义和工业主义的条件下,体育不仅仅是一个社会现象,而且还同经济利益、商业价值联系起来成为一种经济部门,承担生产、交换、消费、分配,并形成了一整套的循环体系。体育商品被体育行为者所生产,被大众所消费,所以逐渐形成的体育产业就成为现代体育的表现形式。据统计,全球体育产业的年产值已达到4 000多亿美元,并以每年20%的速度递增。这样如此快速成长的产业已成为当今世界最具发展前景的朝阳产业之一,发展潜力十分广阔。根据推测,在新世纪,体育将成为推动世界经济持续增长的重要力量,体育产业将成为第三产业中的支柱产业。

虽然在资本主义和工业主义的影响下体育日渐成为经济行为,但是由于体育有其自身的特质,体育与经济之间依然有很多问题值得探讨。在资本主义和工业主义的影响下,体育成为一种商品为社会带来极大的经济利益时,是无法离开经济学的边界的。因此,在经济学视野下分析体育商品的特性是必不可少的,

---

① 吉登斯在对现代性的制度性维度下定义的时候,认为资本主义和工业主义就是现代性制度的组织类型。资本主义指的是一个商品生产的体系,它以对资本的私人占有和无产者的雇佣劳动之间的关系为中心,这种关系构成了阶级体系的主轴线。资本主义企业依赖于面向市场竞争的生产,在这里,价格成了对投资者、生产者和消费者来说都颇具意义的信号。工业主义的主要特征,则是在商品生产过程中对物质世界的非生命资源的利用,这种利用体现了生产过程中机械化的关键作用。"机械"可以被定义为某种运作方式使用物质资源来完成具体任务的人工制品。工业主义预先设定了生产的规范化社会组织,旨在使人的行为、机器与原材料的投入和产品的产出协调。参考[英]安东尼·吉登斯:《现代性的后果》,译林出版社,2000年,第49—50页。

同时也需要剖析使用体育商品产生经济利益的那些群体的关系。本章首先从体育商品入手，以经济社会学中的利益分析框架为手段，分析商品的属性和体育的特性，从而发掘体育与经济关系的根源是体育商品所带来的经济利益。其次，从经济学的角度阐述体育商品带来的经济利益的供求关系。再次，从供求关系中我们可以分析出，体育与经济之间发生作用的因素是消费者、企业与政府。消费者是需求的来源；企业的生产是体育商品的供给；政府不仅为大众提供体育产品同样也代表消费者向企业购买体育商品成为双重身份。所以，消费者、企业与政府的关系就是体育与经济的关系。三者之间形成了互动模式，这种模式是根植于消费者的观念、政府的管理、企业的营销而形成的关于体育的经济运行模式。此模式表现了体育与经济之间的基本关系。

第一节　体育经济的特征

当体育与经济互动产生联系的时候，一定是相互影响的。事实上，在工业革命的完成和资本主义生产方式的确立下，世界经济体系在资本主义的主导下，资本、技术、劳动力等生产要素的流动和配置在全球范围内开始扩张，体育也不可避免地进入了经济体系。因此经济活动和体育运动两者的本质属性决定了体育与经济的关系。

自古典经济学家起，经济学一直是以利益为出发点的，因此，利益已经成为分析体育与经济关系的核心概念。利益是个人存在于社会的驱动力，利益驱使人们的行为，而且当人们试图实现自己的利益的时候还必须与其他人相互联系。所以对利益的分析是经济社会学家的一个切入路径①。而利益的概念加上社会互动的观念就形成了分析体育的两个路径：其一，体育中经济利益的增长点必然是围绕着体育商品的概念而运作的；经济社会学家所用的利益分析框架分析了体育与经济的关系。利益的基础是体育商品，体育商品不仅是以物质形态存在的，而且还承载了体育文化，并使之成为一种体育商品。所以体育商品具有商品的物质属性也具有观念属性。体育商品的物质属性形成制度体系（交换行为）传播体育文化，从而促进了体育本身的经济利益，两种属性的交换关系形成体育商品价值的循环体系。其二，对体育商品的消费是利益分析框架的关键。体育

---

① 首先，利益概念是一种分析工具；其次，分析一个人的利益兴趣必须使其与其他行为者相适应；再次，利益有不同的形式，不同形式的利益可以相互整合；最后，在经济学中，利益概念有时候被重复运用，这在社会学的利益分析中必须避免。[瑞典]理查德·斯维德伯格：《经济社会学原理》，中国人民大学出版社，2005年。

消费是体育商品存在的基础,消费者偏好是体育商品的导向,体育商品的价值也体现在消费中。而体育消费受社会环境和个人状况所影响,但体育消费同样是区隔社会人群的标准。不同人群的消费者偏好就形成不同的生活方式。

一、什么是体育商品

商品是一切利益的起点,体育也不例外,而且利益的承载者就是商品本身,如果没有对商品的认识就无法对利益本身作出决策。所以,对体育商品的梳理是必然的。

(一)体育商品的概念

在市场经济条件下,体育产品才可以进入体育市场;而体育生产者与消费者之间进行交换、各取所需,体育商品才得以形成。所谓体育商品就是体育生产者、经营者通过市场交换,向体育消费者提供有偿的物质形态或非物质形态的体育商品。

体育商品的概念里包含两个观点:其一,传统的观点认为,体育是一项生产性事业,为社会提供了体育器械、设备等物质的消费品,体育器械、设备、体育设施、体育用品等物质产品都是体育商品[1]。近年来,随着体育用品市场发展逐渐成熟,全国居民用于体育用品的支出已经位于日常基本生活消费之外重要消费支出的第6位,全国体育用品行业总产值更是以每年493亿元的规模增长,而且当前我国体育用品产量已占据了相当份额的国际市场。目前我国体育用品业已能生产包括运动服装、球类器材设备、运动器械及器材、健身器械、娱乐及场地设备、体育科研测试器材、户外运动、渔具系列、运动装备及奖品、运动保健用品、裁判教练用品共11大类产品。我国的体育器材、服装等体育用品的产量至少占全球产量的60%以上。以北京为例,截至2002年底,全市体育用品业总产值74.2亿元,增加值22.3亿元。安踏2005年销售收入是20亿元;2005年李宁公司年销售收入24.5亿元;双星2005年销售收入达80亿元,其中鞋类20亿元[2]。

---

[1] 成都体育学院的柳伯力认为:体育产品分精神产品和物质产品两大类,体育市场中主要是指后者。持有以上观点的占绝大多数。列如,解放军体院社会科学研究中心的刘可夫指出,体育生产既有服务产品的生产,也有物质产品的生产,并把体育服务产品市场、体育物质产品市场并列为体育的要素市场。浙江师范大学的卢闻君也提出:体育市场是体育产业的物质和精神产品的交易场所,广义的体育市场构成包括体育用品市场。在体育市场概念的界定中,陈立给出如下定义:体育市场是指以体育商品、体育服务为交易对象的交易体系或是由于不少国家在统计体育产业产值时均把与体育有关的物质和精神产品的产值都统计在内,因此"从现实出发,我们根据我国体育界现阶段约定俗成的做法,将我国体育产业界定为:以体育本体产业为主、与体育运动有关的一切生产经营活动"。以上观点具有的共同特点是把体育器械、设备、服装等物质产品列入体育市场的交易对象。王锡彪:《关于体育商品及体育市场内涵的界定》,《北京体育大学学报》,2003年9第5期。
[2] 王炳华:《谈我国体育市场发展现状》,《商业时代》,2008年第27期。

其二,也有一种观点认为,体育产品虽然以实物形态出现,但内容却是观念性的,是满足消费者精神需求的①。服务形态的体育商品,体现了体育商品的文化意义,从而形成体育的象征体系。以奥运会为例,奥运会是一种体育的象征体系,最大化了体育文化的商品性,它的无形资产产生了巨大的经济利益,仅其电视转播权就成为承担和表现体育文化的一种商品(见表3-1)。

表3-1 1960—2004年夏季奥运会电视转播权的转让收入②

时 间	地 点	价格(万美元)
1960	罗 马	117.83
1964	东 京	157.78
1968	墨西哥城	975.00
1972	慕 尼 黑	1 779.20
1976	蒙特利尔	3 486.22
1980	莫 斯 科	8 798.41
1984	洛 杉 矶	28 631.40
1988	汉 城	39 871.00
1992	巴塞罗那	63 606.00
1996	亚特兰大	89 695.25
2000	悉 尼	79 800.00
2004	雅 典	198 000.00
2008	北 京	173 700.00
2012	伦 敦	350 000.00
2016	里 约	410 000.00

(二)体育商品的属性与特征

体育商品作为一种劳动产品,与物质商品一样具有一般商品的属性,即都是

---

① 成都体育学院的张岩指出:"这种不考虑市场交换的产品的特点和种类,单纯按产品满足人的需要的性质和产品用途来划分市场,只要带有一个'体'字,就都属于体育市场的看法,是没有根据的。无论从理论上或实践上来看,运动服装的生产属于服装行业,运动服装的销售与经营属于服装市场",作者明确提出体育市场属于非实物形式消费品市场的范畴。山东体育学院的毛勇、王美绢对体育产业作了这样的论述:"从产业划分的角度来看——而体育产业属于第三产业——它生产的是非实物形态的体育用品。所以生产体育用品的企业不能划归体育产业内。"王锡彪:《关于体育商品及体育市场内涵的界定》,《北京体育大学学报》,2003年第5期。
② 翁飚:《体育比赛电视转播权有偿转让问题的研究》,《体育科学》,1999年第3期。

具体劳动与抽象劳动的统一,使用价值与价值的统一。所以,体育商品不仅是物质产品,也是一种精神产品。从体育商品的概念上来看,体育商品不仅是以物质形态而存在的,也是以非物质形态而产生价值的。那么体育商品的特征就是这两者的统一,即在需要满足人们物质需求的同时也要满足人们的精神需求。所以体育商品具有物质属性和观念属性。

（1）体育商品具有物质属性。这种物质属性就是建立了一种商品化的制度体系,使体育商品在货币循环中得以流通。那么从商品属性而言,凡是通过货币进行交换的那一部分体育产品,就具有交换价值。第一,从生产者来说,体育生产者通过比赛、表演获取报酬,实际上就是把自己的产品拿到市场上去交换,换回货币,再换取自己的生活资料。第二,从所有制来说,我国在市场经济条件下存在着许多不同经济利益的体育生产经营实体,他们彼此之间、与广大的体育消费者之间存在着商品的交换关系。第三,从生产性质来说,由于我国现阶段实行的是社会主义市场经济,大部分体育产品的生产性质,不是"自给性"生产,而是"商品性"生产。现在,无论是运动员、运动队、体育团体、健康城,实质上都是特殊的"企业"在生产精神产品[①]。

（2）体育商品具有观念属性。由于体育本身就是一种文化现象,体育本身就具有文化的特点。体育文化通过比赛、表演的方式形成体育艺术与政治、道德、哲学等其他社会意识形态相关联的观念,在于它是通过具体生动的体育活动来展现社会发展的精神水平、反映客观现实的,融思想性、艺术性、知识性、群众性于一体。体育商品的思想价值、智能价值、审美价值、愉悦价值对人们的影响是深远的,具有不可估量的社会效益,如女排精神,申办奥运等皆是如此。

因此,体育商品的物质属性与观念属性形成了相互影响、彼此循环的状态。体育的观念属性形成了文化体系,物质属性建立了商品化的制度体系。观念属性通过物质属性进行传播、深化,从而对体育商品进行再生产。

二、消费是利益分析框架的关键

从利益的角度分析消费的尝试由来已久,亚当·斯密在《国富论》中早有论断:消费是一切生产的唯一目的,而生产者的利益,只能在促进消费者的利益时,才应当加以注意(Smith,1776、1975：660)[②]。除此之外,韦伯在《经济与社会》中认为,地位的概念与"消费"和"生活方式"联系在一起。齐美尔关于消费的认识最多的是"时尚",时尚本质上是"阶级区隔的产品"。对于体育而言,体育商

[①] 骆秉全：《体育经济学概论》,中国人民大学出版社,2006年。
[②] ［瑞典］理查德·斯维德伯格：《经济社会学原理》,中国人民大学出版社,2005年。

品是利益的出发点,而消费则是体育商品的基础。那么,分析消费就要从消费者开始,消费者偏好是体育商品存在的基础。另外,体育消费也已形成文化与机制。布迪厄在《区隔》中认为:个人的习惯通过分层与品味的机制影响他人的行为。那么,当体育消费成为体育商品的唯一目的时,会对社会分层有影响。

消费者偏好来自经济学领域,经济学家认为:商品的基础来源于消费者偏好,也就是说消费者在心理上更喜欢哪种商品或商品组合。它在一定程度上产生于人类的基本需要,如人们需要食物充饥,衣服御寒,不同的人有不同状况,食物和衣服不是同等重要,因此他们对于这两种商品的偏爱程度当然会不相同。而消费者对于体育商品的不同偏爱程度就是消费者的体育偏好,当然,体育偏好也会因不同的状况对某个运动项目有不同的偏好。

而体育消费者在体育偏好上的诸多差异又最终影响到消费者对参与或观赏运动项目的选择。对北京、上海、广州、成都、太原、长沙六城市 2001 年居民对各项运动的偏好与实际参与度的调查表明,大体上居民对某一运动项目偏好度越大,其实际参与度就越高;对该运动项目偏好度越小,其实际参与度也就相对越低(见表 3-2)。

表 3-2 2001 年六城市居民对各项运动的偏好和实际参与度[①]

运 动 类 型	偏好度(%)	参与度(%)
散步	51.4	36.2
自行车	27.0	14.7
羽毛球	23.9	7.2
游泳	23.7	3.8
爬山或郊游	19.7	4.1
乒乓球	15.4	3.8
篮球	12.2	3.5
长跑	8.3	3.1
足球	12.7	2.8
网球	7.6	3.2
健美活动	8.2	3.6
排球	2.9	0.3
武术、拳击、跆拳道	3.1	0.6

① 余万斌、吴兰辉:《论影响体育商品需求的因素》,《搏击·武术科学》,2007 年第 3 期。

社会环境和个人状况是影响消费者偏好的两个方面。这两个方面不仅影响了消费者偏好而且也使消费成为一种生活方式区隔人群。社会环境方面包括经济、政治和文化因素,在经济学上论及的体育偏好及其变化,更多地涉及当时当地的社会风俗习惯。一项运动在某些地方广泛流行,深受人们喜爱,而在另外一些地方可能就不是那样受欢迎。例如:风靡全球的足球运动号称世界第一运动,但在体育商业化最为发达的美国却不能成为第一运动,而美国的篮球运动却开展得如火如荼。个人状况方面包括了个人受教育程度、文化修养、社会地位、社交范围、职业、年龄以及性别等因素,不同年龄、性别、文化程度的人对体育运动项目都会有不同的偏好。例如有人喜欢观赏竞赛表演,而有的人喜欢参加体育锻炼;青年人喜欢激烈的运动如足球、篮球,老年人则喜欢平缓的项目如太极拳、气功。

第二节　体育经济的供求分析

当体育商品成为利益的承载者,体育生产者和消费者之间形成了交换行为时,体育经济就成为一种相对完整的经济系统。而这个系统的表现方式就是供需关系相互作用形成价格的过程。因此,了解商品供需的情况作出正确的价格分析是体育经济学的一般性分析,但是影响供求关系的因素却是社会学的分析体育经济的切入点。

体育商品的供求关系是体育与经济的关系的表现形式。供求关系呈现了体育商品的价格变动,从而反映出整个体育市场中体育商品、消费者、生产者之间的变动关系。而国内体育生产总值是一个综合数据,它表明了个人消费、政府消费在体育中的额度。由此,说明在影响体育商品的因素包括消费者、生产者以及政府行为。

一、体育需求与价格之间的关系

在社会学中,消费者对各种物品及服务的需求可分为必需品和非必需品[①]。从物质角度而言食品、住宿、医疗等可算是必需品,而娱乐、运动服饰可算是非必需品。而经济学是教给我们一门如何选择的科学。也就是说当以上两者进入市场以后,生产者需要了解的是消费者是如何决策的。那么需求和价格之间的关

---

① [美]李明、苏珊·霍华斯、丹·马宏尼编著:《体育经济学》,辽宁科学技术出版社,2005年。

系是吸引生产者提供体育商品的基本关系。体育需求是指体育消费者在某一特定的时期内,在一定体育市场上的各种可能的价格水平上愿意并且能够购买的体育商品的数量[①]。体育需求是符合需求定律的[②]。因此,使用需求函数作为分析体育商品的需求与价格之间的关系是必要的工具[③]。体育商品的需求量与此商品的价格可用以下函数表示:

$$Q = f(P)$$

式中,P 为这种体育商品的价格,Q 为这种体育商品的需求量。

把一种体育商品在不同的价格下的需求量排列起来,就可以得到这种体育商品的需求表。当把表中的每一组需求量和价格的对应作为点的坐标,在直角坐标系中可得到需求曲线(见图 3-1)。

也就是说,如果某一赛事的门票价格 P 突然由 10 美元降至 5 美元,会有更多的人想去购买门票,但是门票价格由 10 美元上涨为 15 美元则会使购买门票的人数下降。图 3-2 表示的是当需求量产生变化的时候,即 1 000 张门票增加为 1 500 张时,需求曲线由 A 移动到 B,也就是在非价格因素的影响下,需求曲线的整体变动。因此需求函数与需求曲线反映了需求与价格的变动。

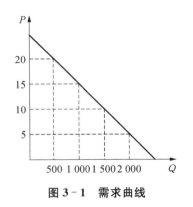

图 3-1 需求曲线

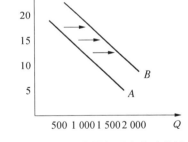

图 3-2 需求量与需求变动曲线

二、体育供给与价格之间的关系

体育供给揭示的是价格与体育消费供应商愿意并且能够提供的体育商品数

---

① 骆秉全:《体育经济学概论》,中国人民大学出版社,2006 年。
② 需求定律是指在其他条件不变的情况下,当价格越低时需求越高,反之,当价格越高时需求量越低。
③ 体育商品的需求函数是指在一定时期内一定的体育市场中影响某种体育商品需求的各因素和需求之间的相互关系。在影响体育需求的各个要素中,最重要的是体育商品自身的价格。

量之间的关系①。体育供给的目的是为了满足体育需求,体育供给表现为体育经营者愿意提供的体育商品,它也是体育经营者能够提供的体育商品。因此,使用供给函数②也是分析体育商品的供给与价格之间的关系的必要工具。体育商品的供给量与此商品的价格可用以下函数表示:

$$Q_s = f(P)$$

式中,P 为这种体育商品的价格,Q_s 为这种体育商品的供给量。

把一种体育商品在不同的价格下的需求量排列起来,就可以得到这种体育商品的供给表。当把表中的每一组供给量和价格的对应作为点的坐标,在直角坐标系中可得到供给曲线(见图 3-3)。

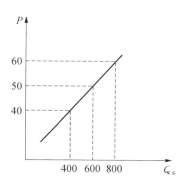

图 3-3 供给曲线

也就是说,如果篮球鞋的价格 P 为 40 美元,生产数量达到 400 双,篮球鞋的生产数量将随着销售价格变动而变动。当销售价格上升为 50 美元的时候,生产数量变为 600 双。

图 3-4 表示的是当其他因素即供应商目标、生产技术、其他体育商品的价格不变的情况下,体育商品本身的价格变化。图 3-5 表示体育商品本身的价格不变,其他因素变化而引起的供给曲线移动。

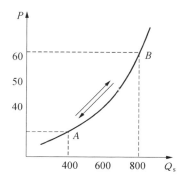

图 3-4 供给量与供给变动曲线

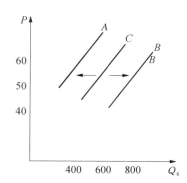

图 3-5 需求量与需求变动曲线

---

① 体育供给是指体育生产者在某一特定的时期内,在一定体育市场上的各种可能的价格水平上愿意并且能够提供的体育商品数量。张玉峰、王跃主编:《体育经济学》,华东理工大学出版社,2007年。
② 体育供给函数是指在一定时期内和一定的体育市场中影响某种体育商品供给的各因素和供给之间的相互关系。同需求函数一样,影响体育供给的各个因素中,最重要的也是价格。

供给曲线代表价格影响生产数量的关系,需求法则是供给法则的反向推论。若其他条件相同,价格越高生产数量将越多;反之,价格越低生产数量将越少。当价格上扬时,表示产品利润走高,所以会增加生产数量来提高利润;若生产成本相似时,也会由生产低价产品转而生产高价产品;此外,因有利可图将导致其他厂商进入市场。

三、国内体育产品总值

以国内生产总值的架构[①],决定体育产业的国民生产总值,此值可称为国民体育生产总值(GDSP)。国民体育生产总值是国民体育产业的产品及服务的总和。GNSP 的估算中包括个人体育消费额(PSC)、体育投资总值(GSI)、政府体育购买额(GSP)、体育出口净额(NSE)。

$$GDSP = PSC + GSI + GSP + NSE$$

(一) 个人体育消费额

个人消费额与消费者,与由体育产业所生产商品方面的支出,以及以服务为目的的体育商业所提供的服务有关。从体育商品的概念延伸出来,消费者在体育上的花费大致分为对物质商品的花费和对观念性商品的花费,也就是购买商品本身和购买服务以及消费者自身的娱乐与休闲。在购买物质商品方面,根据体育商品制造协会(SMGA)的分析报告中描述,在 1997 年体育或体育设备、服饰和鞋子的销售额达到 448 亿美元,露营、攀岩、登山和其他户外活动等设备总销售额为 10.58 亿美元。1998 年体育鞋的销售包括有品牌和无品牌的鞋子,可达到 98.6 亿美元。而在购买观念性商品方面,多以观赏赛事为主。消费者在 1985—1995 年的 10 年内观赏体育的支出如表 3-3 所述。

---

① GDP 即英文 gross domestic product 的缩写,也就是国内生产总值(港台地区翻译为国内生产毛额、本地生产总值)。通常对 GDP 的定义为:一定时期内(一个季度或一年),一个国家或地区的经济中所生产出的全部最终产品和提供劳务的市场价值的总值。在经济学中,常用 GDP 和 GNP(国民生产总值,gross national product)共同来衡量该国或地区的经济发展综合水平。这也是目前各个国家和地区常采用的衡量手段。GDP 是宏观经济中最受关注的经济统计数字,因为它被认为是衡量国民经济发展情况最重要的一个指标。一般来说,国内生产总值有三种形态,即价值形态、收入形态和产品形态。从价值形态看,它是所有常驻单位在一定时期内生产的全部货物和服务价值与同期投入的全部非固定资产货物和服务价值的差额,即所有常驻单位的增加值之和;从收入形态看,它是所有常驻单位在一定时期内直接创造的收入之和;从产品形态看,它是货物和服务最终使用减去货物和服务进口。GDP 反映的是国民经济各部门的增加值的总额。

表 3-3　个人在观赏性体育上的消费支出(1985—1995)(单位：百万美元)①

体育	1985	1986	1987	1988	1989	1990	1991	1992	1993	1994	1995
棒球	325	350	385	426	459	489	562	592	781	648	691
篮球	217	248	286	192	240	268	281	299	310	332	365
足球	4	5	9	3	7	10	10	11	24	25	25
赛狗赛马	312	316	327	345	398	381	391	346	335	300	281
大学篮球	123	131	141	151	164	180	191	196	189	182	216
高中体育	1 222	1 157	1 123	1 387	1 670	1 684	1 803	1 948	2 176	2 404	2 757
其他体育	487	464	445	470	543	520	534	473	457	478	518

(二) 体育投资总值

体育投资总值是指购买耐久/资本设备和重新购买存货的体育商业支出，也就是企业行为。与其他产业一样，体育企业时常投入一大笔运营收入的金额在购买必需性的耐久/资本设备、存货和建造新设备②。体育设备是体育商业中最重要的支出。体育设备指的是参与者参与体育或是从事身体活动时的基本设备。每年体育企业和组织都在各种类型的设备上花费大笔的金额。这些支出范围从小的计时器到体育俱乐部购买的大型设备，也就是说，关于体育商品的制造、配销、销售等领域都是企业投资的范围。所以体育投资总额来自体育制造商、配送仓库、体育商品零售店等。

(三) 政府体育购买额

政府对于体育资源的投入与各级政府为满足民众体育服务的需求及发展有关系。政府花费在体育上的支出，一般通过三个领域实现：共有的体育设施的建设与维护；社区休闲部门与地方公园设施的购入与维护；对于各种体育比赛活动的承办组织投标。

政府在共有体育设施的建筑与维护包含各级政府的金钱资源的投入，从全

---

① [美]李明、苏珊•霍华斯、丹•马宏尼编著：《体育经济学》，辽宁科学技术出版社，2005 年。
② [美]李明、苏珊•霍华斯、丹•马宏尼编著：《体育经济学》，辽宁科学技术出版社，2005 年。

国与地方投资在可用于各种体育功能的公共大型集会设施或是重建、修缮既有的体育设施。美国在1985—1995年间在体育设施方面的投资大约在40亿美元以上。

(四) 体育出口净额

体育出口净额是指单一年度一个国家体育出口及进口之间的差额。体育出口与国内制造的体育用品在其他国家的销售额有关,这些体育用品的种类有:体育服装、运动鞋、钓鱼用具、自行车、健身房设备、赛车等。

全世界对体育用品的需求都处于持续增长的状态,特别是年轻人群,品牌对他们具有吸引力。以美国为例,美国的体育公司在1989年的产出值约9.6亿美元。1997年,体育用品的产值跃升为24.3亿美元,增加了250%。而体育进口值与其他国家销售至美国境内的体育用品数量有关,美国在1989年与1996年间自外国公司购买的体育产品总值分别为49.88亿美元和72.2亿美元。美国体育用品的进口值多于出口值,在1989年美国的出口净额是40.28亿美元。平均而言,1989年到1996年的差额是47.75亿美元。

第三节 体育与经济的因素分析

德国社会学家齐美尔早在1917年就以《社会学的基本问题:个人与社会》为题,对这个问题做出了明确的判断。齐美尔认为,个人之间是处在不断地互相作用过程之中的,由于个人之间的互相作用而联系起来的网络就是社会。因此,社会只不过是对互动中的一群人的称呼。社会学的任务是要阐明个人与社会的关系,即阐明个人怎样互相交往而形成群体、制度规范与秩序,反过来它们又是怎样制约个人的社会行动的。因此,体育与经济的关系事实上就是参与体育的三个因素的相互关系,即消费者、企业和政府相互作用在政治、经济、文化等领域发挥体育的作用。如图3-6表现的是企业根据消费者需求生产体育物质商品,通过体育专业人员企业生产非物质体育商品,通过媒体传播体育;政府一方面管理体育赛事以及运动员,另一方面从企业购买体育商品满足大众的体育需求。

当消费者、企业和政府形成稳定的供求关系之后,三者的职能的区隔逐渐显现出来,体育与经济的关系就呈现为需求与供给关系(见表3-4)。由于不同指标区隔的不同的消费者群体是产生巨大体育需求的主要因素;而提供体育商品的生产者组织主要包括企业和体育专业人员;政府行为首先是在供给层面为大

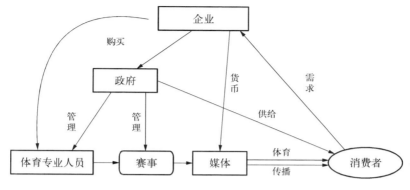

图 3-6 体育与经济的关系

众提供体育服务,其行为是非营利的。其次,相对于体育生产者而言,政府同样是一种特殊的消费群体,政府代表的是大众需求,必须通过政府购买来满足大众的一般性体育需求。

表 3-4 影响供求的社会因素①

因 素	个 体	政 府	企 业
哲 理	进行体育消费	为全民提供运动	满足公共需求,创造利润
目 的	健身、娱乐、沟通等	为公民和地区健全体育设施 非营利	利润极大化
财 源	自身的生产	主要是税收	私人投资、门票费用、会费等
参与人员	全体劳动者	公职服务人员	专业人员
场 所	公共体育设施、收费体育设施	市立公园和休闲中心等	私人运动俱乐部和职业运动队等

一、体育消费②

体育消费者的行为与体育市场经济的发展有着直接的联系。体育消费者行

---

① [美]李明、苏珊·霍华斯、丹·马宏尼编著:《体育经济学》,辽宁科学技术出版社,2005 年。
② 体育消费就是指人们在体育活动方面的个人消费支出。它可以分为狭义和广义两种:狭义的体育消费是指那些直接从事体育活动的个人消费行为(如买票观看体育比赛或表演等)。广义的体育消费是指一切和体育活动有直接或间接联系和关系的个人消费行为。

为的形成和发展都对体育市场经济的发展产生直接的影响。体育是人类社会特有的一种为了自身生存和发展的自觉性、社会性的活动。当体育与经济相互关联的时候,出现了体育产业化、市场化、商品化的趋势,这就表明体育与经济有着相当密切的关系,而参与社会生活主体的人的活动成为联系两者的行为主体。所以,体育消费者是体育的主体,是体育存在和发展的基础。一定数量和质量的体育消费者群体是社会结构的中心要素,它对体育和经济的发展有着强劲的影响。

因此,体育消费一般被认为是个人的行为,但这种个人行为不是独立地发生的,它会受到体育消费者自身因素及各种外界因素的影响。分析影响体育消费者行为的自身因素,对于企业和政府正确把握体育消费者行为、选择目标市场、有针对性地开展体育市场营销活动,具有极其重要的意义。消费者购买商品首先受到自身因素的影响。表 3-5 是影响个体对体育商品消费的一般性指标:

表 3-5　美国成年人参与户外娱乐的社会经济决定因素[①]

社会经济学变量	强　化　关　系	
	所有成年人	就业成年人
年龄	-0.51^{***}	-0.41^{***}
教育程度	0.09^{***}	0.09^{***}
收入水平	0.08^{***}	0.06^{*}
种族	0.07^{*}	0.10^{**}
性别	0.08^{***}	0.09^{***}
城市规模	-0.06^{***}	-0.07^{***}
居民形态	-0.04	-0.02
工作时间	0.02	0.01
闲暇时间	NC	0.08^{***}
有后院	0.07^{***}	0.06^{**}
有邻近公园	0.09^{***}	0.08^{**}
决策相关系数	0.63	0.506 31
样本数	2 970	1 709

显著相关: $*=0.05$; $**=0.01$; $***=0.001$; NC=无法计算,无工作人员无所谓闲暇时间
资料来源: Walsh(1986)p159, Heritage, Conservation, and Recreation Service

---

[①] [美]李明、苏珊·霍华斯、丹·马宏尼编著:《体育经济学》,辽宁科学技术出版社,2005 年。

所以，影响我国体育消费者行为的因素是多方面的，大体上包括自身的爱好、性格、自身的需求、自身的经济状况、自身的文化水平和职业特点以及自身的年龄和性别特征等。要想抓住体育消费者的消费心理，就必须从这些方面入手，了解消费者的不同特征，根据消费者的需求，制定不同的营销策略，引导消费者合理消费达到共赢的目的。

二、体育生产者

(一) 企业

影响体育供给另一个因素是来自企业。企业不仅承担了体育商品的生产职能，同时也是体育商品的经营群体。

由于市场化特征的影响，企业的职能就是发现可以提供需求服务的商机，也就是说，能发现以平均生产成本更高价格销售产品机会的运作实体。企业提供的体育商品是通过两种产品供应链的方式使产品达到消费者的：一种是用于物质商品的供应链：

未加工原料→制造商→批发商→零售商→消费者

所以，体育商品自身的价格是由企业的成本高低来确定的；企业进行体育生产的技术水平是可以降低生产成本，也就是说通过机械化制造体育用品的供应商比运用手工业制造体育用品的供应商所提供的产量要多；体育供应商的数量及其预期都会影响供给；企业决策人对体育的爱好和认识程度，对体育资助有着重要影响。就企业本身而言，大多数的体育组织都是股份（有限）公司，而股份（有限）公司是指独立于厂商所有权的合法实体。

另一种是服务性的体育商品的产品供应链：

经营群体→体育专业人员→消费者

也就是说，企业成为经营群体从事体育经营活动是管理体育专业人员生产非物质体育商品以达到消费者的需求。首先，这种经营群体，反映了体育与经济的关系，也就是社会基本的生产关系，讲的是人与人之间的某种根本的经济利益关系。如各个俱乐部之间的关系、俱乐部与投资方之间的关系、俱乐部与球员、教练的关系以及联盟和俱乐部与观众的关系等。具体地说，合理的职业俱乐部联盟的经营群体的决策权应该由组成联盟的各个俱乐部代表来决定[1]。俱乐部

---

[1] 决策权反映的是联盟和俱乐部之间、各个俱乐部之间、联盟和俱乐部与球员、教练之间的利益分配和决策方式。

老板、总裁、球员、教练员、裁判员通过决策权使之处于社会分工不同环节上的主体相互协调起来,保证体育市场体系的稳定、均衡的运行。激励生产主体,合理分配"产品"和收入,以保持体育市场的活力和生产主体的创新动力。约束运动员、教练员、裁判员的行为,促使其能够正常地进行生产活动。其次,反映了企业与观众的关系。企业是体育商品的经营者,其必须要了解消费者的需求,消费者的需求是多样化的、多层次的。因此,职业联盟的经营群体的职责就是根据消费者多样化和多层次的需求,不断提高非物质体育商品的质量和服务水平,培养观众对联赛的热情,并将这种热情转化为品牌的忠诚度,品牌忠诚度的增长对赛事的入场率和电视的收视率及销售计划等都是有利的,只有这样,才能稳定和不断扩大体育的经济利益。

(二) 体育与专业人员

体育的生产者除了企业还有专业的体育人员,包括运动员、教练员、裁判员等。非物质的体育商品的生产是一个系统化的工程。在整个篮球文化的系统内,每一个方面都可能产生不同的影响。尤其在这个群体内,运动员在赛场上的拼搏过程也是教练员实现他的指导的过程,这两者的实践过程产生了非物质商品的基本现象。具体而言,通过运动员、教练员、裁判员所生产出来的非物质体育商品的概念大致有:观众所期望的最终结果;不可预测的比赛过程;赛场上自己崇拜的偶像球星技战术水平的发挥;比赛过程中双方队员的技术表现;比赛过程中灵活多变的战术运用;教练员临场指挥水平;裁判员的执裁水平。

因此,运动员、教练员是非物质体育商品的载体,是通过他们的表演显现出来的。

三、影响需求和供给变动的因素

社会学家虽然经常探讨经济与政治之间的关系,而在此经济与政治的职能在明确的分工中,我们要探讨是政府的管理职能和如何为大众提供体育商品和服务①。

影响需求与供给的因素主要是政府行为。因为,政府不仅扮演管理体育市场的角色,同时政府行为也是为了大众体育需求向企业进行采购的消费行为。

政府对体育管理的职能体现在以市场为导向,明确界定政府的体育管理职

---

① 经济与政府的关系仅在职能上十分明确,但是两者的利益关系事实上趋之若鹜。即使是在体育这个领域也还是有待探讨的。

能。当生产者和消费者均为自己的行为负责，资源配置主要通过人们的自愿交易过程来实现。人们在追求自身利益最大化的同时，政府保证体育市场的社会公平等原则；明确法律所规定的权利与权力，严格按制度办事，以创新的姿态对待体育改革过程中出现的问题；强化政府体育管理部门的宏观调控、深化体育行政管理体制的改革是整个体育管理体制改革的首要任务和关键环节；促进社会体育管理部门的实体化建设，吸引社会资源进入体育领域，按照"小政府，大社会"的模式处理体育行政部门和体育社会团体的关系，有效改变体育社会团体对体育行政部门实际上的隶属和依附关系，从根本上区分两者在宏观调控和行业自律管理方面的不同职能，更好地发挥各自的管理优势，保证体育行政部门正确地行使法定的行政管理职责。

政府代表大众提供体育服务主要来自政府的投资规划。政府是以城镇全体成员为体育供给对象的，以实施全民健身战略为主要目的，是目前提供体育供给的基本类型和重要方式，其性质属于公益性文化事业。

政府的投入方式可以是多样化的，既可以是直接投资，也可以以实物形式投放。从实物角度来说，政府应规划修建大众体育所必需的运动场地①，同时，实物还包括修建具体的体育设施，所有公益性运动场地中的固定体育设施均应由社区提供并进行有效管理。

以地方政府为例，他们是最接近消费者的机构，并且提供大部分的服务。对多数人来说，地方政府统管他们生活的都市，政府出资建设的体育设施有高尔夫球场、划船场、休闲中心、游泳池、网球场、游乐场、公园、篮球场、足球场。政府组织的体育赛事及活动有篮球赛、足球赛、篮球夏令营、青年保龄球赛、网球教室、马拉松赛、飞盘掷远赛、射击比赛等。

政府出钱补助体育及娱乐活动几乎遍布了整个美国。表3-6说明由于美国职业球队需要新体育馆，政府对体育的投资比率：

表3-6 美国新体育馆的政府出资比率②

城 市	球 队	兴建成本（百万美元）	政府出资比率（%）
辛辛那提	Bengals(NFL)	404	100.0
Raleigh	飓风队(NHL)	158	87.3

---

① 《武汉市全民健身条例》第十五条明确说明，市体育行政部门应当会同市城市规划行政部门，按照国家对城市公共体育设施的建设标准、规模、功能、用地定额指标、建设选址等规定和市城市总体规划，编制本市公共体育设施设置规划,报市人民政府批准后实施。
② [美]李明、苏珊·霍华斯、丹·马宏尼编著：《体育经济学》，辽宁科学技术出版社，2005年。

(续表)

城　市	球　队	兴建成本(百万美元)	政府出资比率(%)
迈阿密	热火队(NBA)	228	78.1
匹兹堡	钢人队(NFL)	233	67.6
达拉斯	小牛队(NBA) 星　队(NHL)	300	41.7
底特律	老虎队(MLB)	285	39.0
旧金山	巨人队(MLB)	306	8.5
洛杉矶	国王队(NHL) 湖人队(NBA) 快船队(NBA)	350	3.4
哥伦布	蓝杰克队(NHL)	150	0

第四节　体育经济的运行模式

一、模式分析

在社会学中,模式是研究自然现象或社会现象的理论图式和解释方案,同时也是一种思想体系和思维方式。在世界经济体系中存在三种经济学体系:马克思主义经济学、新古典主义经济学和凯恩斯主义经济学。在三大经济学体系下,世界各国都形成自身的发展模式,例如:美国市场经济模式、德国市场经济模式和日本经济模式。而体育也是在不同的经济背景下有着不同的特点。中国的体育经济模式则是在转轨期间呈现出政府对体育赛事具有管理权和监督权的[①]。但是,由于体育自身的特点,体育经济也存在一般性的运行模式。

从模式自身出发,模式是根据每一特定环境下的产物,是根据特定时间条件

[①] 在现行的体制下,足协和足球运动管理中心对国内所有职业联赛、业余联赛都是有管理权和监督权的,抛开足协自己搞联赛肯定是说不过去的。孙立平:《博弈:断裂社会的利益冲突与和谐》,社会科学文献出版社,2006年。

环境要素的共有因素抽象出来的典型形式,其特点具有普遍适应性和发展性[①]。虽然对于体育本身而言,其运行模式不仅具有经济系统运行的特征还具有特殊的运行模式。从经济学角度来看,经济系统的制约力量来自共生资源[②],而体育属于这种共生资源,属于文化现象,本身具有艺术、信仰、伦理等观念性质,而体育与经济相互之间的关系是以体育商品为根源的,体育商品同样具有物质属性和观念属性,而在体育与经济的关系中,个体、企业和政府三方面相互关联、相互制约,所以,体育经济的运行模式就是居于对体育商品的理解,提出观念模式、管理模式和营销模式。这三个模式又相应地被个体、企业和政府三者的行为所承担(见图3-7)。

个体的观念模式承担的是大众对体育本身的认识,这种体育观念有的是共识,有的具有差异性。当这些反馈给企业时,就成为企业的需求分析,企业根据对大众对于体育的观念认知进行营销分析,为大众提供体育商品,同时以政府为媒介向大众提供体育商品。政府的管理模式一方面是对个体形成共识的观念进行分析,对大众体育进行管理,是一种公共管理;另一方面是对市场的管理,是一种行政管理。

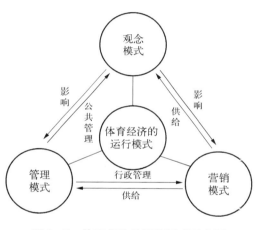

图3-7 体育经济的运行模式示意图

二、观念模式

体育作为一种文化现象存在于现代社会,体育(physical education),一般指的是以身体活动为手段的教育,直译为身体的教育,简称为体育。在古希腊,游

---

① 陈立基:《论奥林匹克运动发展观》,北京体育大学出版社,2007年。
② 从经济学的角度来看,随着决定系统竞争力的主导资源的不断升级,共生性资源在经济系统和竞争中的地位和作用开始加强。所谓共生性资源主要是指人类认知领域的元素,如文化、艺术、信念、意识等。它是经济系统中各类资源共同的约束条件,即违背共生资源内在要求(文化属性和审美观念)等的资源形态一定是没有经济价值的无效资源。共生性资源之所以在模块化结构中具有相当重要的作用,是因为它是决定模块化设计规则有效性进而决定系统竞争力的关键因素。从经济系统演化的角度看,随着经济的快速发展,人类将步入体验经济时代,能否塑造出具有特定文化内涵、艺术内涵并被人们普遍接受的观念,成为决定企业产品能否获得强大竞争力的关键。因此,通过共生性资源的培育创造出人们普遍接受的整体设计规则,成为决定系统竞争力的主导力量。胡晓鹏:《从分工到模块化:经济系统演进的思考》,《中国工业经济》,2004年第9期。

戏、角力、体操等曾被列为教育内容①。1762年,卢梭在法国出版了《爱弥儿》一书。他使用"体育"一词来描述对爱弥儿进行身体的养护、培养和训练等身体教育过程。由于这本书激烈地批判了当时的教会教育,而在世界引起很大反响,因此"体育"一词同时也在世界各国流传开来。

随着社会的进步和体育事业的不断发展,其目的和内容都大大超出了原来"体育"的范畴,体育的概念也出现了"广义"与"狭义"解释。当用于广义时,一般是指体育运动,其中包括了体育教育、竞技运动和身体锻炼三个方面;用于狭义时,一般是指体育教育。近年来,对"体育"趋于一致的解释为:"体育是以身体活动为媒介,以谋求个体身心健康、全面发展为直接目的,并以培养完善的社会公民为终极目标的一种社会文化现象或教育过程。"

因此,体育观念是隐含在个体或群体中影响个人或社会的概念。体育不仅仅提供人们锻炼身体的方法和技术,而是通过体育运动培养人们的价值观,这些价值观包括和平与团结、公平竞争与诚信、重在参与、合作与互助、忍耐、坚持与磨炼、人文主义、身心和谐、谦虚、全球视野、目标与追求等。所以,体育的价值观带有普世价值,在人与人之间的沟通与交流中促进人的发展、社会的发展。

而奥林匹克运动则是体育观念的集大成者。奥林匹克宗旨的基本定义是,通过没有任何歧视、具有奥林匹克精神——以友谊、团结和公平精神互相了解的体育活动来教育青年,从而为建立一个和平的、美好的世界做出贡献。其含义是,奥林匹克运动的目标是促进人类社会向真善美的方向发展。进入工业社会以来,人类社会在开始大规模、全方位交往的同时,也出现了剧烈的国际冲突,再加上人类掌握了毁灭其自身的武器,使得今天的社会面临前所未有的威胁。此外,当代世界各国面临着诸多要依靠共同协作才能应付的问题,如环境、难民、地区冲突、贸易壁垒等。所以,奥林匹克运动试图架设沟通各国人民之间联系的桥梁,增进不同民族、不同文化的人们之间的相互了解,促进世界和平,减少战争的威胁②。正因为如此,每届奥林匹克运动会都有相应的主题口号,从而促进体育观念的在人与社会中的渗透(见表3-7)。

---

① 17—18世纪,西方的教育中也加入了打猎、游泳、爬山、赛跑、跳跃等项活动,只是尚无统一的名称。18世纪末,德国的J.C.F.古茨穆茨曾把这些活动分类、综合,统称为"体操"。进入19世纪,一方面是德国形成了新的体操体系,并广泛传播于欧美各国;另一方面是相继出现了多种新的运动项目。在学校也逐渐开展了超出原来体操范围的更多的运动项目,建立起"体育是以身体活动为手段的教育"这一新概念。于是,在相当长的一段时间里,"体操"和"体育"两个词并存,相互混用,直到20世纪初才逐渐在世界范围内统一称为"体育"。
② 陈立基:《论奥林匹克运动发展观》,北京体育大学出版社,2007年,第101页。

表 3-7　历届夏季奥运会的主题口号

日　期	地　点	主　题　口　号
1984 年	洛杉矶	Play part in History 参与历史
1988 年	汉　城	Harmony and Progress 和谐、进步
1992 年	巴塞罗那	Friends for life 永远的朋友
1996 年	亚特兰大	The celebration of the century 世纪庆典
2000 年	悉　尼	Share the spirit 分享奥林匹克精神
2002 年	盐湖城	Light the fire within 点燃心中之火
2004 年	雅　典	Welcome Home 欢迎回家
2008 年	北　京	One World One Dream "同一个世界同一个梦想"
2012 年	伦　敦	Inspire a generation 激励一代人
2016 年	里约热内卢	Live your passion 点燃你的激情

三、管理模式

(一) 体育管理的系统分工

体育管理的系统是由政府体育管理系统和社会体育管理系统两个子系统组成的。政府体育管理部门具有宏观的决策、计划、协调、监督权力，对社会体育管理组织具有指导、监督职能，对竞技体育和群众体育的业务管理等方面进行相当一部分微观管理。事实上，大部分社会体育管理组织（运动协会）的办事机构仍是政府体育管理系统（体育局）下属的事业单位[①]。

政府体育管理系统是指即政府专门体育管理系统和政府非专门体育管理系统。政府专门管理系统是由各级体育局所组成的，通常称为体育局系统，它是体育管理主系统。在这个系统内，下级体育局受上级体育局在业务上的指导，同时受该级人民政府在人事、财务等方面的行政领导。这种体制是矩阵式的管理体制，通常称为双重领导体制，又称为"条块体制"。政府非专门体育管理系统是指在国务院和军委所属的有关部委分别主管本系统的体育工作。如国家教育部（设有体育卫生与艺术教育司）通过地方各级教育行政部门领导各级学校的体育工作。社会体育管理系统是指群众体育组织、社会群众团体组织和民间体育组

---

① 刘大明：《中国体育管理组织系统的现状及改革构想》，《辽宁工程技术大学学报（社会科学版）》，2008年第 1 期。

织。群众体育组织是由专门从事体育管理工作的社会组织构成的,包括中华全国体育总会、中国奥委会和中国体育科学学会。社会群众团体组织是指某些群众性的组织,它们不是专门的体育组织,但下设体育机构,如各级工会下设的宣教文体部门,各级共青团委员会下设的军体部门等等它们分别负责本系统的体育工作,并配合其他部门组织各种体育活动。民间体育组织是指中国许多地区建立的地区性的群众组织,如中国老年人体育协会、上海桥牌协会、北京信鸽协会等。它们积极参加宣传和组织广大群众参加体育运动,对管理体育运动起到一定的积极作用。

（二）体育管理的组织结构

事实上,体育管理在政府的系统分工的基础上建立了水平分工型组织结构。水平分工型体育管理组织结构要求政府管理部门与社会体育组织之间,建立一种"平等协作"、和谐有序的民主关系①。

在国家民主、法制和市场等机制日渐完善的条件下,国家体育总局下属的中国奥委会、中华体育总会、体育科学学会、体育基金会等相关体育组织,形成地位平等、性质多元、协作共赢的体育管理组织结构,其性质是多元共赢(国有、民营和中外合资等),以实现国家体育投资主体多元化(见图 3-8)。

（三）体育管理中的政府职能

政府在完善的系统分工和组织结构下实现的管理职能主要是对体育的行政管理和公共管理。其具体职能如表 3-8 所示。

---

① 社会学中的水平分化是按照某一标准将人分为不同类型的平等的群体。在体育管理中使用水平分工的理论依据是:20 世纪末,西方部分发达国家提倡用民主的"善治"(治理)替代官僚的"统治"。这是因为人们在社会资源配置中,既看到市场的失效,又看到政府的失控。"善治"是指公共利益最大化的社会管理过程,其本质是政府与公民对公共生活的"合作管理"。其特点:一是环境开放,决策与管理既民主又透明;二是组织结构一般呈扁平化,既有利于政府分权,又有利于政府部门与社会组织保持地位平等,其重心是以"顾客"满意程度为导向,打破"政府机构作为公共物品及服务的唯一提供者的垄断地位"。美国学者奥斯本在《改革政府》中,在论述政府治理(善治)中指出"起催化剂作用的政府:掌舵而不是划桨","分权的政府:从等级制到参与协作",他在大量实际调研的基础上,论证了分权机构比集权机构更具有民主性、创新性、责任性和效率性。这就是国家与社会"协作治理"的管理方式,也是公民对制度的"选择"。当今,中国社会要达到"善治",建立政府部门与社团"平等合作"的关系,为两者共同管理国家体育创造条件,这符合"十七大"提出的"扩大公民有序地政治参与,最广泛地动员和组织人民依法管理国家事务、管理经济和文化事业"的思想。因此,借鉴国外经验,选择一种政府部门与实体化的社团协作型的体制,应是我国体育管理体制创新的选择。引自宋继新、贡娟:《论国家体育管理体制变革的重心——体育管理组织结构创新的再研究》,《北京体育大学学报》,2008 年第 5 期。

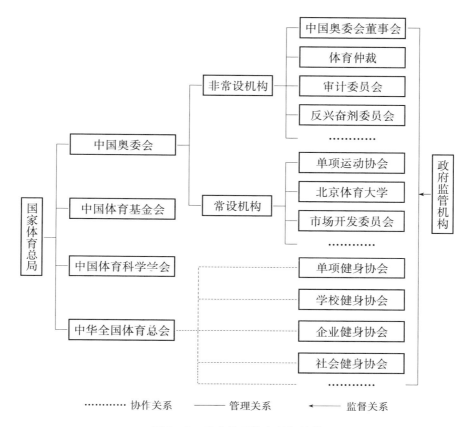

········· 协作关系　———— 管理关系　←———— 监督关系

图 3-8　政府管理体育的机构[1]

表 3-8　政府体育管理的职能[2]

内容 \ 区别	行政管理	公共管理
本　质	以控制资源为宗旨	以为民服务为宗旨
主　体	政府（统治者）	公民（纳税人）
特　点	管制行政（物化）	服务行政（人性化）
机　制	纵向垂直管理	横向民众参与
方　式	统治和包办	掌舵、服务（德法兼治）

---

[1] 宋继新、贡娟：《论国家体育管理体制变革的重心——体育管理组织结构创新的再研究》，《北京体育大学学报》，2008 年第 5 期。

[2] 宋继新、贡娟：《论国家体育管理体制变革的重心——体育管理组织结构创新的再研究》，《北京体育大学学报》，2008 年第 5 期。

(续表)

区别 内容	行 政 管 理	公 共 管 理
功 能	全能型	有限型
目 的	上级满意	公民满意
评 价	过程(设计、控制)	结果(绩效、为结果负责)

四、营销模式

(一) 体育营销的运作模式

体育营销即企业通过实物、资金等手段,同体育组织、活动、项目等建立某种联系,获得相应名义、权利,进而运用广告、公关、促销等手段,围绕品牌定位、整合传播,建立独特的品牌联想和品牌认同,有目地推进营销策略的实施[①]。从上述定义中能看到体育营销的组成元素包括三方面,营销是建立在赞助方、体育项目和观众三者基础之上,缺少任何一方都不能称其为成功的体育营销;体育营销的方式是围绕赞助而展开的,赞助(sponsorship)能将运动项目形象(event image)与企业品牌形象(brand image)有机结合起来;转移机制的起点是赞助,形成认知、产生兴趣、依恋、增强渴望直至顾客购买;赞助是开展体育营销的首要因素,但仅有赞助是不够的,在与运动项目或组织建立联系后,不仅要从营销传播技术的角度去营造品牌,从企业发展的角度去管理品牌,更重要的是能否做到从全新的品牌视角进行品牌价值的营造、管理。所以,体育营销是一个过程,一个周而复始的循环过程。在这个过程中体育提供给消费者一个娱乐的平台,而且可以令企业借有计划的体育营销活动,把自己的品牌形象与这个平台挂钩,从而形成企业——体育——观众"三赢"局面。具体的模型见图3-9。

因此,在体育营销模式中,企业首先对市场中的因素做以分析,其次根据这些要素特征做出体育品牌营销策略。

(二) 体育营销的要素分析

体育营销中最重要的因素即4C：消费者、竞争者、企业和环境。体育营销是通过企业来完成的,那么任何从事体育事业的人必须对影响因素进行充分的了解和掌握。表3-9是对4C变量的概述。

---

① "体育营销"一词最早出现于1978年美国的《广告时代》杂志,广义上包括两重含义：体育的营销(marketing of sport)和"通过"体育的营销(marketing through sport)。

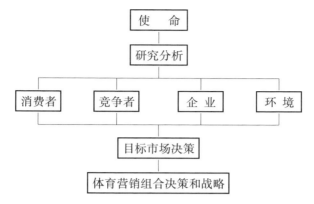

图 3-9　体育营销管理模型①

表 3-9　体育营销的要素

消　费　者	竞　争　者	企　业	环　境
人口统计状况	产业和市场	使命和目标	经济
消费心态状况	产品差异化	资金实力	法律
生活方式	定价策略	生产	社会和文化
地理人口状况	财务策略	产品管理	政治
购买行为	市场定位	定价目标和策略	道德
	促销策略	分销策略	潮流
		促销策略	科技
			教育

　　影响消费者的因素非常多,但是使用单一变量仍可区分消费者的取向。例如可以年龄或教育或性别为指标,分析不同的人群对体育需求的变化②。当体育营销人员不断研究分析现有消费者和潜在消费者时,才能够为企业发展新产

---

① [美]布伦达·G. 匹兹、戴维·K. 斯托特勒编著:《体育营销原理与实务》(第2版),辽宁科学技术出版社,2005年。
② 强身健体是外资企业职工参与健身行为的第一需要(87.3%),其余依次分别为:缓解压力(66.4%)、娱乐休闲(55.5%)、调节情感(46.3%)、社会交往(32.2%)和自身习惯(30.8%)。20—39岁年龄段的职工通过体育运动对"社会交往"功能的需要所占比例较高,同时对体育运动能达到"缓解压力"的认识也明显高于其他年龄段。40—49岁年龄段的职工,对"娱乐休闲"的需求高于其他的需求。50岁以上的职工则表现为体育运动对"调节情感"的需要。不同文化程度的外企职工都将"缓解压力"排在第二位。大专以上学历的职工将"娱乐休闲"排序第三,"社会交往"排序第四。女职工"调节情感"的需求大于男职工对其的需求,而"社会交往"的需求男职工明显高于女职工。崔云霞:《苏州市外资企业职工体育需求的现状调查与分析》,《苏州大学学报(自然科学版)》,2006年第4期。

品、改造产品设立目标,制定战略。

竞争者分析一般是与消费者分析一起进行的。其他企业的行为会对你的企业产生影响。体育营销人员必须不断研究与分析竞争情况以了解竞争者在做什么,能够做什么以及对企业的影响。

对企业自身的研究是成功的关键之一。一般的研究方法是 SWOT 分析法[1]。另一种分析方法是综合考虑因素,这些因素是相对于消费者和竞争者而言的,包括使命与目标、资金实力、生产、产品管理、定价目标和策略等,这些必须与竞争者相互对比。

环境是企业的外部因素,包含很多方面,社会和文化环境导致体育在不同的地域有不同的特点。例如,美国人喜欢篮球和橄榄球,而中国人擅长乒乓球,日本人则喜欢棒球、相扑等运动。而科技环境则被认为是影响体育发展的重要契机,在体育中应用的器械、高科技运动服装对企业未来的发展有着竞争优势。教育和道德环境是影响企业发展人力因素,体育营销人才能够有效地沟通体育生产与消费、明确市场细分,为企业提供效益的专业人员。

(三) 品牌战略是体育营销战略手段

品牌战略是企业的最高战略,是企业最终经营目标的体现而体育营销是实现企业经营目标的方法,其使用范围要受品牌战略的制约。品牌战略要求企业在开展体育营销时:① 体育活动价值应与品牌价值相符。体育营销最基本的功能就是把企业的资源进行重新整合,企业的一切经营完全服务于体育营销,将体育活动中体现的体育文化融入企业产品中去,实现体育文化、品牌文化与企业文化的融合,从而引起消费者与企业的共鸣,在消费者心目中形成长期的特殊偏好,成为企业的一种竞争优势。② 体育形象应有助于强化品牌联想[2]。品牌联想是一个心理捷径,是实现品牌承诺的捷径,揭示消费者对品牌的价值取向。体育形象要有助于强化品牌联想,企业开展体育营销,要找到体育形象与品牌联想的结合点,将体育文化融入品牌联想中,强化这种联想。国际奥委会允许 TOP 赞助伙伴在其产品中使用象征卓越、优质的五环标志,并使用 TOP 赞助伙伴的产品,这些都可将奥林匹克运动更快、更高、更强的形象成功地融入所赞助的品牌中,强化这种联想。③ 体育营销应与品牌定位相一致。体育活动有其特定的参与者及观众,竞技性与刺激性决定了体育赛事观众多为追求惊险娱乐的年轻

---

[1] S 代表优势,W 劣势,O 代表机会,T 代表挑战。
[2] 品牌联想就是,看到相关名字或商标,看到相关图像,听到相关曲调,看到相关色彩等,消费者所联想到的品牌的意义。

人,其中又以男性为主。只有在企业的目标市场与体育活动的参与者及观众相一致时,才能起到应有的效果。品牌需要定位,定位是在目标市场中的定位。企业开展体育营销就是要在目标客户心中留下特殊的偏好。如果体育活动的参与者及观众并不是品牌的目标客户,那么体育营销的效果就不明显,企业所做的工作也是徒劳的。体育活动因其规模、特性不同而有不同的观众,相对而言,奥运会是最受人们喜爱、关注的盛会,具有广泛性与国际性的特点,是推动国际化、提高品牌国际知名度的企业理想的体育营销载体。④ 体育营销应可以加深品牌关系。体育营销将企业产品与体育相结合,产生的是种文化,真正执行体育营销的企业销售的不是产品而是一种文化,一种与消费者针对体育产生共鸣的情感。而品牌关系就是指品牌与消费者之间的关系,体育营销应可以加深品牌关系,并使消费者与品牌间产生共鸣的情感,使品牌转化为情感品牌,这样的体育营销才是真正的体育营销,才是企业应该开展的体育营销。⑤ 体育营销应有利于强势品牌塑造。品牌战略的最终目的就是要塑造强势品牌,体育营销服务于品牌战略,有利于塑造强势品牌的体育营销才是实现了最终目标的体育营销,才是真正的体育营销。强势品牌就是指具有准确而强有力的品牌定位、高品牌知名度、鲜明的品牌个性、极强的品牌联想、富有情感特性的品牌。塑造强势品牌比较有效的方法是整合营销传播,而依靠体育活动这个载体,进行整合营销传播,就是体育营销的要求①。

企业要逐渐适应世界体育整合营销推广模式。同时还要在营销的形式上,营销表现与传播途径上及营销配套活动等方面不断推陈出新。成功企业的营销之道,糅合了塑造品牌形象的创意、精明的销售策略以及维系顾客的独特技巧,三者缺一不可。

本章参考文献

[1] [瑞典] 理查德·斯维德伯格:《经济社会学原理》,中国人民大学出版社,2005年。

[2] 文军:《西方社会学理论》,上海人民出版社,2006年。

[3] [美] 李明、苏珊·霍华斯、丹·马宏尼编著:《体育经济学》,辽宁科学技术出版社,2005年。

[4] [美] 布伦达·G. 匹兹、戴维·K. 斯托特勒编著:《体育营销原理与实务》

---

① 黄定华:《体育营销与品牌战略关系研究》,《品牌战略》,2007年第1期。

(第 2 版),辽宁科学技术出版社,2005 年。

[5] [美]杰·科克利:《体育社会学——议题与争议》(第 6 版),清华大学出版社,2003 年。

[6] [美]伯尼·帕克豪斯:《体育管理学——基础与应用》,清华大学出版社,2003 年。

[7] [美]迈克尔·利兹、彼得·冯·阿尔门:《体育经济学》,清华大学出版社,2003 年。

[8] [美]曼昆:《经济学原理》,梁小民译,生活·读书·新知三联书店,2004 年。

[9] 骆秉全:《体育经济学概论》,中国人民大学出版社,2006 年。

[10] 陈立基:《论奥林匹克运动发展观》,北京体育大学出版社,2007 年。

[11] 樊纲:《现代三大经济理论体系的比较与综合》,上海三联书店、上海人民出版社,2006 年。

[12] 张玉峰、王跃主编:《体育经济实务》,华东理工大学出版社,2006 年。

[13] 马跃主编:《新编体育经济人》,中国经济出版社,2007 年。

[14] 张玉峰、王跃主编:《体育经济学》,华东理工大学出版社,2007 年。

第四章
体育与文化

文化是由人创造的,一切文化都是属于人的文化,简言之,文化即人化,文化的本质即人的本质。人创造了文化,文化也创造着人,人与文化是相互创造的双向关系。研究人类社会,就不能不研究人类创造的,而同时又影响着人类自身的文化。

体育是人类的创造,自然也属于文化的一部分。本章主要将体育放入文化视角中进行探讨。通过东西方体育文化的比较,感受不同文化背景带来的体育差异;剖析体育的精神与价值规范;最后以奥林匹克运动为例,探讨体育赛事的文化意义。

第一节 东西方体育文化比较

文化有广义和狭义两种定义。广义文化指人类社会历史实践过程中所创造的物质财富和精神财富的总和;狭义文化指社会的意识形态以及与此相适应的制度和组织机构①。广义文化可分为物质文化、制度文化和精神文化(见图4-1);狭义文化指制度文化和精神文化,不包括实物。

---

① 这里采用1980年版《辞海》对文化的解释,将文化分为广义和狭义两种定义。全世界已有二百多种文化的定义。英国"人类学之父"泰勒的经典定义为:"文化或文明是一个复杂的整体,它包括知识、信仰、艺术、道德、法律、风俗和作为社会成员的人通过学习而获得的任何其他能力和习惯。"后来一些人类学家加入了"实物",认为文化不仅指精神性的东西,而且还指物质性的东西。英国文化学者克罗伯和克拉克洪在1952年发表的《文化:一个概念定义的考评》中对当时西方一百六十多个文化的定义作了辨析,并作出他们的概括:"文化由外层的和内隐的行为模式构成;这种行为模式通过象征符号而获致和传递;文化的核心部分是传统的(即历史地获得和选择的)观念,尤其是它们所附带的价值。"若想了解更多的文化定义,可参见《文化:一个概念定义的考评》。

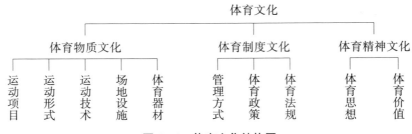

图 4-1 体育文化结构图

体育文化是关于人类体育运动的物质、制度、精神文化的总和,大体包括体育认识、体育情感、体育价值、体育理想、体育道德、体育制度和体育的物质条件等。体育社会学研究体育文化,主要讨论体育的社会制度、社会意识、价值观念、社会结构、社会控制和社会群体等问题(卢元镇,2000)。

伴随着历史的演变,在世界上形成了两大传统体育文化:一种是包括中国传统体育文化、印度体育文化、日本体育文化和伊斯兰体育文化等文化圈在内的东方体育文化,另一种是以古希腊的奥林匹克运动为主要源流的西方体育文化。由于东西方文化背景的迥异,所产生的体育文化也存在着巨大的差别。

一、东西方体育文化差异

(一) 东西方体育文化哲学观的差异

东方大多数民族的体育文化强调的是在运动中修身养性,把体育赋予的伦理道德视为重点,强调人文精神和人本思想,重文轻武,崇拜圣人。以中国为代表的东方传统体育文化,发展出了以个体农业经济为基础、以宗法家庭为背景、以儒家思想为核心的文化个性。中国古代哲学认为,人和自然始终是和谐统一的,因此强调"天人合一""身心合一",追求德与力的统一,个人内外协调统一,要求个人阴阳平衡。在体育文化的目的上,则偏重于内在人格的塑造。中国传统体育的价值表现是通过锻炼身体,培养道德以达到心灵的升华,因此可以说,中国传统体育是一种"以心为本"的体育。体育活动的作用主要靠自身的修炼领悟来完成,而不借外力之功,更不是通过与人较力较量来实现。因而中国传统体育活动方式表现出"自娱性"的特点,以个体活动为主,讲究自我锻炼和"内外合一、形神兼备",注重"养气、养生、养性、养志、养心",强调"精、气、神"对肢体运动的主导作用。它不提倡相互争斗、相互对抗,也不追求对自然的超越。"天人合一"和传统伦理道德所体现的与自然、与人、与社会和谐共处的思想以及重人格的体育价值取向,使古人对竞技性的身体运动并不重视。即使讲竞技,在古人看来,那些力量、速度、灵敏、技巧等外在表现都只是低层次的,高手之交是较心较智、较人格的高度、较修养的深浅。体育竞赛不是为了争胜,而是比较谁更符合伦理规范,提倡"君子之争",以和为贵。因而,中国本土生长的体育运动很少有竞技性的项目,这和西方体育追求"更快、更高、更强",追求对抗和竞争,追求冒险和刺激截然不同。

当然,中国众多的传统体育项目中也不乏带有竞争对抗性的项目,但这些体育项目在竞争性上发育不成熟,并非中国传统体育的主色调。所以,建立于中国哲学和传统中医学基础上,并受中国传统文化氛围强烈影响而逐步定型的,包括吐纳、引导、打坐等气功和以强身健体为主要目的的太极拳等武术为代表的东方养生文化,才是最有代表性的中国传统体育。

西方传统文化的总体特征,是建立在个人主义的文化基础之上的。这样的文化传统,倡导并赞许个人自由、个人竞争,支持、鼓励个人充分发挥自己的生命潜能和智慧。西方的哲学思想又大大强化了西方民族的竞争意识,鼓励着代代西方人不仅目光向外、注视他人、注视环境、主动参与竞争和对抗。因此,大多数西方人思想激进、个性顽强、人格独立、思想解放、崇尚个人奋进、喜欢新奇冒险。"优胜劣汰、适者生存"的激烈竞争机制,培养了西方人个人奋斗、创新进取的精神。他们要通过锻炼,使自己的身体强壮、能力突出,凭个人的超凡能力在竞争中取胜。可以说,西方传统文化、民族心态、社会运行方式所孕育的西方体育,是一种外向型、超越型的体育。这种体育的主要特征,是在一定规则制约之下的竞争,我们习惯称之为"竞技体育","竞争"是其灵魂。这种"竞争"是人的力量、速度、耐力、灵敏、柔韧等身体素质和专门的运动技术及心理因素,在极度发挥状态下的激烈对抗与冲突,参与者都竭尽全力追求"更高、更快、更强"。只要符合公平竞争的规则,竞争对抗越激烈,生命潜能发挥越大,人的精神追求也越满足。这种体育是人类自身的机体能力、意志品质、荣誉感、勇气和斗志的一种证明过程,是一种以追求个体人格精神展现为目的的活动。在这里,价值的取向是线性的、单向的。目前,世界赛场上绝大多数比赛项目都是西方体育项目,如田径、球类、拳击等等,它们都无一例外地具有竞技、竞争的特征。西方体育还强调运动和肌肉健美、体格健壮,注重对人体外形的称颂,强调身体的外部运动,进而促进人体的机能水平的提高,美化人体的形象,获得精神充实感的满足。

（二）东西方体育文化价值观的差异

东西方体育文化哲学观的差异,导致了体育思想和体育价值观的差异。东方哲学讲"天人合一",认为宇宙、自然界、人都是由"气"构成的;而西方哲学讲天人相对、天人有别。在人生观上，东方人乐长生、重节制、讲中庸；西方人求价值、谋进取、趋极端。在认知形式上，东方人重直观感受，整体把握；西方人重知行分析，细别层究。在思维方式上，东方人重直觉顿悟，西方人重抽象思辨。在生活观上，东方人知足常乐，守成务实；西方人冒险创新，放纵不羁。这些都决定了东西方体育文化形态和价值观的差异。

在东方体育文化中，对人的培养是受传统文化制约的。中国长期的历史文化中十分重视人的内在气质、品德、精神修养，而把人的身体视之为是寓精神、气质之舍，表现人的内在品格。道家主张各安天命，无为而治，追求一种自然的人格；儒家重视伦理规范，强调"克己复礼"，追求合于名礼、积极有为的"君子"人格；佛家则主张于世俗间的超脱，提倡目空万世，追求心空万物的超然人格。这三种文化流派都对中国传统体育价值观的形成产生过影响，使得传统的体育价值观透射出十分明显的重人格倾向。中国体育的一个显著特点就是通过身体锻炼，以外达内、由表及里、由形而下的身体有形活动，来促成形而上的无形精神的升华，实现理想人格的塑造。其作用主要不在人体，对身体的发展并不做过高的要求，只以养护生命、祛病、防病和延年益寿为主，注重养生保健。

西方体育文化的价值观则显著不同。作为西方古代体育的典型代表，古希腊体育不像东方体育重人格胜于重人体。虽然希腊人也强调身体美须与精神美相衬，然而，他们更强调的是两者的和谐与统一。与东方体育的典型代表中国传统体育相比，他们更强调人体的"力"与"美"，他们心目中理想的人物并不是看不见、摸不着的某种内在精神和人格，而是血统好、体格发育好、身体比例匀称、身手矫健、擅长各种体育运动的人体。古希腊人对人体的崇拜和重视，对他们的文化、教育、艺术都产生过巨大的影响，导致了人体艺术和雕塑艺术的兴起。这种注重人体本身价值的文化风气，直接影响希腊人体育文化的价值观，他们更为注重把体育文化的价值指向对人体的塑造和培育方面，围绕着培育理想人体这一目标，古希腊体育文化出现了许多不同于东方的、专门锻炼身体的运动形式和运动手段，为发展西方的体育文化做出了不可磨灭的贡献[①]。

（三）东西方体育文化方法论的差异

中国的传统体育以养生为主，侧重于"养"。中国体育文化认为，人与自然是和谐统一的，人是自然的一部分，在身体锻炼中，通过与自然的交换，排除了体内的浊气，汲取真气，从而达到五脏通达、六腑协调的目的。中国传统体育

---

① 奥林匹克之父顾拜旦的名篇《体育颂》即西方体育文化价值观的典型代表之作。

认为，决定人体健康和寿命的因素在内不在外，强调整体的效果和直观的感受，注重意念的作用和体内的修炼，对动作的把握靠直观顿悟，动作简单但内涵深刻，讲究动作的神韵。不仅强调要形似，而更重要的是要神似。崇文尚柔，以静养生是东方体育的活动特征，由于它对人体外在形态的淡化，因而很少有肌肉剧烈收缩运动的活动方式，身体活动以内部为主，而淡化身体的外部运动。即使有身体的外部运动，也是动作缓慢、动静结合，强调"形随神游""澄心如镜""静悟天机"。在中国传统体育文化中，很少有像西方那样单纯讲究锻炼人体外形的方法，也很少有专门的比赛，即使对人体外形的称颂，也总是和人的内在气质联系并论的。在中国古代，体育活动大都从属于其他社会活动，各种体育活动之间缺乏内在的社会联系。因此，从未形成一个相对独立的有机统一的理论和方法体系。

西方体育文化强调运动与肌肉健美、体格健美，注重对人体外形的锻炼，十分强调身体的外部运动，许多活动方式都要求大肌肉群的参与，而且肌肉运动剧烈。西方体育强调对人体力量、速度、耐力、柔韧等身体素质的训练，从而促进人体各部分的协调发展，通过跑步、跳跃、投掷、摔跤、体操等方式，分别锻炼人体的头颈、手臂、肩胸、腿部等，进而改善人体的机能水平，健美人体的外形，以获得精神的满足。同时，西方体育文化重视对知行的分析，细剖层究，运动方式讲究力学原理，注重对人体解剖结构和生理机能的研究，重视人体科学，讲求运动规范，追求对抗与竞争。因此，西方体育文化有科学理论的支持，各种体育运动都有明确的竞赛规则，对运动场地器材设施也有严格的要求，这些都是东方体育文化所无法比拟的。

二、东西方体育文化共同点

东西方体育文化虽然存在极大的差异，但是也有不少共同点。主要表现在：

（一）和平、公正是两者的基本点

西方体育从古希腊时期起，就把追求和平、公正作为自己的目标。古希腊繁荣时期制定的"神圣休战条约"，使战争双方在奥运会期间放下干戈，携手走进奥运会赛场，保证了奥运会安期顺利地举行。运动员、裁判员在比赛前要在宙斯神像前宣誓，保证公平地参加比赛。古奥运会的"和平""公正"的旗帜，为近现代体育运动的发展指明了方向。近代体育最终以顾拜旦的"奥林匹克主义"把体育推向了和平的轨道。奥林匹克主义的核心就是力求使体育运动成为"维护世界和平的强有力因素"。现代体育制定了严格的规则，确保每一位选手在相同条件的制约下参加比赛,以保证公正的实现。

中国传统体育文化虽然没有像古代奥运会为代表的西方体育文化中那样,明确宣布以公正、和平为宗旨,但深受儒、道、佛文化浸润的中国传统体育文化,处处表现出"礼"与"和"的文化特征。这种"礼让"和"仁爱"的准则,与西方体育文化的"公正"、"和平"的原则不谋而合,它处处规范着我国传统体育活动。规范武术行为的武德便是儒、道、佛家的"仁、慈、宽、信、恭"等道德准则的具体体现,武林的众多流派无不以武德为其宗旨。就像自由、平等、博爱等思想深刻影响着西方体育一样,东方的伦理思想也使中国传统体育处处表现出和平、公正的特征。

(二) 塑造理想人格是两者的理想

人格,指人的品格。人格是人的性情、素质、能力等特征的总和,是一个人与他人不同特质的综合体现。现代社会一般是以真、善、美三个方面来评论人格价值的。真、善、美的统一,是最高的人格境界。现代体育以其变化莫测的结局、恢宏的气势、优美的艺术性塑造着人们理想的人格。现代体育的竞技性决定了"公平竞争"是它的灵魂,人们在相同规则的制约下,必须用自己真实的技艺,才能取得胜利,赢得观众的认可和赞美。现代体育把人生过程常遇到的成功、失败、挫折、艰辛、泪水和欢笑等悲欢离合,融注于短短的瞬间,使人们一次次去经受各种意志的考验、心理的冲击,体验到成功的欢乐和失败的痛苦。它以百折不挠的精神激励人们追求新的希望、新的理想和新的人生。体育还为人类塑造着美,它不仅有像艺术体操、花样游泳、健美操等审美特征很强的项目,而且任何体育项目都蕴含着动作、形体、姿态等美感因素。无论是直接投身于运动过程或是观赏一场体育比赛,人们都会感受到生命跃动的活力,领悟到人生奋斗的快乐,得到美的享受和陶冶。现代体育以其特殊的方式,使人们在运动中得到真、善、美的熏陶,不仅使人们身体健康、充满活力,而且使人善于从生活的各个方面去发现美、欣赏美、享受美,培养出美的情操,塑造出美的心灵,使生活充满情趣,在促进人们身体和精神完美的同时,促进人们人格的完善。

在中国长期的历史文化中,历来把塑造理想人格作为首要目标。重视伦理规范的儒家提倡"知(智)、仁、勇"统一的君子人格;崇尚恬淡无为的道家提倡顺应自然、无为而治的自由人格;佛家则提倡心空万物的超然人格。因此,深受儒、道、佛思想影响的中国传统体育,特别注重体育对人的人格精神、道德修养的价值。中国传统体育的特点就是通过体育活动来锻炼心智,启迪灵性,进行人格修养,使身体修养和道德修养和谐统一发展,进而形成理想人格。它主要是通过自身的修炼来完成对内在精神的培养,达到精神的升华。不论是武术还是养生,都追求德与体的高度统一、身与心的协调发展,目的是做到行则"独善其身",达则"兼济天下",既要有"知(智)"的理性品格,又要有"仁"的道德原则,还要有"勇"的气质品格。因此在传统体育中,不管是习剑练武,还是导引养生,都如同吟诗作画一样,使人感受到淡泊清雅,从中获得心灵的宁静,人与自然的和谐,达到人格的升华。

(三)促进人的完善和发展是两者的特征

现代物质文明使人类享受到了前所未有的便利,但文明的代价是身体的衰落,日益发达的头脑和日渐柔弱的身躯形成了强烈的反差。体育以促进人的健康和发展为己任,它以其固有的身心和谐发展的特性,把人们引向了朝气蓬勃的绿茵场、体操馆、健美厅,引向了充满野趣的大自然。人们在运动和与大自然的交流中,学会了与动物、植物等生命和谐相处;在运动的节律中,精神得以放松、心理恢复平静、肌肉变得丰满、身体变得健康灵活。体育既使人们充分享受现代物质文明的成果,又使人们保持了伟岸矫健的身躯,促进人的身体和精神和谐发展。正因为此,体育已成为现代社会生活必不可少的组成部分。现代科学证明,人体同人脑一样蕴含着丰富的潜力,而我们现在利用的只是其中极少的一部分。奈斯比特在《大趋势》中预言,技术与人类潜能是今日人类面临的两大挑战和机遇。因此,充分发掘和利用人体的种种潜能,对于人的发展和社会的进步有着重大的意义。体育的重要目的之一,正是不断发挥人的潜能。奥运会上各种纪录的不断刷新和极限的突破,充分证明了通过科学的训练,可以使人的机能得到充分的发展,并创造出惊人的奇迹,"更高、更快、更强"激励着人类在探索人体潜能的征途上不断努力。

中国传统体育同样把促进人的完善和发展作为目标。中国传统体育文化提倡文武双全、德艺双修。传统体育活动就是要通过自身的修炼来顿悟事理、修身养性,达到"成人"的标准。这种修炼是人的自我更新、自我完善和自我发展的过程,而不借外力之功。因比,真正的武林高手并不到处卖弄高超的武艺,而是在修养、人格、参悟天地万物之理的功底上更胜一筹,卓尔不群。武术理论体系和实践中都贯穿了内外兼修、形神统一的观念,认为内在的心、意、神等修炼到一定程度,才能达到武艺的成功和完美。中国的太极拳素有"拳打千遍,神理自然"的谚语,要求形、神统一,在实践中去体会拳理、拳法,去体悟道德、人生,将炼与修熔为一炉,达到内外兼修、德艺俱备的效果。

第二节 体育精神与价值规范

一、体育精神与体育人文精神

前面我们提到,体育文化是关于人类体育运动的物质、制度、精神文化的总和。体育文化精神,从广义上讲,也就是体育多个层面(包括实物,如体育场馆)表现出的文化精神的总和。而体育文化精神的核心,则是体育文化的心理层面表现出来的文化精神,通常称为"体育人文精神"。最后,体育精神是体育文化核心精神的重要组成部分,是体育人文精神的集中表现和具体反映(见图4-2)。从根本上说,体育精神所包含的体育价值、体育道德伦理、体育思维方式、体育行为方式等,都是对体育人文精神和体育文化精神的集中体现,是体育人文精神的标识(董昭岗等,2002)。体育精神是通过体育运动形成的,并集中体现出人类的力量智慧与进取心理的意识总和,是体育运动的最高产物。从实践的角度看,凡是能够造就和反映人的某种高尚品质的运动现象,并为社会观念所积极接受的意识,即是体育精神。从宏观抽象上看,体育精神是一定历史条件的文化和社会意识的产物,具有某种超越时间、地域、种族、政治和个人生命的特征,属于人类共有的精神财富。从微观上看,体育精神的展现,是运动主体的技能、技巧和多种优秀的心理品质,作用于运动的身体之后的升华。

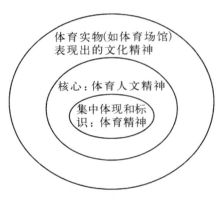

图 4-2 体育文化精神的结构

体育精神的概念看似抽象,却有丰富具体的内涵。例如国人熟悉的"中国女排精神",集中体现了中华民族爱国主义、集体主义、自强不息、艰苦奋斗和顽强拼搏等精神风貌,当时极大地鼓舞了全国人民生活、生产的热情,振奋了民族精神。又如奥林匹克格言"更高、更快、更强",是现代体育精神的高度概括,表明了现代体育运动的发展永无止境的追求目标,它激励着运动员不断超越自我,超越他人。

体育文化的核心精神——体育人文精神,内涵比体育精神的内涵更为丰富。所谓人文精神,是指整个人类文化所体现的最根本的精神,是人类文化创造的价值和理想,是对人的价值、人的生存意义的关注。它以追求真善美等价值理想为核心,以人的自由和全面发展为终极目的,是指向人的主体层面的终极关怀。国内有学者指出,人道主义是现代体育文化和奥林匹克追求的终极目标,对人的意义关怀是体育人文精神的前提,维护人的生命健康的基本权利是体育人文精神的核心(孟建伟,1999)。体育人文精神推行人道主义,就是扬弃宗教异化、伦理异化和对权力、金钱的崇拜,反对政治斗争中的革命原则高于人道原则,反对科学技术理性对人的个性的压抑和操纵,消灭一切非人道的现象,使人走向圣洁和崇高,使生命走向健康和高尚,使生命在人文价值的关怀中走向人生的辉煌。

前文提及,体育精神是体育人文精神的集中体现和标识。现代体育精神的"和平、友谊、自由、民主",具体地标识了当代体育的人道主义精神,是对人道主义在现代背景下的具体解释和反映。人世间没有友谊与和平,就谈不上对生命的珍重;人世间没有自由和民主,就谈不上社会的公正和正义。没有现代体育精神,体育人文精神的最高原则——人道主义也就无从谈起(孟建伟,1999)。

二、对现代体育精神的诠释

现代体育精神已经作为一种社会的文化意识形态影响着世界的每一个角落,它是一种超文化、超种族、超地域、超等级、深层次和多元化的社会文化现象和价值观念的体现,是人类力量、智慧、奋进、美丽等积极意识的总和。

(一)现代体育精神是人类社会文化的重要组成部分,是民族文化思想和社会价值观念的释放、传播、体验与发展

《奥林匹克宪章》提出:"奥林匹克运动谋求把体育与文化融合起来。"2008年的北京奥运会,更是把"人文奥运"作为本届奥运会的三大理念之一(另外两个是"绿色奥运"和"科技奥运"),让历史悠久的奥林匹克文化与源远流长的中华文明进行一次伟大的握手,让丰富多彩的世界文化与当今世界上唯一从未间断、绵延至今的中国文化进行一次雄伟的交融。罗伊说:"奥林匹克的核心是文化……雅典奥运会就是遵循着体育运动与教育文化相结合的宗旨。"现代奥林匹克运动的创始人顾拜旦创立奥林匹克运动的目的就是为了传播奥林匹克理想,把运动作为一种文化意识,纳入人类的生活过程中,以一种新的角度、新的方式去教育青年,促进青年身心的和谐发展。这种体育文化与地域性民族主义思想紧密联系在一起,使地域文化展示在世界的体育平台上,让全世界都来享受中华民族的

优秀文化。体育为世界各民族文化的展示提供了交融互惠的现实平台,多元创造、对话交往更是新世纪体育文化精神的核心追求。

(二)现代体育精神是人类"自然属性"的体验在人们精神世界里的提升

这里要强调的是人的"自然属性",而并非仅指促进人的身体健康发展和体质提高。体育一度曾被当作健康的代名词。然而当我们面对着当然体育人口——学生体质每况愈下,绝对体育人口——运动员被医学界划归为高危人群的现实,不得不对现代体育的概念作出新的定义,对现代体育精神进行新的认识。体育的本质是什么?就是从运动员身上所表现出来的、比常人明显、并远远超出常人的"特征"。这些"特征"就是指运动员的走、跑、跳、投、平衡、攀登、钻爬能力,心肺功能以及速度、力量、耐力、柔韧、灵敏等身体素质水平。这些都是在达尔文的自然进化理论中,人类作为一种自然进化物所保留下来的"原始自然能力"。从表面上来看,人类这些自然能力的提高理所当然地应该促进人类的健康长寿。然而,当我们看到一代拳王阿里作为运动员代表,在1996年的亚特兰大奥运会上用摇晃的身体和颤抖的双手举起奥运火炬时,人们为他的英雄业绩产生敬意的同时,也为他的英雄业绩所留下的现状而悲哀。体育工作者,尤其是学校体育工作者,应充分认识到体育不仅仅是"锻炼身体、为国争光",更是每一个人获得更多的人生智慧和丰富精神的重要途径。

(三)现代体育精神是人类和平、和谐等人文理念的体现,推动和促进人类灵魂与体魄之间的和谐发展

作为体育最大的盛会,奥林匹克运动本身就是和平的象征。在古代奥运会期间,人们聚集在奥林匹亚宙斯庙旁举行神圣的仪式。他们从祭坛上点燃火炬,然后高擎火炬奔赴希腊各个城邦,一边奔跑,一边高呼:"停止一切战斗,参加运动会去!"火炬到达之处,战火无不熄灭,即使是剑拔弩张的双方、激烈厮杀的城邦,也开始了"神圣休战"。奥运会期间,停止战争、争取和平,成为当时希腊人的规矩,人们似乎忘记了仇恨,忘记了战争,而全身心地投入到奥运会的竞技中去,通过体育比赛呼唤人世间的和平和友谊。《奥林匹克宪章》指出:"奥林匹克主义是将身心和精神方面的各种品质均衡地结合起来,并使之得到提高的一种人生哲学,它将体育运动与文化和教育融为一体,奥林匹克所要建立的生活方式是以奋斗中所体现的乐趣、优秀榜样的教育价值和对一般伦理基本原则的推崇为基础的。"在今天所举行的所有世界性的体育比赛,都是一种超种族、超文化、超等级、超地域的全世界人民的大联欢。奥运会是这个大联欢的代表作,奥林匹克的

五环旗更是象征着全世界五大洲人民的大团结。

（四）现代体育精神体现着人类的自由创新与规则约束的完美结合，体现着集体主义的团队协作精神

现代体育带给人们以自由发挥的创造精神和挑战生理极限的挑战精神，同时又要有服从团队和裁判规则意识的团队精神。在现代社会里，任何一项科技或经济成就的取得，都是一个团队集体合作的结果。一个人的单打独斗已经很难获得成功，以至于几乎不可能与对手竞争。有人做过统计，在诺贝尔奖设立的第一个25年，合作研究获奖人数仅占41%；第二个25年里占65%；第三个25年里，占79%。而时至今日，已极少有人孤军奋战、独享其誉了。"学会合作，学会共处"是现代教育基本理念之一。现代体育作为一种竞技活动，是培养青年学生或运动员竞争意识的有效手段，但是这个竞争是在受规则约束下的公平竞争，你要取得竞争的胜利，就必须要有队友、教练和生理、心理、医学保健营养等多学科专家和科研人员的大力支持，而在集体项目中更是需要体现运动员与全队间的合作意识，发挥自身运动天赋与挖掘全队集体潜能间的内在统一。NBA球星乔丹在他个人得分最高的几场比赛中，大多都输掉了全队的比赛，后来其教练调整了策略，在以乔丹为核心的同时，充分发挥全队每一位队员的能力，虽然乔丹的个人得分比以前低了，但球队最终创造了NBA的历史。在体育比赛的激烈对抗竞争中，不仅仅是个人、集体之间在竞技上的交锋，也是在思想与情感上的交融，对手之间激烈竞争、礼貌尊重，队友间相互信任、配合默契。反过来如果只想着体育的竞争，没有合作精神，那就很难获得好成绩。现代体育精神所需要的团队协作意识，也是现代社会的发展对人格素养要求的一个缩影。

（五）现代体育精神是人类社会公平公正意识理念的完全体现

公平竞争（fair play）一词已经从体育术语被引用到商业乃至整个社会中。做个好运动员就是公平的代名词。拳击比赛中规定的不许击打腰部以下部位的规则，与我们儒家思想中所表现出来的"不做手脚、不搞暗算、光明正大"的理念相吻合；体育精神（sportsmanship）在英语国家的中小学校青少年中，被当作男孩子绅士风度与骑士精神的代名词。这种公正为怀、公平行事的体育风尚正是人类对理想社会的一种崇尚和追求，也体现着社会公平公正的理念。现代体育精神不仅强调要从体形、体能、体魄上打造人，更注重从心态、心性、心灵上造就人。讲究规则面前人人平等，机遇均同；讲究在竞争之中调动潜能，完善天性。不管你是初出茅庐的新手，还是赫赫有名的老将，相互之间要比赛就必须在同样

的场地、同样的时间、同样的规则要求下进行公平、公正的比赛。正是因为在没有了那种"君君、臣臣、父父、子子"的等级关系下,才有了新人辈出,才有了更多的体育参与者(包括体育观赏者),才有了现代体育运动的长盛不衰。现代体育精神是包含了现代社会的价值观、人文精神和人格素养等多方面的综合表现。

三、现代体育精神的构建

体育精神不能全部由那些超现实的体育理想构成,而更应该具有其现实和具体的另一面。体育精神有两种存在状态:一是指导现实体育生活的体育法规、体育规则、体育习惯和惯例等,追求体育比赛和体育生活中的公正与合理,并由此升华为体育精神对运动员个体德性的改造;二是在人们思想观念和社会意识形态中存在的体育精神,表现为人们的体育理想、体育价值观等,并由此融合成为对人类社会生活的一种示范和导向。当然,我们说及体育精神的两种存在状态,并非要把这两种状态人为地分裂开来。体育精神是从社会文化和体育文化中生长出来的,社会文化是体育精神产生和发展的物质基础,体育精神不能脱离培养它的各种社会文化而孤立存在,否则会丧失其现实性和真实性。纯粹意义上的体育精神在现实生活中是不存在的,它必须在体育法规、体育规则、体育习惯和惯例等对体育生活和体育现象的规范和导向的过程中体现出来。因此,对体育精神的理论研究并不是圣化它,而是把体育精神作为调整现代体育生活和体育现象的一种规范来认识,研究其在"体育—人—社会"这个生态系统中,与社会主流文化要素间作用的规律性。

体育精神的人文力量是现实存在的,并且现实地影响和作用于体育生活和体育现象。现代体育精神作为一种伦理体系与诸多社会文化间发生关系,是纷繁的社会文化体系中的一个组成部分。对现代体育精神的研究牵动这个文化体系中的许多学科,进行体育精神的研究必须寻找到一个准确的切入点和作用点,从而把体育精神具体化。在具体的研究工作中,我们主要从构成和影响体育精神的三对基本关系出发,即从"体育精神与社会""体育精神与经济""体育精神与文化"这三对基本关系入手来讨论。既把体育精神置于人类社会这个文化大背景下,又能准确具体地把握现代体育精神的脉搏(董昭岗等,2002)。

(一)体育精神与社会

社会是体育精神生长的社会基础,我们在研究体育精神与社会时,主要抓住体育精神与政治、法律间的关系。各民族和主权国家由于文化和伦理的不同,对体育精神的理解也有所不同,体育精神与各民族和国家的伦理精神相结合后,通过文化的整合，形成具有自己特色的体育精神。

比如，东西方国家体育精神中的爱国主义，就因东西方伦理基础的不同而形成各自的特色。西方国家运动员在获得奥运金牌时的个人实现感更为强烈，虽说在他们成功的喜悦中也流露出爱国主义的情感，但这份情感远没有东方人那么浓烈。而东方，尤其是受汉文化影响的国家，十分强调体育运动中的爱国主义精神，为什么呢？汉文化伦理精神的逻辑起点是"家国一体"的思想，在中国，"国"是"家"的放大与延伸，由家及国。因此，在每一个家庭成员的旁边，紧接着就有一个家庭放大的国。反之，无国便无家，无家便无家庭成员。这一点正是中华民族与西方民族、中国伦理与西方伦理体现出的基因意义上的差异。反观西方社会，在向文明社会过渡的过程中，由于受到航海游牧等因素的冲击，原本不很牢固的氏族组织结构被政治性的国家统治所替代，公民与国家之间形成契约式的关系，所以西方人对国家的情感不如东方人那么强烈。从"家国一体"的伦理基础上构建起来的中国现代伦理精神，充分肯定了个体对"家""国"的责任，在体育文化中表现为运动员个体对国家荣誉的责任，爱国主义因此成为体育精神的主要构成要素。

（二）体育精神与经济

经济是体育精神的物质基础，从一定意义上讲，经济对体育精神具有决定作用，现代体育生活如果离开市场经济这个现实背景，现代体育精神就会出现运作上的危机。这句话并不是指金钱可以改变体育精神，可以使体育丧失其道德性。体育精神的合理性并不存在于经济对它的决定性之中，而在于它对体育生活、体育现象的规范和调节作用，调节各种体育因素和体育角色之间的关系，调节体育文化要素与社会文化要素之间的关系。换言之，经济决定着体育精神，但经济不是构成体育精神的最终基础。比如，包括中国在内的大多数国家都对获得奥运金牌的运动员实行高额奖励，在第27届奥运会上获得金牌的中国运动员，每个人的奖金多在100万元以上。但巨额的奖金并没有动摇和腐化他们的爱国主义精神，相反更加激励他们去为国家荣誉拼搏。反过来，体育精神能动地规范了体育经济，以及与体育经济相关的社会经济活动。比如奥运会摒弃烟草广告收入；F1方程式赛车比赛正在断绝与烟草公司的交易。

"体育精神与经济"这对关系的核心问题是如何解决"经济决定论"与"体育精神的人文力论"之间的矛盾。现实体育生活表明，奥运经济严重影响了人们的体育价值观念。洛杉矶奥运会资金结余2.25亿美元，汉城奥运会资金结余4.6亿美元，悉尼奥运会资金结余65亿澳元，现实使人们强调了经济对体育精神、本育生活的决定作用,把人们引向一个理论误区,将体育精神视为体育经济生活的派生物,从而忽视了体育精神的文化功能和对社会生活的示范和导向作用。事实上,1984年奥运会引入市场经济时,并没有更多地考虑让奥运会成为生财之道,更不会产生解决体育精神与经济和谐发展的理论构想。当时人们所思考的更为重要的问题是如何摆脱经济形态日益市场化、人们的价值观念越来越与市场经济接轨,给落后的奥运会运作方式所带来的社会压力。依靠几个国家政府和几个国际财团的赞助和集资,这种类似寄生的运作方式能否维持现代奥运继续生存下去?人们开始怀疑在寄生运作方式基础上孕育出来的人类精神之花——体育精神、奥运精神的纯洁性,怀疑奥运精神对人类社会生活的示范和导向作用,也开始怀疑奥委会在国家政治和金钱面前能否保持申办、比赛的公正和公平。

萨马兰奇先生果断地对奥运会进行了经济改革,大胆地将"市场经济"引入奥运会的经济运作机制,实现了现代奥运经济价值观的转变。这是革命性的一步,它是一次奥运经济的改革,第一次使圣化多年的体育精神、奥运精神等抽象的体育理想实现了在现实经济生活中的"软着陆",使现代体育精神扎根到市场经济条件下的社会经济和现代文化的沃壤之上,结束了奥运会在经济泥潭挣扎而屈从国家政治的历史,迈出了现代体育精神构建的新篇章。但是,由于市场经济下的体育过分强调经济效益,因此,假球、黑哨、服用兴奋剂等现象时有发生。所以,现代体育一直没有能彻底解决好体育精神与经济和谐发展的问题。

(三) 体育精神与文化

体育精神是一种特殊伦理文化现象,尽管各民族和主权国家对体育精神有不同程度的理解,不同的民族精神对体育精神有不同程度和差别上的影响,但从总体上看,全人类对体育理想、体育道德的认识趋于相同,也就是说,体育精神是一种国际化的伦理认同,它的伦理规范作用和人文力是世界性的,而国家的政治和法律的实施效力是区域性的、国家性的。体育精神与文化的关系,实际上是体育精神与构成它的社会文化要素和体育文化要素之间的关系。文化构成了体育精神的人文基础,在现代体育精神的形成和构建过程中,体育精神必须经过文化的设计和传递。不同的国家和民族,不同的时代,在不同文化设计和传递下,体育精神反映出不同的人文智慧。比如,在西方国家契约伦理的影响下,西方体育首先产生了职业体育和职业体育制度。又比如,中国武术在儒家文化的设计和影响之下,形成雍容谦让、后发制人的武士精神,并形成中国武术强身健体的体育思想。还有,在20世纪五六十年代,苏联、中国、朝鲜以及东欧社会主义国家,在体育文化的文化性和社会性的融合过程中,偏重了体育文化的社会性研究,在社会主义国家体育精神的发展过程中,出现了伦理化和政治化的倾向,爱国主义迅速成为体育文化的融合因素。文化对体育精神的作用是系统的和综合性的,从人文的角度出发,体育精神是一种文化现象,也是社会文化的一个组成部分。文化体系中的文化要素,决定和影响体育精神的价值取向和个性特征。

总之,社会文化对体育精神的作用是系统的、综合的,社会文化决定和影响着体育的精神价值取向。综上所述,社会、经济、文化与体育精神形成的这三对关系,不是简单的决定与被决定的关系,而是一种有机的互动关系。

(四)中国体育人文精神的构建

中国当代的体育人文精神正处于文化构建之中。现代中国社会面临新的转型,市场经济体制的确立对文化建设提出了许多新问题。体育人文精神在整个社会文化发展中,面临挑战和机遇。机遇在于,中华民族的精神有着独到的文化价值和文化整合力、凝聚力,作为民族精神文化表现的中国体育人文精神,有着极为广阔的发展空间和前景;挑战在于,对中国体育人文精神构成根本危害的,是人文意识的危机。中国体育在关心人的健康和维护人的健康权利方面缺乏主动性。在经济原则意识过于膨胀的中国社会,体育文化对"人道主义高于一切"的文化精神贯彻得不够充分,过分地强调体育的产业化和经济原则,忽略了体育产业化的目的主体是人的健康。为此,中国体育机构为适应市场经济的要求进行改革的同时,必须坚持贯彻以人道主义和民众健康为己任的人文精神,克服行政机构的官僚作风,把优化人民的生活方式,丰富群众的业余生活落在实处;充分发挥体育文化对大众文化的整合作用,真正担负起维护人的健康的责任,反对各种反文化和不利于人的健康的文化形式对人的侵害的社会责任。中国现代体育人文精神的构建,不仅是要完成厚重的思想内涵和历史内涵的构建问题,还有一个强化人文精神意识的问题。

第三节 奥林匹克运动的文化意义

现代奥林匹克运动会是世界上规模最大、水平最高、参赛人数最多、影响最广的体育盛会。奥运会不仅是一项全球性的体育盛会,同时也蕴含着丰富的文化内涵,是世界各种不同文化间交流的盛会。所以,探讨体育赛事的文化意义,奥运会无疑是最好的范本(孔繁敏,2005)。

奥运会不是奥林匹克运动的全部。奥林匹克运动不仅是一种体育运动，而且是一种国际社会文化运动。奥林匹克运动的活动是全球性的、持续的，它的活动体系主要包括：奥运会、国际奥运会承认的大型运动会、国际大众体育、奥林匹克文化教育活动（如中国选手成绩斐然的奥林匹克数学竞赛、物理竞赛等）（见图4-3）。

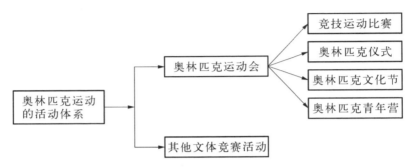

图4-3 奥林匹克运动的活动体系

一、奥林匹克文化的来源与范畴

（一）奥林匹克文化的来源

自1894年开始的现代奥林匹克运动，无疑受到自公元前776年开始的延续千年的古代奥林匹克运动的影响。古代奥林匹克运动起源于神话王国古希腊，古希腊有很多关于古代奥运的神话传说，传说早期的奥运会就是为祭神而举行的竞技运动会，后来加入很多文学艺术及教育活动，成为古希腊的一种文化特色。奥林匹克运动是古希腊文化发展的产物。古希腊文化中体现了对人的价值的赞美和追求，并提出人的全面发展的主张，古代奥运会就是实现人的全面发展的重要手段。古希腊人认为，健康的精神寓于健康的躯体之中。奥林匹克竞技就是古希腊人崇尚健美的产物。

"现代奥运之父"顾拜旦对古代奥运会有继承和扬弃。他扬弃了奥运狭窄的宗教祭祀活动，继承并发展了宗教精神。为弘扬奥林匹克精神，顾拜旦及其继任者结合奥运会开展了大量的文化教育活动。可以说，奥林匹克文化源于古希腊文化，伴随古代与现代奥林匹克运动的发展，又不断注入新的内容和精神。

（二）奥林匹克文化的范畴

广义的奥林匹克文化，包括奥林匹克运动的全部思想体系和活动内容，是奥林匹克运动在实践过程中所创造的物质与精神财富的总和。物质财富即物质文化，主要指奥林匹克运动对人体技能的改造、发展，以及所采用的各类场馆、器械等物质文化设施和由此产生的文化形态。精神财富即精神文化，主要指奥林匹克运动对人的内心世界、社会行为的影响以及与之相关的各项文化艺术活动。

狭义的奥林匹克文化，主要指奥林匹克运动对人的内心世界、社会行为的影响，以及与之相关的各项文化艺术活动。1906年，顾拜旦与国际奥委会专门讨论了文化艺术在现代奥林匹克运动的作用问题，并选定建筑、雕塑、绘画、文学及音乐等主要文化艺术活动参与其中。经多次修订的《奥林匹克宪章》规定，奥运组委会必须制定文化活动，并规定文化活动须至少贯穿奥运村开放的整个时期。奥林匹克各种文化艺术活动与体育运动结合，既提高了体育的品位，也促进了文化艺术的发展。

概而言之，奥林匹克文化是体育运动与文化和教育相融合的产物。奥林匹克文化的广义概念包含相关的物质与精神文化，狭义概念主要指相关的精神文化。

二、奥林匹克文化的性质

（一）奥林匹克文化是以体育为载体的文化

奥林匹克运动包括竞技运动、大众体育以及与之有关的文化活动。这种运动从文化视野看，它是以体育为载体的文化。体育是文化的一部分，是一种体育文化或身心文化。体育运动促进人的物质结构机能的改善，是人们自我完善的重要的物质形式，同时，体育运动对人的内心世界和社会行为产生积极影响，体现出一种文化精神。体育本身凝结着人类的智慧，它所得到的广泛参与和关注，使其承载着更强的文化功能。顾拜旦从奥林匹克运动创始起，就坚决反对把这一运动看作纯粹的体育竞技运动，他主张奥林匹克运动"并非只是增强肌肉力量，它也是智力的和艺术的"。国际奥委会前任主席萨马兰奇概括地说："奥林匹克主义就是体育运动与文化的结合。"通过体育发展文化，促进友谊，是奥林匹克运动对人类文明的重要贡献。体育历来是文化交流最便利的工具，是"国际通用语言"，尤其是四年一次的奥运会，既是世界体育盛会，又是文化交流大典。在奥运五环标志下，世界各国人民和平相聚，推动着人类文明的不断进步。

（二）奥林匹克文化是以教育为核心的文化

古代奥运会源于祭祀，它以人体美、竞技精神以及高超的技艺对神作出奉献，这必然以教育和训练为前提。它要求运动员不仅有强健的身体，而且有高尚的品德，这一切只能是教育的结果。顾拜旦十分重视古代体育的教育功能，由此引发他从教育出发来恢复奥运。现代奥林匹克运动继承和发扬了古希腊的奥运精神和教育思想,它确定的奥林匹克运动的宗旨就是以奥林匹克精神教育青年,从而建立一个和平而更美好的世界。奥林匹克运动来源于奥林匹克主义。《奥林匹克宪章》中讲道:"奥林匹克主义是增强体质、意志和精神并使之全面均衡发展的一种生活哲学。奥林匹克主义谋求体育运动与文化和教育相融合,创造一种以奋斗为乐、发挥良好榜样的教育作用并尊重基本公德为基础的生活方式。"奥林匹克运动的根本任务是教育,一切奥林匹克运动都是教育手段。所以,奥林匹克文化的核心是教育。

(三)奥林匹克文化是以西方文化为主导的多元文化

古代奥林匹克文化源于古希腊文化,古希腊文化是西方文化的基础。现代奥林匹克运动诞生于欧洲,最初参加奥运会的主要来自欧洲和北美一二十个国家数百名运动员。现代奥林匹克运动已历经百年,普及世界。2004年雅典奥运会,共有202个国家和地区18 143名运动员参加了比赛。奥运的普及要求文化的多元,但由于历史及现实经济政治等原因,奥运的组织结构及活动内容仍反映出了浓厚的西方文化色彩。国际奥委会委员至今仍以西方上层人士为主,奥运会主要在西方国家举行,奥运比赛项目主要是西方传统的体育项目。这种情况表明,现代奥林匹克文化是以西方文化为主导。随着世界联系的加强,奥林匹克运动的普及,文化的多元交融是不可避免的。文化从本质上说,都具有一定的地域性、民族性。奥运会在不同国家举办有不同的文化特色,从开幕式到闭幕式,从体育比赛到艺术活动等,异彩纷呈,争奇斗艳。奥运会吸纳的民族传统的体育项目中,如美国篮球、巴西足球、日本柔道、韩国跆拳道等皆折射一种文化,根植于民族文化的土壤之中。不同的文化特色彼此兼容,取长补短,汇聚发展成为五彩缤纷的多元文化。

(四)奥林匹克文化是世界先进文化

世界先进文化是符合社会发展方向和人民愿望的文化,是人类社会发展中所产生的具有积极指导意义的文化,对人类文明进步发展起着重要导向作用。当今奥林匹克文化作为一种文化形态和精神文明,主要凝聚了西方文化的某些精华,属于世界先进文化的一部分。奥林匹克文化的先进性主要反映在体育领域,集中表现在奥林匹克主义、精神、理想、原则、宗旨、格言诸方面。它的核心内容是主张人的和谐发展,友好相处,进而建立一个公正美好和平的世界。从古代到现代的奥运会,对促进人的发展、维护人的尊严和国家民族平等,起了重要作用。奥林匹克文化蕴藏着人类的竞争、拼搏、创新、友谊等卓越品质，并使体育价值、社会价值和个人价值联系在一起，英雄主义、集体主义和爱国主义高度一致。奥林匹克文化体现了人类崇高的理想境界，是宝贵的精神财富，具有强大的生命力。

总之，奥林匹克文化源于古希腊，发展于现代西方，弘扬于当今世界。奥林匹克文化是体育运动与文化和教育相融合的产物，是以体育为载体、教育为核心，并逐渐发展成为多元的、世界先进文化的一部分。奥林匹克文化实质是激励人们拼搏进取、奋力向上、维护人的尊严，推动社会和平进步的文化。现代奥运会是人类历史上迄今为止规模最庞大、内容最精彩、影响最广泛的世界性体育与文化盛典。

三、奥林匹克文化的内涵

奥林匹克运动发展到今天，已经不再仅仅是一般意义上的体育活动了，它把体育所富有的内涵加以提炼、总结和升华，归纳出"奥林匹克主义""奥林匹克精神"，并在奥林匹克运动中努力加以实践。奥林匹克运动是人们学习奥林匹克主义及奥林匹克精神的永恒的学校。人们将它视为生活原则，并进一步发展到体育以及其他社会生活的各个领域。根据《奥林匹克宪章》和奥林匹克运动的实践以及文化的性质和概念，奥林匹克文化的内涵主要体现在以下六个方面：和谐发展、团结友谊、公平竞争、重在参加、奋力拼搏和为国争光。

（一）和谐发展

人的和谐发展主要包括体力和智力或身体和精神两方面。奥林匹克主义的宗旨是使体育运动为人的和谐发展服务，以促进建立一个维护人的尊严的和平社会。奥林匹克的人生哲学是"增强体质、意志和精神并使之全面均衡发展"。古代奥运会强调人的和谐发展，竞技优胜者不仅技艺高强、体魄健美，而且道德高尚、知识丰富。古希腊人认为，健康的身体是健康生活的基础，健全的灵魂寓于健全的体魄，注重体魄锻炼与文化素质的结合。

奥林匹克运动作为培养人的沃土，是对人进行全面发展教育的过程，通过体育活动磨炼身体，增强体质，发展和提高思维能力，塑造出一种完善的人格。顾拜旦说："体育是增强民族体质、矫正畸形身躯的最直接的途径"，"体育是培养荣誉心和公正无私精神的理想手段"。顾拜旦的《体育颂》就高度颂扬了体育的作用，鼓励人们积极投身到体育运动中，其目的是使人得到全面发展，不仅拥有健康的体魄，而且拥有良好的素质，成为高尚、公正、坚强、聪明、健美的人。

（二）团结友谊

奥林匹克运动不仅仅是单纯性的体育活动，其最高目标是要通过体育活动的手段，把世界不同国度、不同种族、不同语言、不同宗教信仰的人凝聚到一起，使大家相互交往，增进了解和友谊，进而为建立一个维护人的尊严与更美好的世界做贡献。古代奥运会以橄榄枝为最高奖品，象征吉祥、友谊与和平。它制定了神圣休战条约，保证奥运会神圣不可侵犯。古代奥运会对制止战争、维护和平起了重要作用。现代奥运会继承这一传统，强调国家民族平等，维护人的尊严，倡导多元文化，彼此兼容，和平相处。

团结友谊是人类生存与发展的基本准则，现代奥林匹克运动反映了人类这一最强烈的愿望，从而使它具有广泛的号召性和强大的生命力。奥林匹克标志由五个奥林匹克环组成，代表五大洲的团结和全世界的运动员在奥林匹克运动会上欢聚一堂。现代奥林匹克运动试图筑起沟通各国人民之间联系的桥梁，是连接各国人民团结的纽带，发展到今天这样的规模。增进不同民族、不同文化的人们之间的互相了解，促进世界和平，减少战争威胁，因而它成为世界和平事业的一个重要组成部分。

（三）公平竞争

奥林匹克首先是一种体育运动，以竞技体育为主要活动内容。竞争是体育运动的本质属性。竞技体育的突出特点，就是具有激烈的对抗性和鲜明的娱乐性。在比赛中，运动员之间通过剧烈的身体接触和对抗，分出胜负，既锻炼了自己的身体、磨炼了意志品质，也为观赛者提供了健康的身心娱乐和享受。竞争是推动人类社会进步的基本手段之一。人们在竞争中抒发雄心壮志、增长聪明才智。参加这项活动，必须树立起敢争高低的竞争意识，勇于向世界强手和世界先进水平挑战，不断超越自己，超越他人，超越世界最高纪录，这是人类有所发展、有所创新、有所前进的动力。

奥林匹克主义倡导的竞争是以公平的道德标准为前提的，强调"体育就是荣誉，但荣誉公正无私"。这是对人的尊严的维护，也是实现奥林匹克宗旨的保证。古希腊公平竞争的范围仅指希腊血统的男性公民，占人口一半的妇女和人数上大大超过公民的奴隶及异邦人则与此无缘，而现代奥运会则对全世界所有人开放，运动员处于完全平等的条件下，遵守规则，凭借自身的能力，光明磊落地进行比赛，这是真正的公平竞争。这种公平竞争原则表现为：在由组织者统一提供的具备同一条件的场地内，在完全平等的比赛规则之下，在裁判者的公平执法尺度下，竞赛者完全凭借自己强健的身体、机敏的头脑、良好的反应能力及控制力去战胜对手,获取胜利。只有在这种公平规则的基础上,体育运动才富有独特的魅力,竞赛的胜负才有真正的意义。

(四)奋力拼搏

奥林匹克运动倡导以奋斗为乐趣、从奋斗中求得幸福的人生态度。它倡导最大限度地挖掘自身的潜力,向自身体能、生命的极限挑战,"创造一种在努力中求欢乐、发挥良好榜样的教育价值并尊重基本公德原则为基础的生活方式"。勇敢竞争、奋斗拼搏是实现生命价值的真谛。赛场上的奋斗是人类奋斗的缩影。拼搏的艰辛、竞争的白热化,不仅对场上运动员有直接刺激,而且对场下众多的观众,尤其是正在成长的青少年有更深远的教育意义。奋斗精神体现人类先进分子的一种内在力量,是人类社会自强不息、发达昌盛不可缺少的高贵品质。

奥运会的格言是"更快、更高、更强",它是由顾拜旦的好友、法国巴黎阿奎埃尔修道院院长迪东神甫提出来的校训,后来顾拜旦借用到奥林匹克运动。1920年,国际奥委会将其正式确认为奥林匹克格言,并在安特卫普第七届奥运会上首次使用。它的含义表达了奥林匹克运动不断进取、永不满足的奋斗精神和不畏艰险、勇攀高峰的大无畏精神。奥运金牌是由一首首拼搏之歌铸就而成的,它凝聚着运动员和教练员无数的心血和汗水,更反映了对人类崇高理想、品质、意志和能力的不懈追求。

(五)重在参与

体育是人民最广泛参加的运动。奥运会的名言是"参与比取胜更重要"。这是顾拜旦于1908年7月24日在伦敦第四届奥运会期间,在英国政府举行的招待宴会上发表讲话时引用宾夕法尼亚主教的一段话:"对奥林匹克运动会来说,参与比取胜更重要。"顾拜旦解释其含义为:"正如生活中最重要的不是胜利,而是斗争;不是征服,而是奋力拼搏。"参与与取胜是辩证统一的关系,没有参与就谈不上取胜,所以参与是取胜的基础。而参与就是要怀着"更快、更高、更强"的目标去奋进,努力争取胜利,这才真正符合奥林匹克精神。正是由于"参与"精神所起的作用,大量民众参与奥林匹克运动,不同年龄和性别的人们都去进行体育锻炼,其意义才能大大超出竞技体育的范围,奥林匹克运动才能发展到今天这样的规模。

本章参考文献

[1] 程一辉:《东西方体育文化的差异及其在学校体育教育中的运用》,《上海体

育学院学报》,2004 年第 2 期。
[2] 谷枫等:《中国传统体育文化与西方体育文化的比较研究》,《安徽体育科技》,2003 年第 4 期。
[3] 何振梁:《奥林匹克运动的普遍价值与多文化世界》,《体育文化导刊》,2002 年第 2 期。
[4] 黄珺、陈正富:《对现代体育精神的诠释》,《体育文化导刊》,2005 年第 6 期。
[5] 姜钊:《中国体育文化与西方体育文化的比较》,《广西民族学院学报(自然科学版)》,2002 年第 2 期。
[6] 孔繁敏等:《奥林匹克文化研究》,人民体育出版社,2005 年。
[7] 卢元镇:《中国体育社会学》,北京体育大学出版社,2000 年。
[8] 茹秀英、王揖涛:《新中国 50 年来中西方体育文化冲突与融合的历史透视及原因剖析》,《天津体育学院学报》,2003 年第 3 期。
[9] 董昭岗、孙麒麟、周宁:《人文体育:体育演绎的文化》,中国海关出版社,2002 年。
[10] 谢惠蓉:《中国传统体育文化与现代体育精神的契合》,《山东体育学院学报》,1999 年第 3 期。
[11] 岳游松:《关于中国体育文化研究的现状分析》,华中师范大学硕士学位论文,2004 年。

第五章
体育与教育

如果追根溯源的话,在我们的祖先那里体育就是教育的一部分,它承载着教育的大部分使命,是社会教化的一部分。本章主要讨论教育与体育的关系问题,认识两者之间关系的历史沿革并通过中国和欧美国家体育教育思想的回顾对体育的教育功能进行分析。

第一节 现代教育制度与体育

当今社会,体育有着巨大的经济和政治意义,但它最直接的社会意义还在于教育方面。体育作为培养和教育人的必要手段历来都是教育的重要组成部分。如今,现代体育虽然已成为一个独立的社会生活领域和社会活动形式,但它仍和教育相互交错、相互渗透和相互作用。

一、教育与体育关系的历史变迁

原始社会时期,处于萌芽状态的教育与体育之间没有严格的界限。原始人类传授生产和生活技能的教育目的,往往是通过身体活动的方式去实现的。教育与体育的原始形式在一个统一体内(薛岚,2000)。这也就是说人类早期的体育是一种生活体育,往往融合在舞蹈、武术、游戏、宗教中,同样原始先民的教育也是一种生活教育,教育的内容与原始社会生活的需要相适应。作为一种生活教育是年轻人必须接受的人类社会有目的、有意识的教育过程。如果没有年长者对年轻人的影响、传授、教育,年轻一代就难以适应人类社会特有的正常生活。与之不同的是,现代教育是一种完善人的教育,这是一个过程化的概念。可见,早期的教育更大程度上是一种生活、生存教育,与以完善人为目的的现代教育之间有着很大的差距。

早期的体育文化更多的是以生活教育为目的。游戏体育发展个体的体力和技能,并在调节群体成员间的社会关系中发挥了重要作用;军事竞技表现了国家的威胁力,保护了国家与部族的安全等。人类早期的教育和体育都是围绕生活而展开的,它们既表现和反映生活的内容,又通过古代社会生活作用于人类的生存、进化和发展等,这就是文化对人的作用。早期教育更大程度上偏重于对人的有意识、有目的的社会性教育,使每一个个体更能适应人类社会特有的生活方式。体育更多地侧重于人的技能和体格的发展,直接为人适应自然环境、生活环境、社会环境服务。当然,两者间的区别也不是绝对的,教育常有包罗体育教育的趋势,不少学者在研究早期教育时认为早期的教育是"大教育"的概念,"大教育"的概念可以包容一切社会教育现象。学校教育是社会发展的产物,随着社会生产力的发展,社会财富开始出现积累,学校才开始萌芽,一部分人成为专职的教育人员后,学校教育的概念开始形成,并成为社会培养人才的主要手段和方法。随着学校教育对社会产生的影响越来越大,在更多时候学校教育被人们理解为"大教育"(董昭岗等,2002)。

学校教育的出现和发展,使体育和教育的关系也发生了演变。学校是从事教育的专门机构,教育的目的和培养人的要求,会随着统治阶级的意志而改变。在奴隶社会中,为了镇压奴隶的反抗,维护奴隶主的统治,为合并弱小民族或防备邻国侵袭,统治阶级崇尚武力,因此通过学校教育中的体育教育来实现对贵族子弟的尚武教育和身体训练,这也使得学校教育中体育的地位很高。中国夏、商和西周时期的教育要把贵族子弟培养成为具有贵族政治道德和军事技能的未来统治者,"六艺"是当时主要的教育内容,其中的射、御属于体育,乐也有体育的因素。在西方古斯巴达人以兵营为教育训练青年的场所,最主要的课程就是角力、赛球、作战游戏等。但在中国的历史进入到春秋战国之后,由于士大夫阶级的形成,重智主义倾向的影响,体育教育在学校教育中几乎不再存在。在漫长的封建社会里,受汉文化影响的东亚地区,学校教育中很少有真正意义上的体育教育,在学校的教学活动中仅出现少量的课余游戏活动。古希腊特殊的社会文化氛围,使体育文化与教育的关系有别于东方国家。贵族和自由公民是希腊城邦的人口主体、社会文化主体,古希腊的教育也是在贵族和自由公民范围内实施的"全民教育",在全民教育实施的过程中,学校教育的概念和外延发生了扩张,趋向"大教育"的概念。因此,古希腊的学校体育教育中的"体育教育"更趋近于近现代意义上的学校教育。

在近代资产阶级登上历史舞台后,受到社会人文科学精神的影响,"三育(既体育、德育、智育)并重"的教育思想开始盛行,体育也逐渐成为一种独立的社会文化形态在学校教育中越来越受到重视,逐渐成为学校教育中不可缺少的部分。有"学校体育教学之父"之称的夸美纽斯就曾说过"健康的精神寓于健康的身体之中"。在近代社会中,特别是体育在学校教育中的地位得到世界上大多数国家的肯定后,体育教育就成为关心人的身心健康和优化人的生活方式及完善人的教育方式。

二、现代教育制度与体育

(一) 现代教育制度的特点

从教育学的角度来看,现代教育制度一般是指一个国家各种各类教育机构的体系,尤其以不同的教育形式划分了三种不同的教育制度的体系:正规的教育,即学校教育制度;非正规教育,或称学制外的教育;非正式的教育,即教育者和受教育者不确定的教育。从社会学的角度来看,教育制度是指为了满足社会成员之间传递文化科学知识、共同价值规范和发展人类智慧的需要而逐步建立起来的一套社会规范体系。制度化的教育是教育被纳入一定明确的规范体系的发展形式,它包含着教育行为的定型化和模式化以及受到制度的约束,使教育行为被认定合理和可期待性。制度化教育涉及教育主体的确定、教育对象相对稳定、系列化的传递活动以及相应的场所和设施等因素。教育包括三种形态:教育活动、教育制度和教育组织。

因而我们认为,教育是一种社会实践活动,现代教育制度本身是对文化传递和学习活动的制度化。教育首先是一种在人与人之间传递知识、培养德行的活动。作为一种具体的社会制度,教育制度是由社会机构建立起来为满足社会成员的教育需求的一整套教育活动的规范体系。如果说教育是培养人的一种社会活动,那么教育制度就是保障这种活动的一整套规范。但是如果这样的社会规范是有问题的,那么毋庸置疑社会的教育活动也会出现问题。

从人类社会发展到现在的历程看,教育最初是由和生产与社会生活融合在一起,到教育从生产和社会生活中分离出来而成为一个独立的社会过程。教育这一独立的社会过程的结构系统便是教育制度或学制。学制产生、发展和变化的过程正是教育这一独立社会过程结构系统的产生、发展和变化过程的表现。现代教育的发展,已使脱离生产和相对脱离社会生活的古代教育这一独立社会过程,重新回到和生产与社会生活密切地联系起来的轨道上,而且随着现代社会的发展,教育和其他社会生活过程的联系将越来越密切。它的未来发展将大有重新融合于生产和社会生活之中的势头。当然,这种融合远不是像原始社会中教育和生产与社会生活的那种融合,不是那种没有分化前的融合,而是教育这一独立社会过程与其他独立社会过程充分分化后在全新的条件下的密切结合。

(二) 现代教育制度下的体育教育

现代教育与社会生活的其他领域的融合越来越紧密,也使得现代教育越来越成为完善人的各方面能力的教育。现代体育教育作为现代教育制度中不可分割的部分,也承担起了重要的社会职能。

关于什么是体育教育,一些传统的观点认为:"体育教育是传授运动动作和发展人特有的身体素质,并保障针对性地发展以此为基础的能力的过程。"从体育教育的目的性来看,它是为人类身心健康与人的发展服务的,是人类对自身的创造,是人类改造自己的实践活动;体育教育以身体锻炼为基本手段(席焕久,2002)。今天,体育教育已经突破了传统意义上对人的身体的训练,更强调一种身心的和谐、人的全面发展。美国学者海尔森提出的"体育教学的社会责任模式"理论中认为:体育教育要培养孩子怎样对自己和社会负责。这个理论模式适用于城市儿童,因为在美国的大城市的不少孩子存在社会问题。海尔森的"体育教学的社会责任模式"就是吸引孩子参加体育活动,从而改变他们的行为模式,成长为对社会有用的人(董昭岗等,2002)。在中国的城市中的孩子同样也存在许多的问题,这一点我们将在下面有所讨论。就此我们认为,现代体育教育首先是关心人的健康的教育,关心人的健康的观念的形成,现代体育教育也同样关心人的个性的养成和体育精神的传承,并且可以为体育精神的传承和为个体的相互沟通提供一个良好的沟通渠道。

在现代教育制度下的教育的内涵已经远远不止于学校教育,因此我们不能把体育或体育教育仅仅理解为学校教育的组成部分。现代教育还包括成人教育、终身教育和业余教育等。现代教育的完整体系和各种功能已远远超过学校教育的范畴,成为全社会的需要、全民的需要。体育教育将依赖以学校教育为核心的全社会的各种力量的互动和密切的结合。传统的"小体育"正向现代的"大体育"的概念转变。体育的作用也将越来越受到重视。

在这其中学校教育仍然是体育教育最重要的实施方式,学校教育是联系体育与教育的重要纽带,通过学校教育模塑出适合时代发展需要的体育价值观、体育伦理观等,灌输现代文化对体育文化的评价体系和评价标准,提高大众对体育文化的评价能力、欣赏能力等。

三、中国现代体育教育

(一) 中国现代体育教育思想的演变

在漫长的封建社会里,中国没有真正意义上的学校,也就没有真正的学校体育教育。直到19世纪初,中国从西洋"引入"了学校,体育也随即成为一门学校的课程进入到中国的学校之中。1903年清政府颁布《奏定学堂章程》，规定"西洋体育"成为学校的课程。只是那个时候并不称为"体育课"，而是叫作"体操课"。而实际上当时在各级学校开设的体操课，主要是仿效日、德，开展以兵式体操和普通体操为主的教学，推行的是军国民体育思想。在第一次世界大战后，由于受到资产阶级民主革命思潮与"五四"新文化运动的冲击，军国民体育思想急剧衰落，我国的学校体育教育开始转向学习欧美，崇尚自然主义和实用主义的体育思想。学校体育有了田径、球类、游戏等近代体育项目。但是由于自然主义的体育信奉"生物本能说"，它忽视了体质的增强，而只是将其看成是自然的"副产品"，是附带或次要的任务。在抗日战争全面爆发后，我国学校体育推行的是一种战时体育思想，主张国术、军事、体育三位一体，实际上推行了一种民主主义体育思想（蒋志华，2005）。

20世纪50年代我国向苏联学习，主要推行运动教育思想。在50年代末到60年代中，建立自己的体育教育体系的努力由于"文化大革命"的爆发而中途夭折。在"文化大革命"期间，曾出现过"劳动代替体育"和"军事代替体育"的思潮。在"文化大革命"之后的70年代，由于学生体质严重下降，体质教育思想应运而生。到80年代，由于"三维体育观"的问世，体质教育思想受到了严峻的挑战。在改革开放后，掉过头来再学英、美和日本。随后由于反对资产阶级自由化，再折回头学苏联、学东欧。在东欧剧变和苏联解体后，顿时失去了明确的学习方向。

我国学校体育思想长期受到政治因素影响处于变动的状态亦影响了学校体育教育实践的开展，不仅很难让学生在体育运动中获益，也影响了对体育本身的认识。

在20世纪90年代之后，我国体育教育思想出现了各种思潮，有从身体锻炼、情感培养及长远发展等各方面提出的教育理念。直到1999年，中共中央、国务院《关于深化教育改革全面推进素质教育的决定》提出："学校教育要树立健康第一的指导思想"，似乎中国的学校体育教育才有了一个比较权威和统一的指导思想。但是这一思想仍受到了许多的质疑，身体的健康似乎只是体育教育的一种基础，体育教育可以作为教育的一种方式发挥更大的作用。因此，有人提出终身体育、快乐体育和成功体育等思想（赖天德、于述平，2003）。

（二）中国学校体育教育面临的问题

我们在对学校体育教育的调查中经常会看到这样的情况发生：课表上明明写着体育课的时间，孩子们却坐在教室里上着英语课，而这时晴空万里，没有任何影响体育运动的天气状况发生;体育课上老师只在最初的几分钟列队整理,接下去就让孩子们自己打发时间,男孩子们有时还能自己运动一下,但很多女孩子就坐着或闲聊来打发剩余的时间。国内学校中体育运动的参与程度是非常之低的。孩子们对体育活动的热情可以说根本就没有。为数很少的体育特色学校的存在也不能对这种状况改变多少,因为在这些学校中除了那些固定参加运动项目训练的孩子之外,其他人的参与率仍非常之低,而这些孩子也仅能接受到一些体育技能的培训,他们的目标是在各种比赛中为学校或区县争取荣誉,因而在对他们的训练中很少有对体育精神的培育。国内学校的这种情况并没有受到家长们的非议,他们似乎认为体育课上不让孩子们运动能使他们的处境更安全。孩子们由于得不到家庭和学校的有效支持,他们根本享受不到参加体育运动的乐趣,也无法通过参与体育运动与其他人建立良好的社会联系。我们不得不说目前在中国的各类学校中体育运动面临着越来越尴尬的处境。目前学校体育所表现出来的各项问题,主要是受到了国内中小学教育中应试教育的严重影响,《学校体育学》一书将这种影响的表现归为以下几个方面(周登嵩,2005):

(1) 作为英才教育的应试教育,以升学考试为目的,以升学率作为教育评价的根本依据。它反映在学校体育中就是,只抓学校体育代表队的少数尖子运动员,以在各级运动会上夺取锦标为主要目的,以获得奖牌、冠军多寡作为评价学校体育工作的主要依据。忽视全体学生体育教学和课余体育工作的开展及体育素质的提高。

(2) 应试教育只使用应付考试的一种模式来教育学生,忽视学生的个人兴趣、爱好、特长的培养,压抑学生个性的发展。在学校体育教育中片面强调所谓社会的需要和统一的要求,采用一个大纲、一个规格和"一刀切"的模式来对待学校体育工作和学生的体育学习,忽视甚至压抑学生的体育兴趣与体育特长的发展。

(3) 应试教育是智育至上、知识中心。在智育教育中为了应付考试只强调知识的记忆和死背,忽视学生能力的发展。在学校的体育教育中也只以传授竞技运动技术为中心,以技评达标为目的,甚至有些学校完全不开展体育运动,忽视全面锻炼学生的身体,忽视体育知识和健身方法的学习及终身体育意识与能力的培养。

除了以上的几点之外,另外两点也同样应该为学校体育教育的缺失负责任。

一方面,20世纪50年代和60年代初形成的以业余体校、运动技术学校、优秀运动队为基础的三级训练网络的建立以及运动员、教练员等级制度的完善,使得竞技体育的地位得到了完全的巩固,并且确立了"举国体制"的基本框架。在

70年代末至80年代,随着国家一系列体育政策的出台,"举国体制"走向了成熟,并从80年代后发挥威力,在奥运会及各大国际比赛上摘金夺银(尹海立,2005),一举成为体育大国和强国,而正是对于竞技体育的过分强调使得绝大部分的体育资源向各种专业运动院校集中,普通学校几乎得不到有益的体育资源,投资相对不足造成场地拥挤、设备简陋、师资力量不足等,这些问题在今天教育事业得到迅速发展及学校规模日益扩大时仍没有得到有效的解决;另外许多人也只是把体育看成是可以观看而不会参与的活动或者看成是一种装点门面的事情,这也使得体育的教育功能长期受到忽视。

另一方面,由于中国传统文化的负面影响并没有得到全面的消除,体育活动的开展与否并不是大家特别关注的事情。加之中国受独生子女的因素的影响,孩子成为家庭中众多成员的保护对象,家长们唯恐孩子在体育运动中意外受伤而很少有支持他们参加体育运动的。但在中国社会中,体育运动仍在通过其他的途径向孩子们实施着影响,然而这些影响的作用却不是完全正面的,因而我们对家庭和学校作为支持孩子们参加体育运动的影响因素的缺失感到非常的不安。国内外的许多研究都已经表明家庭和学校对于孩子参加体育运动的重要的作用,通过支持孩子们参加体育运动可以让他们养成良好的运动习惯以及培养与人接触交往的能力。关于这一点我们在下一节中会详细地讨论。

四、英美现代体育教育

大部分的研究者认为有组织的现代体育运动最早出现在19世纪英国的私立学校。在当时体育运动被认为有塑造性格的作用而成为学校课程的一个组成部分。特别是那些团队性质的运动如板球和橄榄球等,人们认为其可以塑造一种"男子"气概,如对团队的忠诚、强健的体格和自信的品质。19世纪80年代对竞技体育的崇尚使得每周定期或每天参加体育运动成为一种惯例。这种对身体的训练成为英国寄宿制学校的一项内容,促使男孩子们将自己视为社会精英并为将来成为领导人做好准备。大英帝国通过向殖民地国家推行某些体育运动来实现殖民统治,基督教徒将体育运动的殖民化看作是基督教运动的基础,并且有助于那些殖民国家成为大英帝国的一部分。在英国同时代的小说中也建构了这样的观念"体育运动可以塑造性格",至少对男孩子是如此的。

在女子私立学校中,体育运动也是她们课程的一部分。维多利亚时代的医学理论认为女性的体能是有限的,这种体能需要保存在青春期作为发展生殖器官之用,所以如果接受严格的智力和体力的训练可能会对她们的身体成熟和将来的生育造成损害,适度的身体运动有助于女孩子的道德素养的养成并帮助她们成为"健康的"母亲和生育体力、智力都健全的孩子。

与英国的情况相似,在美国学校的体育教育也被认为主要是男性从事的活动,虽然也有人强调体育运动对女性道德和体力的发展同样重要,适度的体育运动可以令一个体弱的女孩成为一个健康的母亲。

对体育可以塑造性格的思想的推崇使得体育运动成为美国教育中的一个重要的因素,这种推崇得益于对移民孩子的社会化问题的关心。操场运动的发展成为解决城市化和移民对美国的传统价值观造成的冲击的一种方法。通过在运动场和体育馆的有成人指导的和有组织的体育运动的发展可以减少移民所生存的城市环境对他们造成的不良影响。这些运动可以减少年轻人的越轨行为,形成某种道德感并且使他们摆脱本民族文化的影响实现"美国化"。在20世纪20年代,美国人始终确信团队运动对于促进民族和谐、体能的发展、道德的形成、心理的稳定以及社交能力都是至关重要的。在20年代以后,几乎美国所有的学校都设立了体育课程。参加体育运动可以塑造性格的思想令体育与教育有了紧密的联系。但是现当代的一些体育社会学家们对这种思想提出了质疑,一些研究表明体育运动的参加并不能使得参与者的社会发展或性格有所改变,关于这一点我们也将在下文有所讨论。

第二节　体育与人的社会化

体育与社会化的问题始终是一个富有争议的热门话题,在上文对中国和英美等国家的体育教育的回顾中,我们也发现体育也承载了除锻炼身体之外的其他的社会功能,所以我们对于参加体育运动是否会影响个人生活的其他方面有所影响的问题有着浓厚的兴趣。它会为个体的生活带来什么？它是否会对个体的性格、关系、职业以及他们的行为有所影响呢？

对于这些问题,许多从事体育社会学以及体育学的学者们进行了各种研究,但是由于他们用于指导研究的理论的不一致,他们的答案显然并不可能取得完全的相同。但这也可能为我们能全面看待体育与社会化的关系提供比较充足的资料。

一、体育与人的社会化

人的社会化既是一个很有争议的话题,又是众多学科共同研究的对象。围绕这个概念,所要探讨的是个体如何适应社会要求,如何参与、影响乃至改造社会的问题。在现实生活中,社会化是一个终身的过程,是一个人走向群体、进入社会、理解并认同社会规范及社会制度、参与社会生活、逐渐成为社会合格成员的过程。在对此的研究中,不同的研究者用不同的社会化的理论框架来进行研究,因此他们的研究都各有侧重,有不同的研究关注点。

(一) 功能主义的社会化理论

当人们采用功能主义理论指导研究时,他们将社会化定义为这样一个过程:人们,尤其是年轻人,被社会加以模式化或塑造,以使他们适应社会并促进社会运作(杰·科克利,2003)。在 20 世纪 70 年代的美国体育社会学的研究中广泛地采用了这一定义。功能主义的社会化理论强调的是一种内化模式。涂尔干认为,社会的道德规范和理想是先于个人而存在的,它对于个人而言是一种外在的约束作用,并且能塑造人们的各种思想意识。学习和掌握社会的道德规范和理想,是一个人进入社会、适应社会生活的必要条件。功能主义的另一位代表人物帕森斯的社会化理论则主要表现在关于人格系统的观点和角色的形成方面。根据帕森斯的观点,社会系统的存在必须依靠文化系统和人格系统进行支持。但人格系统的生存需要和安全需要以及文化系统的再生产也需要社会系统给予一定的保证。社会系统通过对由于资源稀缺、行动者之间的冲突和由此造成的分裂行为的控制来实现对人格和文化系统的支持和保证。社会化和制度化是实现控制的两种基本形式。因此,社会化实际上是一种手段,通过这种手段把社会的文化价值观念和其他文化模式内化于人格系统中。正是通过社会化的过程,行动者才愿意遵守规范,按照一定的要求进行互动。另一方面他认为,个人的角色也是通过个体自我与他人之间的社会关系中内化而形成的。这也就是说,个体的人格和角色只是反应性地内化他们生活于其中的社会规则和角色模式。

运用功能主义理论来研究社会化的学者往往关注:① 被社会化的人的特征;② 从事社会化的人和社会设置;③ 社会化的具体后果。在关于体育运动与社会化的研究中,研究者关注的是参加体育运动的个体接受社会化的情况。而进行社会化的机构或社会设置是学校、家庭、媒体、政府以及体育运动本身。功能主义者对社会化的后果倾注了大量的研究兴趣,他们经常研究是什么因素促进人们参加体育运动,参与体育运动怎样使得年轻人更好地适应社会(杰·科克利,2003)。

(二) 冲突主义的社会化理论

在大量使用冲突理论来研究社会化的学者看来,冲突是一种不利于社会化的过程,他们和功能主义者一样,将社会化看成一种个体被动地由经济力量来塑造的过程,在这个过程中人们成为温顺的工人,成为商品和服务的急切的消费者。这一方法的研究者经常关注体育运动中的性别主义、种族主义的倾向;来自低收入和工人阶级背景的个人如何只能获得很少的机会来参加体育运动;运动员如何成为为利益所驱动而不惜一切代价牟利的体育机制的牺牲品以及掌握权力的人们怎样控制体育运动来获得他们所需要的利益。在这些研究中,研究者强调精英群体如何采用高压或专制方式来控制体育运动。

而关于冲突对于社会化的建设性作用却很少被人提起。从经验和实践中我们可以知道,个人对于一定社会群体的认同是社会化的十分重要的环节和部分,而对社会群体的认同从某种意义上说,与对自身群体成员资格的意识以及对群体边界的认识是同一的。科塞认为:"冲突有助于建立和维持它与周围其他群体之间的界限","与外群体的冲突,可以对群体身份的建立和重新肯定作出贡献"(L. 科塞,1989)。因此,在这个意义上,社会群体之间的冲突恰恰有利于人们认识自己群体与其他群体之间的界限,进而有助于人们形成自己的群体意识。另一方面,在群体内部的冲突也具有一种所谓"安全阀"的作用。特别是处于一定控制下的冲突,可以为群体成员提供发表不同意见和发泄的途径,而这些意见和不满的发泄具有可以在一定意义上维护群体的存在与"清洁空气"的作用。而且,群体内部的一定的冲突还可以有助于不断消除群体成员之间非基本利益方面的分歧,使成员之间的关系变得更为协调,使群体更为巩固。而且群体内部的冲突也可能扩大,冲突可以成为一种激发器,使冲突各方面结合在一起,甚至使过去没有关系的双方联系起来,在各种各样的冲突中社会的公共组织得以建立起来。冲突理论关于社会化的这个方面在过去的研究中始终没有得到应有的重视,因此,关于体育运动团体内部以及团体之间的冲突关系对于年轻人的影响应该是一个十分值得研究的方面,而冲突促使社会化范围扩大的这一理论更接近于社会化理论中的互动学说。

(三)互动的社会化理论

互动理论认为社会化是个人主动学习和能动调适的统一过程。个人在社会中与他人互动,熟悉自己所处的社会,并且形成自我意识时,这就是社会化的过程。当然个人并不是社会化过程中被动的学习者。他们参与到与他人之间的意义复杂的互动之中,通过对所获得的信息的反思作出接受或拒绝或是修改的决定,按照最积极的一种结果来确定自己的行为方向;他们也影响那些对他们施加影响的人。因而社会化并不是一个单向度塑造人的过程,而是人们之间通过互动来积极塑造自己生活和周围世界的过程。梅尔泽等人对此的总结就是：社会本身是人的行为建构出来的,他们积极地推动了社会限制的形成发展,而这些社会限制将被置于他们的行为之上,所以说,人的行为不是朝着一个预定结果单线展开的过程,而是一个积极建构的过程,人们借此努力"弄懂"他人的社会环境和物质环境。这种"弄懂"的过程会以思想的形式被内化：思考是内在于个体的问题解决过程,但这个过程也具有个体之间互动的特征。因此,在思考中也会发生一种与自身的互动……对人的行为的任何理解要称得上完整的话,都必须清楚地意识到行动的这种隐秘维度,而不只是观察到公开的行为(马尔科姆·沃特斯,2000)。

建立在互动理论基础上的社会化理论与功能主义及冲突主义的理论有很大的区别,它强调了内化与调适的两大维度。在过去的研究中,研究者也经常发现个体并非完全被动接受社会化的情况,因此,这一理论成为目前研究社会化过程的理论中适用范围比较广的一种。

二、我们为什么参加体育运动

在人的社会化过程中,体育运动有着非常重要的作用,不论是作为内容还是作为手段,体育运动都是不可缺少的。美国社会心理学家海兰考曾提出："如果把体育运动忽然从世界上和人们的意识中消灭掉(这当然是不可能的),只要人的社会化过程不变,体育运动很快还会诞生,也许还会再造出形式与现在完全一样的体育运动。"

（一）影响参加体育运动的因素

关于我们何时参加体育运动、是什么影响我们参加体育运动的研究表明,根据功能主义理论的研究,我们认为参加体育运动至少与以下三点因素有关：一是他们的能力和特征；二是家庭、朋友对他们的影响；三是是否拥有参加体育运动并体验成功的机会(杰·科克利,2003)。

我们在研究中也发现,在儿童早期参加体育运动受到外在因素的影响是主要的。他们常常会因为家人的支持或者朋友的参与而去参加一项体育活动,但是这种参与的决定并不是一劳永逸的,当他们觉得自己并不适合参与或参与的某种条件发生变化时,他们也可能改变自己的决定。也就是说,儿童早期对体育运动的选择很大程度上受到与自己关系比较亲密的人的影响。但在他们的个性形成之后,他们也会用自己的方式对自己周围的世界作出回应,他们积极思考生活的其他方面与运动的适应关系,包括自我观念和对生活的追求,然后作出相应决定。

在孩子们持续参加体育运动并在这个过程中进行选择时,学校的体育教育也成为影响他们选择的一大因素。如果学校的体育教育并不能为他们提供有益的东西或使得他们感到参加体育运动的乐趣,就可能成为他们放弃体育运动的原因。

中国目前的学校体育教育,内容上缺乏系统性和科学性、教学方法上缺乏发展和创新、忽视学生在体育教育中的主体性、学校体育设施简陋,这些成为孩子们不喜欢参加学校的体育课以及课外活动的原因。

(二) 参加体育运动可以带来什么

1. 健康和良好的健身习惯

经常性地进行体育运动可以为我们带来健康的身体,可以使我们的心肺功能得到锻炼,增强力量和灵活性,并且能使身体的肌肉和脂肪的配比达到一个合理的程度。这三点对于孩子的长期或短期的身体健康都是非常关键的。在孩提时代就参与体育运动可以为在今后避免罹患某些疾病打下基础。在体育运动中,经常参与的孩子比那些不太参加体育运动的孩子受伤的可能性要小得多。一些研究也表明,经常性地参加体育运动有助于提高年轻人的学习成绩,这一结果与古希腊时代的观点"健康的心智来自健康的身体"不谋而合。研究也表明,那些较早就有参与体育运动习惯的人在之后的生活中也保持了良好的健身习惯,这可能是因为他们很早就懂得了"生命在于运动"的好处,而且体育运动也教会他们为什么运动是如此的重要,比如他们会在参与体育运动的过程中学习如何读脉搏,明白怎样的脉搏跳动频次是对保持身体的长期健康有利的。而且我们也可以将体格的健康与否看成是个体能否有效接受社会化的基础。

2. 人格和自尊的形成

体育运动对人的社会化作用首先是实现儿童自我和人格的形成。在体育运动中的人际互动能够使儿童在思维时把自己当作客体与其他事物区分开来加以想象和思考,这样自我就形成了。这就是美国著名的社会心理学家乔治·赫伯特·米德揭示的人类的自我(self)意识是在玩耍(play)和游戏(game)的过程中如何突创(emergence)出来的。米德用玩棒球的人的例子来说明儿童如何发展出自我以及"一般化的他人"的观念的:一个参加棒球运动的人,他自己的每一种活动,都是由他对所具有的这个球队的每一个人的态度控制的,这些人的态度至少可以影响他自己的特定反应。由参与同一过程的那些人的态度形成的组织就一种"一般化的他人"。通过思考这"一般化的他人"对他本人的态度,他就开始意识到他自己是一个对象或者一个个体,并且因而发展一种自我或者人格。

作为社会群体存在的棒球队对于儿童来说,它就是这种"一般化的他人"(乔治·米德,1999)。个体人格和自我的获得是社会化中非常重要的一环。人格通常是指一个人通过社会化而形成的观念、态度、性格与习惯等,是一个人比较稳定的生理、心理素质和行为特征的总和(刘豪兴,2003)。人格的获得是自我完善的首要条件。当然我们也可以通过其他的活动使得儿童对自我形成认识并获得人格,但是体育运动因其有群体性的特征可以更迅速地完成这一社会化的目标。研究表明,儿童最初参加体育运动通常是通过重要的社会关系得到支持。这种重要的社会关系许多就来自自己的家庭成员。父母对体育的热忱会直接影响到孩子对体育运动的兴趣,这种兴趣也可能使他或她较早形成自我的人格。但是我们的研究发现国内的很多家长并不选择让孩子们参加体育运动,而只是培养孩子所谓的琴棋书画的能力,这也令我们感到一些焦虑。长期静止的不运动不仅无法给孩子带来健康的身体,也不利于其个性的形成和发展。在调查中我们发现仍有一些家长会支持孩子参加一些体育运动,虽然这样的人数是相当少的。这些家长支持孩子的原因很多是因为孩子先天的身体条件较差,家长希望鼓励他们参加体育运动来增强他们的身体状况。虽然对孩子参加体育运动是否会影响学习这一点还存在着一些担忧,但是家长们也发现每天大运动量的训练却使得孩子有了更好的精力,与那些不参加体育运动的孩子相比,他们用更少的时间学习同样能取得较好的成绩。这样的例子可能不具有广泛性,但是参加体育运动的作用仍然不能让人小视。

3. 学会运动技能和社会规范

对于孩子们来讲,学习一种新的技能总是很有意思的事情。当他们学会某种新知识时也会令他们感到十分的自信。参加体育运动学会的运动技能成为他们今后生活中保持良好的健康状况的一种工具。所以我们是否应该考虑让孩子们尽量地多参加一些体育运动,多学习一些运动技能,因为不同的运动项目教会的是不同的运动技能。学习不同的运动技能可以使我们在将来的生活中选择多种可以参加的运动。而就是在学习运动的技能的过程中,孩子们也会熟悉体育运动的规范,学习并接受这种具有强制性质的规范,体现在游戏和运动中的规范能使人更乐于接受,而不会造成精神压力。这些早期的运动规范的教育,将成为孩子们成长中接受社会规范的基础,可以使他们深知规范是任何一项活动得以开展的基础。

4. 获得乐趣、培养健康的竞争意识及良好的人际关系

通过参加体育运动可以获得乐趣对孩子们来说是首要的原因,但一些成年人由于已经忘记了自己曾经从体育运动中获得了多少乐趣以及是如何获得的,

他们常常将成年人的成功标准加之于孩子的身上,认为不给孩子一些奖品之类的东西他们就不会参加体育运动,这实际上是错误的。孩子们在参加一些正式的有组织的体育运动之前很早就参与到一些非正式的运动中,这些运动可能是他们自发组织的并且并不能获得任何的奖励。他们参加体育运动只是为了与伙伴们一起度过一段快乐的时光,尝试着学习如何竞争和如何进行体育运动。

为了乐趣来参与的活动会使得参与者的心态更轻松,这也便于培养孩子们的公平的竞争意识,在运动中他们尽其所能,如果输了也能向胜利者表示祝贺,或者十分大方地接受自己的胜利,这也是良好的人际关系的基础。但是这种观念似乎已经不再得到人们的重视,人们强调的是胜利以及不惜一切代价地获得胜利。而健康的竞争意识并不是鼓励孩子们只以获得胜利作为标准,而是让他们懂得在规则的范围下通过自己的努力来赢得胜利。

(三) 关于体育运动的一些争论

面对如何才能让一个内向、拘谨的孩子的性格有所改变的问题,许多人会想到可以让他参与一项集体性质的活动,这自然也包括体育活动。在这个考虑下似乎隐含着参与体育运动会对参与者的性格、思维方式和行为有所影响的想法。这一看似言之凿凿的论点在今天也已经受到了质疑,人们只是简单地把体育与性格的塑造联系起来,而并没有看到其中真正的问题。事实上如果说体育运动特别是那些团体运动项目真的有塑造性格的作用,我们似乎可以立刻找到许多例子来驳斥这种说法。在十分强调团队合作的足球运动中,南美足球却始终给我们留下一些遗憾,在 2006 年的世界杯比赛中,世界排名第一和第三的巴西队和阿根廷队的球星似乎仍用对进球独占欲很强的方式进行着比赛,虽然他们的个人技术表演仍然很完美,但结果却令广大的球迷感到了遗憾;而且我们也总是会听说一些大牌的运动员在运动场外的负面新闻,这一切都足以让我们质疑体育运动到底能否塑造性格,美国科罗拉多大学著名社会学家杰伊·科克利在他的《体育社会学——议题和争议》一书中提出了五种因素,他认为是这五种因素中的一种或更多种,使得人们产生了体育运动塑造性格的信念(杰·科克利,2003)。

(1) 人们对那些成功的也就是运动场上有出色表现的运动员有一种近乎英雄主义崇拜的心理,把那些成功的运动员当成英雄而忽视了他们那些负面的信息。

(2) 人们对体育运动的选拔过程不甚了解。体育运动的选拔往往会使得具有某种性格特征的人留在运动团体中。一般缺少自信心的人是不会参加运动团体的,缺少某些教练看中的特质的人也同样不可能被选中。科克利用了篮球队员通常比其他人身材高大的例子,而我想举另外一个我们常常会看到的情况,那就是某些运动项目中"左撇子"特别多,我们也知道"左撇子"都是先天性的,显然不是因为运动的原因而造成的。教练选拔"左撇子"的选手,只是因为在对抗右手型的选手时,"左撇子"更会具有一些优势,所以他们得以在大浪淘沙中留下来。所以科克利认为性格特征也一样:体育运动为人们以新的方式利用性格特征提供了舞台。

(3) 人们往往用错误的"样本"来得出错误的结论,看到成功的运动员而实际上在这些成功者背后却有着大量的没有登上顶峰的人们,体育运动的机制同样也是一个金字塔的结构。

(4) 这一点便是我们在生活中常讲的那种话:"如果……,我可能……",但实际上生活没有假设,所以我们并不知道如果做出另一个选择情况会怎么样。同样当参加体育运动的年轻人的父母看到他们在体育运动中的表现时,并没有机会看到自己的孩子在非体育场合中的表现,所以他们经常得出孩子们在运动中表现出的性格是由于参加体育运动本身的结果的结论就不免令人生疑了。

(5) 媒体上的运动员的形象总是有见识而且自信的,但是我们并不知道这些运动员的知识和自信心在赛场外的其他生活领域中似乎也存在。

对于体育可以塑造性格的看法可能根植于某种深层的政治和文化因素,对于寻找来证明这一点的证据的研究始终都在进行,但我们不可否认,尤其是那些乐趣参与型的体育运动可以为参与者提供一个人与人相互交流的场所,通过参与,表达相互间的关心和支持,感受运动的乐趣并形成良好的人际交往的网络。从这点意义上讲,如果没有权力的不当干涉,学校体育教育完全可以为孩子们提供一个可以获得乐趣的体育运动的场所,在这个场所中,他们可以学习竞争与合作,培养获胜时的良好心态和对失败的承受能力以及对纪律和规则的服从和在制度约束下的自我能力的发挥。

第三节　体育的教育功能及其发展之路

正如我们在上文中所讨论的那样,参加体育运动不仅可以令一个孩子形成健康的体魄和良好的生活习惯,更重要的是提供了一个人际交往的场所,有助于自我的形成和发展以及对社会规范和制度的认识。体育教育不仅仅是对身体的训练,更重要的是它可以完成对个体的社会化的功能,对体育教育的功能认识的不足和偏颇都可以使得教育丧失一种有效的教化个体的方式和手段,而这正是中国体育教育发展时所要思考的一个问题,这样可以更有效地改善目前学校体育教育中的问题,为学校体育教育的发展开辟出一条新的发展之路。

一、体育与人的全面发展

在谈到教育时,许多先贤都没有忘记在德育、智育之外再加上一个体育,甚至认为体育应该在这两者之前。古希腊哲学家亚里士多德就认为,儿童的身体训练应在智力训练之前,按照体、德、智这样的顺序。在西方的思想史上似乎从来就不缺少视体育为教育的重要组成部分的思想家。英国哲学家洛克始终坚决反对上流社会对儿童的娇生惯养,主张儿童从小就应该锻炼身体,培养忍耐劳苦的精神。健康的身体是培养绅士精神的基础。卢梭也在《爱弥尔》一书中强调通过恰当的教育,使儿童的身心得以顺利发展。

马克思在谈到资本主义条件下对青少年一代的教育时指出:"我们把教育理解为以下三件事:第一,智育;第二,体育,即体育学校和军事训练所传播的那种东西;第三,技术教育,这种教育要使儿童和少年了解生产各个过程的基本原理,同时使他们获得运用各种生产的最简单的工具的技能。"其次,关于体育在整个教育中的地位问题,在马克思主义经典著作中也有许多极为宝贵的见解。如恩格斯在《欧洲能否裁军》一文中指出,体育对青年的精神发展、对学生智慧眼界的扩展有相当重要的意义。体育属于教育的范畴,是教育不可缺少的组成部分,教育功能是体育的本质属性之一;体育不仅促进人类的形态的生长和机能的发育,形成健康而美的体格,而且通过身体教育促进体力、智力、情感、意志的发展,形成健全的人格,它是促进肉体和心灵双重发展的重要而关键的中介和桥梁(陈红星,2003)。

当代著名社会学家费孝通曾指出:"Fair Play、Sportsmanship、Teamwork 其实是人类社会赖以健全和发展的基本精神。体育运动的目的是通过实践来培养和锻炼这种基本精神。受过良好训练的人重要的是把这种精神贯彻到一个人的日常生活和工作中去,使他所处的社会能赖以健全和发展。"

教育是一个整体,只有全方位的教育才是顺其自然的教育,教育的内涵本身就包括了德育、智育、体育与美育的内容,它是不能被分解的。中国目前的学校教育沿袭了 20 世纪 50 年代学习苏联的专才的培养模式,使得教育的几方面被严重地割裂,普通学校对智育的过分强调和对体育的严重忽视只能将学生培养成只会读书的"书虫"或是身体极差的"病秧子"。而专业的体育运动学校只专注于运动员的专业训练,长期的、集中的专门化训练完全忽视对个体的其他方面的教育,从而培养出"头脑简单、四肢发达"的个体。这样的教育方式都是有悖于教育发展规律的,问题的出现也在所难免。

马斯洛在其《自我实现的人》一书中认为,体育是一种高峰体验,"高峰体验是一种如矢在弦、跃跃欲试的状态,一种最高的竞技状态。它超越了支配、服从的两极分化,既以人类的渺小虚弱为欢乐,又以人类的伟大力量为欢乐。它有一种凯旋的特性,又有解脱的性灵。它既是成熟的,又是童真的。它促使人产生一种'世界何等美好'的感悟,又导致一种为这个世界行善的冲动,一种回报的渴望,一种责任感,它使人将高傲的英雄与谦卑的奴仆合为一体"。所以席勒说:"人只有在游戏中,人才是完整的人。"可见,体育是人类在对自由的追寻中实现人的本质,从而实现以人为本的各方面教育内容的。

二、体教结合——中国体育教育的发展之路

在回顾中国的近现代体育发展历史中,我们特别提到了竞技体育的发展特别是举国体制对于普通学校的体育教育的影响。除此以外,这种只以体育成绩作为唯一的标准的体育运动只训练了个体的体育竞技的技能而完全忽视了个体发展的其他方面的需要。我们看重的是国家或地方的利益,而缺少对运动员的个体利益、人生价值的考虑,缺少对运动员的终极人文关怀;竞技体育的发展模式,夺标、夺金的途径是建立在牺牲大多数、成就极少数、舍弃人的全面发展、追求单一的竞技成绩的基础之上的,同时也影响到体育运动学校的办学思想和模式;重体育训练,轻文化学习;重比赛成绩,轻全面素质;重学校眼前利益,轻多数学生前途(张志荣,2005)。竞技体育的发展模式是国家在经济基础相对比较落后时期的一种政治工具,在今天的中国社会中已经渐渐失去了它原有的作用,而它对个体发展的负面作用也就显得越发清晰了。这种竞技体育的发展模式不仅令普通学校得不到应有的体育教育的资源和动力,也令从事竞技体育运动训练的学生个体得不到应有的发展,为了实现竞技体育的可持续发展以及提高普通学校的体育教育水平,我们有必要改变目前的体育运动学校的发展模式,改变运动员的选拔培养途径和方式以及改变目前普通学校的体育教育的状况,实现体育运动学校和普通学校教育资源的优势互补。

中国奥委会名誉主席何振梁曾经说过:失去体育的教育不完整,失去教育的体育将走向歧途。这两者的结合正是所谓的体教结合,体教结合是指教育系统依靠自己的资源优势,培养高水平运动队和竞技、学习俱佳的大学生运动员。美国等体育发达国家,学校是培养高水平运动员的主渠道之一。在美国的大中学校中从事竞技运动的学生是非常多的,但他们中只有很少一部分人最终会走上竞争激烈的职业体育生涯,绝大多数学生是通过从事竞技体育运动来谋求升

学、接受教育、强身健体和休闲娱乐的。

在国外,参加大学生运动会的运动员都是真正意义上的大学生。以加拿大的游泳队为例,他们的队员都是全职大学生,都是通过正规的渠道考试进入大学的。考试通不过,则不会被招。在加拿大,有 40 所大学有游泳队,共约 2 000 名游泳运动员。这些大学都是学术成就较高的,对学生的要求也严格,不存在不通过入学考试或降低很多标准去招收学生的情况。另外,俱乐部也是加拿大培养运动员的渠道。加拿大有 360 个左右的游泳俱乐部,每个在俱乐部注册的运动员每年交纳 3 000 加拿大元,作为接受训练和使用场地的费用。当然,如果俱乐部觉得某人有培养的价值,就可以免去他的费用。即使是学生运动员,因为参加世界性比赛而耽误了课程,每个学期仍必须修满一定的学时。在参加考试上,他们与普通学生的标准一样,不会受到特殊照顾,即便他是奥运冠军或世界冠军也不行。在美国、日本的情况也和加拿大很相似。

在我国,体教结合从 1987 年推出到今天也有近 20 年的时间,我们在世界大学生运动会上看到的"眼镜飞人"胡凯正是体教结合的真正的"产物"。这也说明这一模式正发挥出其所具有的优势。另一则比较成功的体教结合的事例便是清华大学的射击队。1999 年 10 月,为了贯彻国家"全民健身计划"和"奥运争光计划",清华大学和国家射击射箭管理中心共同约定:由国家射击射箭运动管理中心全力支持和帮助清华大学建设高水平射击队,并将清华大学射击队作为试点纳入国家射击集训队管理体系;而清华大学则充分发挥教育优势,帮助国家射击射箭运动管理中心提高教练员、科研及管理人员的综合素质,并借助其多学科综合科研优势,为国家射击运动技术水平提高提供必要的科技支持,提高运动项目的科学训练水平。同时,双方商定将通力合作,为竞技运动在我国大学生中的普及和提高做出积极的贡献。在这几年的发展中,清华大学的射击队获得了非常出色的成绩,甚至有两位从来没有摸过枪的清华附中的学生在经过一年左右的训练后,在各级比赛中夺得了令人瞩目的成绩,达到了国家一级运动员的标准。而在以前培养这样一名选手的时间至少需要 2—3 年的时间。与此同时,射击队队员的学习成绩也始终保持在不断进步的良好状态中。学校并没有因为他们要参加训练而降低学习上的要求。他们中的许多人都十分珍惜来之不易的机会,学会了如何正确处理训练与学习的关系,有些队员甚至靠自己的努力考上了研究生。在清华这样一个优秀学生汇集的校园中,这样的成绩是十分可贵的,也充分证明了体教结合的力量。

我们所看到的清华的模式可以说是一种成功的体教结合模式,但是由于限制体教结合发展的体制与机制的因素始终存在着,其在这 20 年中的发展可以说是步履维艰,起色不大,体育部门和教育部门相互分离、自成一体使得体教结合始终无法深化发展。自 1986 年国家教委、国家体委全面启动"学校业余体育训练,培养高水平学生运动员试点学校"以来,教育部门大力发展高水平运动试点高校、中学,体育部门大力发展体育传统项目学校,国家高水平体育后备人才基地。两部门自顾自建立本部门各自的人才培养体系:一条是教育部门利用降分特招等政策自办学校高水平运动队,组织系统内的运动训练与竞赛,形成了体育后备人才试点小学→优秀体育后备人才试点中学→高水平运动队试点大学的"一条龙"业余训练体系;另一条是体育部门利用单招等特殊政策自办以中专为主体向两头延伸的各级学校,形成了体育传统学校,即业余体校(小学、中学部)→体育运动学校(中专)→运动技术学院或进修学院(全日制、成人)大专的"一条龙"教育体系。两个体系各有缺陷,教育部门的体系中奇缺有经验的教练员、必要的医务监督、营养保障和完善的竞赛组织系统,相对培养运动员的难点较大;体育部门的体系中缺乏良好的文化教育环境,学生接触的都是清一色练体育的孩子,与社会交往较少,不利于学生多元化发展。20 年来,两个部门的独立运作使得体教结合并没有如当初的规划那般共同培养体育人才,也使得许多优秀的体育运动员在选择进入哪个系统时比较茫然。为了尽快将体教结合的优势发挥出来,体育部门和教育部门要尽快实现真正的、实质性的结合(郑婕、陈志伟,2006)。学校办高水平的体育运动队吸收高水平的体育运动员,使他们接受正规的教育的同时也不能忽视大多数普通学生参加体育运动的需要。体教结合的真正使命应该是实现广大学生参与体育运动,在体育中得到身心的健康发展。学校的高水平的体育运动队可以将高水平的比赛带入到校园中来,吸引更多的学生参与观看,从欣赏高水平的赛事开始培养对体育运动的兴趣,营造良好的校园体育文化的氛围,实现将体育课的教学与学生的兴趣结合,从而发挥出体育教育所特有的功能。

本章参考文献

[1] 陈红星:《再论体育与教育的关系》,《四川体育科学》,2003 年第 6 期。

[2] 董昭岗、孙麒麟、周宁:《人文体育:体育演绎的文化》,中国海关出版社,2002 年。

[3] 蒋志华:《学校体育的历史轨迹及其与时俱进》,《南通纺织职业技术学院学报(综合版)》,2005 年第 3 期。

[4] 赖天德、于述平:《中国学校体育指导思想百年演进给我们的启示》,《中国

学校体育》,2003 年第 3 期。
[5] 刘豪兴:《社会学概论》,高等教育出版社,2003 年。
[6] 席焕久:《体育人类学》,北京体育大学出版社,2002 年。
[7] 薛岚:《体育素养导论》,科学出版社,2000 年。
[8] 尹海立:《竞技体育"举国体制"向"体教结合"模式转变的研究》,《吉林体育学院学报》,2005 年第 2 期。
[9] 张志荣:《我国体育运动学校体教结合发展模式探析》,《中国体育教练员》,2005 年第 4 期。
[10] 郑婕、陈志伟:《"体教结合"的内涵解析》,《成都体育学院学报》,2006 年第 1 期。
[11] 周登嵩:《学校体育学》,人民体育出版社,2005 年。
[12] [美]杰·科克利:《体育社会学——议题与争议》(第 6 版),管兵译,清华大学出版社,2003 年。
[13] [美]L. 科塞:《社会冲突的功能》,孙立平等译,华夏出版社,1989 年。
[14] [澳]马尔科姆·沃特斯:《现代社会学理论》,杨善华等译,华夏出版社,2000 年。
[15] [美]乔治·米德:《心灵、自我与社会》,霍桂桓译,华夏出版社,1999 年。

第六章
体育与传媒

大众传媒,指利用机械化、电子化等技术手段向不特定的多数人群传送信息的职业化传播机构(张国良,1998)。传统意义上共包括报纸、杂志、书籍、电影、广播和电视等六大传媒,后来随着现代通信技术的创新发达,数字电视、电子网络和互动手机等也被逐步纳入大众传媒的行列,并被称为"新媒介"。20世纪,大众传媒在全世界普及开来,甚至有人将这个世纪称为大众传播的时代,整个社会形态都受到了影响和改变。同时,20世纪也是现代体育发展的重要时期,无论是现代奥林匹克,还是各个单项体育组织,抑或是商业体育都得到了广泛的发展。在传媒业和体育业同时高速发展的过程中,大众传媒对于现代体育的推动和形塑作用是显著的。

体育社会学的主要理论视角和研究工具都来自社会学,同样的,我们在展开体育与传媒的研究之前,有必要来回顾那些讨论大众传播与媒体的社会理论,从中找到用来分析体育传播现象的理论和视角。从已有的社会理论来看,大众传播的正负双重功能是其最主要的特征,因此,在考察体育与传媒的关系中,两者的双向依赖与控制关系也将成为我们讨论的重点。下面,本章分别就主要的传媒理论、体育与传媒的双向关系以及中国体育媒体的发展现状来展开论述。

第一节 传媒研究的主要理论

一、经典的传播学理论

拉斯韦尔、勒温、拉扎斯菲尔德和霍夫兰四人被公认为是传播学的奠基人,而他们本身都具有社会学或社会心理学的知识背景。因此,早期的经典传播学理论与社会学关系密切,并且对今天的体育社会学研究仍有着重要的参考价值。

(一) 社会功能论

功能主义是经典社会学的主流学说,也对传播学产生了重要的影响。奠基人之一的拉斯韦尔在《传播的社会功能与结构》一文中,开创了著名的传播者(who)、信息(says what)、媒介(in what channel)、受众(to whom)和效果(with what effects)的5W传播模式,并提出大众传播具有"环境守望""社会协调"和"文化传递"的功能。后来,C. 赖特补充了"消遣娱乐"的功能,这就是后来逐渐成为传播学定论的大众传播的四功能说。

具体说来,环境守望指用"新闻"不断向整个社会及时报告环境的变动;社会协调指以"宣传"为手段和社会各团体和个人对环境采取一致的、有效的行动;文化传递是指通过"教育"使社会规范和知识等精神文化遗产代代相传;消遣娱乐是指借助"娱乐"使整个社会获得休息以保持活力。按照拉氏的原意,传播的功能在社会层次上是有区分的,传播的基本功能是"传授信息";其次是"应付环境"和"充实情绪"(次基本功能);然后是具体功能,可分为"了解"、"学习"、"调剂"(个人)、"决策"、"协调"、"调解"(组织),还可分为"守望(新闻)"、"协调(宣传)"、"传递(教育)"和"消遣(娱乐)"。显然,层次越高,功能划分越细。但"万变不离其宗"——无论划分出多少具体功能,它们都源自基本功能,即信息的传递(张国良,1995)。传播对于个人和社会的关系,前者的"学习"中的两个内容"规范"与"知识",就是与后者的"宣传"和"教育"对应的。因此,体育媒体的基本功能就是传递"体育信息",但是在四大功能中的具体体现是值得研究的,尤其是其"宣传"和"教育"的方式。

另一位传播学的奠基人拉扎斯菲尔德与著名功能主义社会学家默顿共同合作,完成了多项关于"大众传播的社会作用"的研究。他们提出,大众传播具有"社会地位授予""促进社会规范"和"社会麻醉"的三大功能。

社会地位授予,无论个人、组织和事件,一旦上"报"或登"台",即名扬天下;促进社会规范,凡违背社会规范、且坚持不改的"越轨"行为,一旦被媒体"曝光",就可望迅速、有效地得到制止;麻醉社会,与大众传播媒介的接触,耗费了现代人的大量时间,使之越来越疏于行动,却还沾沾自喜地误以为参与着社会实践过程。具体说来,就是把人变成丧失辨别力和顺从现状的单面人,导致审美情趣及文化素养的普遍平庸化,廉价占用人的自由与时间,使人处于虚幻的满足状态从而丧失行动能力。拉氏与默顿的"三功能说"的主要贡献在于明确提出了负功能的问题,这本身也是功能主义社会理论的重大进展之一。体育社会学在研究体育传媒时，必须要考虑到这些负功能：大众传播有利于文化的普及，但并不意味着体育文化的提高。

（二）社会控制论

美籍德国社会心理学家勒温是"把关人"理论的创立者，他原先的研究领域是"群体"与"个人"的关系和影响，后来着重涉及了群体传播对于个人及其所属群体的有关问题，最后解释了大众传媒对于群体以及群体间互动关系的影响，从中发现了"把关人"理论。把关人，就是在信息传播过程中的某些地方设置关卡，由专人负责把守。能否成为新闻以及以何种方式出现，均取决于把关人。"把关人"理论的贡献在于确立了通过"设置"，大众传播可以对社会有所控制，后来更为重要的"议题设置理论"就深受其影响。

霍夫兰也是从心理学角度切入传播学领域的，其采用的"控制实验法"后来成为重要的受众研究方法，而它采用控制实验法也揭示了大众传播的"有限效果论"，传媒对于个人的直接影响并没有我们想象的那么大，而是通过二级传播等其他形式，才形成对社会大众的全面影响。此外，霍夫兰还进行了著名的"传播与说服"研究，证明了媒体可以按照一定的策略来说服受众。

然而，首次完整解释传媒对于社会的控制机制的是李普曼的名著《舆论学》。按照李氏的见解，我们人类生活在两个环境里：一是现实环境，二是虚拟环境；相对于个人的意识体验就是"直接环境"和"间接环境"。李普曼认为，大众传媒的发展，导致现代社会中"虚拟环境"的比重越来越大，换言之，现代人和现实环境之间，插入了一个由大众传媒构筑出来的巨大的"虚拟环境"，或曰"媒介环境"。概言之，由于大众传播的普及、信息传播技术的飞速发展现代人的认识能力即"虚拟环境"大大扩张，与此同时，现代人对这种"虚拟环境"的验证能力则相对地大大缩小了。因此，当媒体"歪曲环境"时，人们无法验证，而且人们还将视之为"现实环境"而展开现实的行动。由此，大众媒体能够就可能起到控制社会的作用。

事实上，在体育与传媒的互动过程中，就曾经出现利用体育传播方式控制社会的事件，下文会有详细的分析。但是，我们在此可以明确的是，通过大众（体育）媒体，受众的情绪和认知都是可以受到控制的。

二、马克思主义批判理论

批判理论起源于欧洲大陆，是一套复杂的、多源头的和多学科的研究人类社会的方式。最具代表性的理论是著名的法兰克福学派，他们以马克思主义思想为基础,并对社会现实采用激进的批判态度。他们认为,社会理论必须在任何时候都具有解释性的、规范性的、实践性的和自我反思性(赵勇,2005)。在对现实社会的批判过程中,尤其是对资本主义制度的批判,大众传媒是其中重要的研究对象。

(一) 霸权理论

著名的意大利共产党人葛兰西是西方马克思主义思想发展的重要人物之一,其思想的核心就是霸权理论或称思想统治理论。该理论延续了马克思的主要观点,认为在任何时代,占统治地位的思想都是统治阶级的思想。但是,他并没有遵循经济基础决定意识形态的阶级倾向,而是着重研究意识形态本身,以及它的多种表达方式。葛兰西致力于探讨资本主义社会赖以生存的思想意识形态方面的原因,从中也强调了意识形态与大众传播的社会作用。

霸权理论认为,资本主义社会的统治阶级运用大众传媒宣传占统治地位的资产阶级思想意识,大众传媒对维护统治阶级的权力至关重要,而不是仅仅起辅助作用(Jay Coakley & Eric Dunning,2000)。霸权是意识形态的定性,指的是处于支配地位的集团迫使另一个集团把臣服作为典范来接受。但是,文化霸权并非一种简单的、赤裸裸的压迫和支配关系,而需要依赖被统治阶级某种自愿的赞同,依赖某种一致的舆论和意见的形成。也就是说,霸权是制造出来的赞同,而大众传媒就是制造这样认同的工具。因此,在体育社会学的研究中,我们必须对西方某些意识形态化的东西,通过体育传播的现象保持清醒的认识。

(二) 精英理论

美国最具有公共影响力的社会学家赖特·米尔斯在对大众社会进行批判的时候,专门论述了大众传媒是如何将"公众社会"推向"大众社会"的。在米尔斯看来,社会是受权力精英们支配的。随着政治、经济和军事三大力量的不断增长,不同领域的精英逐渐结成一个共同的精英阶层,而他们将各自的权力融合在一起,就控制了国家和社会的发展。其中,大众传媒是权力精英们所掌握的重要资源之一,尤其是随着媒体的普及和发达,社会"公众"逐渐沦丧和转变为"大众"(赖特·米尔斯,2004)。

米尔斯认为,公众社会的基本特征是这样的:有尽可能多的人表达意见的机会等同于倾听意见的机会;公众传播也是如此组织起来,以便可能即刻、有效地回击任何在公众场合表达出来的意见;易于以有效的行动找到一个宣泄口,即使反对——如果必要的话——主流权力系统;官方机构不会渗入进多少自主运作、自治的公众。但是,在权力精英的操纵下,媒体实际上将民众推向到一个大众社会里:表达意见的人要比倾听意见的人少得多,因为公众共同体变为从大众媒介接受印象的个体的抽象集合;流行的传播的组织形式使个体立刻回言或使其奏效很难、也不可能;大众没有任何权威,相反,权威机构渗入到大众中去,并尽量减少任何可能因讨论过程而形成的自治。

公众与大众是可以以他们主要的传播方式区分开来的:在公众共同体里,讨论是占支配地位的交流方式,而公众媒介如果存在的话,也完全是扩展和激励讨论,将原始的公众与其他讨论连接在一起。在大众社会里,占支配地位的传播方式是正式的媒介,公众仅仅是媒介市场,所有这些都暴露在特定的大众媒介的内容上。但是,事实是,权力精英为了维护自己的统治,必然渗透到大众传媒机构之中,有目的地传送这些利益共同体所需要传递给受众的信息,由此控制大众的价值观念。这种精英控制媒体从而影响社会形态的过程,也是值得体育社会学关注的。

(三) 法兰克福学派

法兰克福学派诞生了一批具有重大影响力的西方马克思主义学者,他们一方面对资本主义制度深表不满,另一方面又对马克思的"暴力革命"理论产生疑惑。对于资本主义社会中的大众传播体系,他们同样进行了深刻的思考和批判。他们认为,战后的资本主义社会已产生了根本性的变化,原先作为革命力量的无产阶级,由于受统治者(资产阶级)操纵的大众传媒的侵蚀,也失去了反抗精神,不再是革命的动力了。福利国家、意识形态和科学技术合谋,加强了对社会成员全面控制的力度。尤其是大众传播体系形塑的大众文化,通过向社会成员提供虚假的心理满足,将对他们的控制延伸到心理的层面,使之丧失批判的能力,从而造成人的异化。

法兰克福学派强调指出,异化的资本主义社会是由被操纵的大众传媒造就的"文化工业"的必然产物,媒体起着遏制和释放社会变革潜能的作用。法兰克福学派的代表人物哈贝马斯认为,随着从 18 世纪初到现在传媒的发展过程,具有重要社会价值的"公共领域"经历了出现又衰退的轨迹。现代社会中的民主制度已经被文化产业的发展所窒息,"大众媒体和大众娱乐业的发展,在很大程度上使公共领域变得虚有其表"(安东尼·吉登斯,2003)。

总体而言,马克思主义的批判理论揭露了大众传媒在形塑意识形态霸权的社会结果和过程中所起的作用,他对传媒的评价带有浓厚的悲观主义色彩(胡申生,2002)。但是,将大众与传播与社会的政治、经济及文化因素联系起来的研究传统,为后来文化研究发展奠定了许多的基础,同时也启示了体育社会学对于传媒的观点。

三、当代文化研究

文化研究其实是另一种受马克思影响的理论视角,但是近年来逐渐发展成一种独特和完整的研究范式。它很难被归入某一个学术传统,而是一门综合了媒体研究、电影理论、历史、文艺批判、哲学、政治学、语言学和社会学的跨学科研究方法,主要起源于1964年在英国伯明翰大学成立的当代文化研究中心。按照文化研究的理解,"文化"是指人们思考、感觉和行动的所有方式,因此,体育也是一种需要进行学术研究的文化。同时,在文化研究中,媒体研究是其中最重要的组成部分。他们将大众传播置于同整个社会生活方式和历史进程的联系中进行分析和研究,展示了大众传播研究的文化社会学的宽广视角,从宏观和微观的角度全面分析传媒的社会影响。

伯明翰学派的创建人之一的斯图亚特·霍尔在《文化、大众传播工具和"意识形态"的影响》一文中,分析了大众传播过程中的各种信息代码,包括代表通知思想的信息、专业知识信息以及合同制思想对立的信息等。另一位代表人物雷伊蒙德·威廉姆斯则在其《长期的革命》一书中,集中考察了文化制度和机构的意识形态、表达方式以及媒体产品,初步建立起文化分析的理论框架(胡申生,2002)。他认为,自工业革命以来,英国社会的经济、政治和文化领域正在发生相互关联的变化,这些变化的展开是一个长期缓慢的历史过程。他指出,由于文化所表达的意义和价值观不仅体现在艺术和知识中,而且也反映在制度机构及人们的普通行为之中。文化分析的作用就是阐明某一特殊文化的生活方式中或明或暗地体现出的意义和价值观;文化分析不但应包括历史评论,将理性的和唤起想象力的文化作品置于同特殊的传统和社会的关系中去分析,而且还应包括对生活方式中一系列要素的分析,这些要素是:生活的组织方式、家庭结构、表达或统治社会关系的制度惯例、社会成员进行传播活动的典型方式。因此,研究媒介产品不应仅作孤立的文本分析,而且应该把文本分析同对于产生这些产品的制度管理及社会结构惯例的考察联系起来。

在大众传媒与现代文化的研究中,约翰·汤普森的著作是比较著名的。他分析了传媒与工业社会发展间的关系,他指出,传媒从早期的印刷行驶到现在的电子通信一直在现代社会体制的发展中起着至关重要的作用,而早期的社会学家们都忽视了传媒在形塑现代社会及其早期发展中所起的作用。

汤普森的传媒理论以他的三种互动类型的区分为基础(见表6-1)。一种是面对面式的互动,比如人们在聚会上的谈话。这种互动中,每个人可以利用很多线索理解别人在说什么。第二种是中介式互动,即以纸张、电子链接、电子脉冲等传媒技术为中介的互动。这种互动方式的特点是能跨越时空,因此能超越一般的面对面式的互动的范围。中介式互动也是个体间直接的互动,例如两个人通过电话交谈,不过它不具备面对面式的互动的多样性线索。第三种类型的互动是中介式准互动,它是由大众传媒孕育的一种社会关系。这种互动也能超越时空,但它并不直接将各个个体联结起来,所以用"准互动"这个词来描述其特点。如果说面对面式的互动个体间可以进行直接的交流,而中介式准互动就是"独白式"的,那么大众传媒是一种从生产者到接收者这件的单向流动,"大众传播在生产者与接收者之间建构出了一种基本的断裂"(约翰·汤普森,2005)。

表6-1 汤普森关于传媒互动类型的分类

互动的特征	面对面式的互动	中介式互动	中介式准互动
时空构成	同处于一个场景中;共享同一个时空参照系统	处于不同的场景;可扩展的时空	处于不同的场景;不可扩展的时空
符号性提示的范围	多样性的符号提示	符号提示少	有限的符号提示
行动的取向	指向特定的他者	指向特定的他者	指向不确定的潜在的他者
对话性/独白性	对话性	对话性	独白性

汤普森认为,文化的概念可以用来概括社会生活的象征性质,指社会互动中交换的象征形式所体现的意义特征。因此,文化现象可以视为结构化背景中的象征形式,而文化研究则可以看作对象征形式意义构成的社会背景化的研究。那么,他对传媒所进行的分析,无疑就是文化研究中最为重要的,关于象征形式的交换过程和传播途径的研究。传媒是现代文化传播的载体,也是形塑文化的重要工具。前面已经提到,大众传媒所产生的"断裂",就是指技术媒介的部署把社会互动与具体场所分开了,从而改变了现代社会中大多数人日常生活的空间与时间组织。最终,大众传媒必然与政治密不可分,并形成一种全球性的监视。所以,汤普森主张有调控的多元主义原则,他将大众传媒的发展界定在一个宽广的体制空间——这个空间的一边是市场力量不受约束的活动,另一边是传媒组织受国家的直接控制——在这两者之间,传媒机构可以活动和发展(约翰·汤普森,2005)。

综上所述,我们可以看到,当代的文化研究与其说是一种理论流派,不如说是一种独特的研究视角和策略。文化研究注重的是一定的国家和社会关系中大众文化与大众传播的关系，探讨一些特殊的社会群体，如青年、工人和少数民族等的大众文化的意义和作用，特别是他们通过大众传媒转化为大多数社会成员所接受的文化类型的机制。他们还针对大众文化成为社会文化的结构组成部分的原因进行了研究并作出解释。这一点，对于体育文化——或者说是奥林匹克精神——如何被媒体传递成为被社会成员普遍接受的价值观念，是有十分重要的意义和参考价值的。

第二节 体育与传媒的互动发展

一、体育与传媒的结合

体育和传媒的关系，可以说是源远流长。古希腊人菲利比斯从马拉松这个小镇长途奔跑到雅典宣告和平的信息时，就意味着体育与信息传播有了密不可分的联系。而当新闻传播进入大众媒介阶段以后，体育新闻更是各媒体的主要内容之一。早在100年前，美国报人普利策就把体育作为传媒吸引受众接触的三大法宝之一（另外两个是绯闻和罪恶）。而现在的情况更印证了他的真知灼见。且不说铺天盖地的各种体育报道，光从层出不穷的体育专业报纸和风光无限的体育频道就可以看出一二。体育作为人们娱乐消遣最常见的活动，必然会引起广泛关注，于是传媒对体育青睐有加也是理所当然的事情。然而传媒如此重视体育，除了这个最基本的原因以外，还和体育报道自身的特点分不开。

体育，尤其是竞技体育，最大的特征就是不确定性。比赛的结果不确定，过程不确定，甚至场内场外的任何一个因素都存在不确定性，这就是体育的魅力所在。组织者、教练和运动员本人都是参与者，而最终的结果未定，吸引观众和众多体育迷的原动力正在于此。因此，体育为传媒提供了最好的素材，无论是作为新闻报道，还是赛事转播以及专题栏目，都可以将体育作为话题。由于不确定性，就保证了任何一个体育赛事的原创性，而正因为有原创性，也就免去了传媒制作方的责任。即使使用了同样质量或成本的工作人员、工具器材和制作方式，体育话题的媒体产品总是比同类的产品成本更低[①]，因为省去了剧本或准备的

[①] 这里所指的节目成本一般不包括电视转播费用，而是指同等条件下，报纸、杂志、广播、电视和网络等媒体制作体育栏目的费用总是要比制作其他节目低。如果要考虑电视转播费用的话，则又要加入赛事转播中的广告收入，那么电视机构往往还是赢利的，其收益还是要高于其他类节目。

过程,节省了花费一定的精力。所以,体育是大众传媒最受欢迎和最普及的传播对象。

　　体育与传媒的结合,最初是从体育新闻开始的。近代体育新闻创导者是著名的美国新闻事业家约瑟夫·普利策,他于1883年买进纽约《世界报》以后,独树一帜地成立了体育编辑部,并配备专职体育记者,发表消息,取得了成功。正因为如此,当今世界各综合性报纸为了吸引读者,扩大其发行量,都十分重视体育新闻的传播。体育逐步受到平面媒体的重视,只是体育传媒发展的开端,并且奠定了体育作为大众媒体主要传播内容的地位。但是,不得不承认的是,体育与传媒的结合如此紧密,是与体育产业的发展密不可分的,双方共同的利益需求使得体育传媒的发展如此迅速发达。

　　体育要想获得更多的经济利益,就得吸引更多的观众。同样以经济效益为宗旨的传媒,其新闻报道实际上可以看作是他们经营的媒介产品。这种媒介的产品经营,实际上就是将凝聚在自己版面或时段上的受众出售给广告商们,来获得经济效益。而这里出售的就是受众的注意力资源。产业化的体育和传媒,就这样被"注意力"经济撮合在一起,共生共荣。体育作为传媒重要内容的来源,是传媒获得大众市场,获得市场回报的非常重要的内容支撑。反过来说,体育本身需要聚敛人气,需要黏合度,也需要有一个专业化的非常懂得聚敛人气的专门的技巧和能力的产业,使它得以产生影响力,那么这个产业就是传媒产业。因此,传媒产业和体育产业的合作,是一种天然的、符合逻辑的、珠联璧合的、双赢的合作。这种"注意力经济"使得体育和传媒摒弃了以前单纯的报道与被报道关系,紧密合作。

　　这些年来西方体育产业的发展,可以说几乎从一开始就被烙上了深深的传媒的印记。一项运动要作为产业来发展,首先要面对的无疑是大量的可供发展的资金。而传媒对体育产业发展的贡献,正是从这里开始。1954年瑞士世界杯赛开辟了电视转播世界杯足球比赛的先河,足球的电视价值吸引了可口可乐和柯达等跨国公司的介入,使得足球传媒与足球运动共同走向繁荣。国际足球联合会从仅有六个会员国的组织,发展成目前拥有200个成员协会的最大的国际单项体育联合会。

　　20世纪70年代初期,美国的全国篮球协会(NBA)组织的职业联赛还是一个负债累累、几近倒闭的体育组织。70年代斯特恩上任以后,召集一批电视和法律专家成立了媒体传番部,成功地使NBA步入了一个崭新的时代,从70年代末,电视转播销售占NBA总收入的55%以上,而NBA每签一个新合同,涨幅都在50%以上。2004年3月11日,美国广播公司(ABC)、ESPN体育电视网和美国在线——时代华纳三家公司宣布,他们已联手买断美国职业篮球联赛(NBA)未来四年的电视转播权,这个转播合同的总价值将达到 26.4 亿美元,再次刷新了 NBA 电视转播费的纪录。

1976 年的加拿大蒙特利尔奥运会和 1980 年的苏联莫斯科奥运会都是血本无归,从而宣告政府出资主办奥运会模式的终结。到 1984 年奥运会时,居然只有美国洛杉矶一家申办。商人出身的美国人尤伯罗斯没有要政府一分钱,靠筹资的 7 亿美元,几乎是单枪匹马地筹办了洛杉矶奥运会,结果净赚 2.15 亿美元,开创了民间办奥运会的"尤伯罗斯模式"。在这个模式里,奥运会电视转播权就像是神奇的点金棒。据《中国日报》报道,2003 年 6 月 6 日,国际奥委会宣布,美国全国广播公司(NBC)以 22 亿美元的费用赢得 2010 年冬季奥运会和 2012 年夏季奥运会在美国的电视转播权。在 1995 年全国广播公司已经以 15 亿美元的竞价取得了 2006 年意大利都灵冬季奥运会和 2008 年北京夏季奥运会的转播权。而 1980 年苏联莫斯科奥运会得到的电视转播收入才 8 798.41 万美元。电视转播权的销售、电视广告的拍卖、企业赞助占奥运会所有收入的 90% 还要多。

随着社会文明的进步,体育已经成为现代生活方式的必不可少的重要内容。传媒与体育的关系达到了空前密切的程度。特别是电视通过商业包装使体育比赛的娱乐性增强,将观看体育比赛的观众从经常参加体育运动的人扩大到那些极少甚至从不参加体育运动的人们。在这样的背景下,体育管理机构不得不把电视转播问题提升到决定体育项目发展的战略性高度。体育机构已认识到:传媒的关注程度决定了各个项目之间的发展不平衡,也造成了体育机构与体育组织之间的贫富差距,特别是电视的关注。几乎所有的国际体育组织内部都成立了专门的电视委员会,从事电视制作和电视转播权的经营和销售工作。

当然,传媒不仅仅为现代体育产业的发展提供了极其重要的经济支持,另一方面也促进了运动项目的变革。现行的体育项目为了引起电视传媒的重视,不得不对比赛形式、比赛制度、比赛规则进行改革,以增加体育项目的观赏性来适应电视的播出要求。国际足联将 20 分钟的半场休息改为 15 分钟,以便使整个节目成为完整的电视节目段;国际排联把决胜局改为每球得分制,是为了适合电视播出的观赏性和刺激性;国际乒联更是改革连连,将原来冗长的每局 21 分制改为 11 分制,为了让乒乓球球速慢一点,让观众看得清楚一点,不仅将乒乓球由原来的 38 毫米放大到现在的 40 毫米,颜色也由原来的白色改为现在的橙色;高尔夫球比赛从普通的比赛改变为金牌赛、一杆赛,其目的是为了能够在电视转播赛尾插入极为引人的获胜者庆祝会。同时,传媒也在组织各种体育比赛、评奖、展览等各方面大显身手。总之,传媒已经渗透到体育产业的几乎各个方面。

相应的，体育传媒也因此不断地发展壮大。全美超过 1 500 个电视台和近 12 000 个地方电台播放体育节目，以及平均每年收看 179 个小时体育节目的观众。平面媒体部分，据市调公司 SRDS 资料，1996 年美国有 1 500 多家日报和 7 500 家周报，大多数有体育版面，同时，占从业人数 19% 的新闻记者负责采访体育新闻。电子媒体，尤其是美国三大电视广播网：美国广播公司（ABC）、哥伦比亚广播公司（CBS）和全国广播公司（NBC）为争夺包括奥运会等吸引眼球的转播权争夺战日益升温，后起之秀如福克斯广播公司（FOX）、联合派拉蒙电视网（UPN）、华纳兄弟电视网（WB）、ESPN 体育频道等，相继卷入这场"战争"。1995 年欧洲只有三个电视网播出体育节目，如今体育频道已经超过 20 个，向 1.5 亿个有线和卫视家庭不停地播出体育比赛实况和录像。

二、传媒对体育的推动

媒体对体育的推动之处有很多，主要表现在：加快了体育的传播速度，加大了体育的社会影响；将表演性竞技比赛推向市场，同时能够刺激体育消费，促进体育产业发展；点燃人们对于体育的兴趣和热情，改变了大众的体育行为；等等。

首先，在本章的第一部分我们已经提到，今天的大众社会已经深深地受到了传媒的影响。体育借助于媒体的传播，无疑大大加快了体育的受众范围，扩大了体育的社会覆盖面。体育文化和体育精神通过大众传媒，直接被传播到大众的面前，被大众所接受、喜爱甚至信仰。可以说，现代体育发展已经无法离开大众传媒了，尤其是出现了电视转播之后，观众能够足不出户就欣赏到高水平的竞赛和精彩的体育表演，迅速扩大了体育的社会影响力。在电子媒体普及后的现在，伴随着电视、网络，甚至手机媒体成长起来的青少年儿童就能够十分便捷地接触到各类体育信息，从而产生对体育的兴趣和热情，这就将培育出更多的体育受众。

然而，传媒对于体育的影响并不仅局限于扩大受众上，而在于强调或改变人们对于体育的认知。传媒不仅将体育的文化内涵和精神价值充分地展现出来，还会特意地去重建和建构新的体育形象和信息。经过大量的实证研究，西方的体育社会学家发现，传媒往往关注体育的以下四个特征（Susan Birrell）：

（1）勇气——这是体育运动所特有的内在的特质，也是观众最愿意看到的内容。许多项目的运动员都具有不怕死亡或者伤残的勇气，例如斗牛、登山和赛车等等，而在足球、篮球、冰球等一般项目中，电视也总是通过一些特殊的镜头处理来表现男子气概。

（2）比赛精神——指运动员那种坚持不懈的精神，例如长跑选手在胜利无望的情况下仍然奋力到底,体操选手在多次摔倒后仍然爬起来,等等,媒体总是热衷于强调这样的场景。

(3) 正直诚实——体育运动必须做到对于规则的遵守和维护,哪怕在别人不知晓的情况下,表现为自律、谦逊和勇于承认错误,等等,这方面也会成为现代人的道德榜样,这些内容往往会成为体育新闻或者专题类节目关注的焦点。

(4) 沉着镇定——在紧张激烈的比赛中会遇到各种情况,运动员必须具备沉着处事的心志。最重要的就是:全神贯注、职业风范和场上自信。此外,对抗压力、冷静和如何面对伤病等等,都是人们关注的,而这种气质,也容易成为人们模仿的对象。例如 NBA 篮球赛的电视转播中,在最后一球定胜负的关键时刻,摄像机镜头总是会对准那些"关键先生",乔丹被视为"篮球之神"也与电视转播中反复宣传的这些内容有关。

通过以上这四点特征,大众媒体其实就是想塑造一种英雄主义的现象,从而使观众欣赏和热爱观看体育转播。虽然这四点不能涵盖前文所讲的体育的全部社会价值,但是,电视为了迎合观众而突出的这四种体育气质,也已经具有强烈的道德示范性符号象征,群体的价值观容易在运动员英雄身上得到体现,受众通过"英雄崇拜"来接受体育文化和体育精神,体育也得以更好地发挥它的社会功能。

其次,传媒对于体育最直接的推动作用,促进了体育产业的发展。这一点在上文已经有所提及,而本书还有专门的章节进行论述。但是,这里要强调的一点是,在 1984 年洛杉矶奥运会之前,体育基本被视为一项完全公共事业,由政府支持举办。洛杉矶奥组委成功地围绕电视媒体展开了一系列的商务开发,创造了体育发展史和体育产业新的时代,体育由此变成一项可以获得大幅利润的产业。可以说,体育产业是基于体育传媒而发展起来的。

媒体转播权的有偿转让,为体育赛事带来了直接的经济收入,在此我们仅以足球世界杯为例(见表 6-2),就可以窥一斑而见全豹,看到体育赛制转播中的巨大商业利益。然而,体育赛制转播权更为重要的影响是,将体育赛事的组织方和传媒连接成了利益共同体。大量的电视转播提升了体育赛事的形象和影响力,将观众的目光吸引在运动员和运动场上面,那么通过体育的传播,加载在体育运动中的商品形象,自然会随着体育运动而被观众所接受。因此,商家愿意在体育赛事中投入大量的赞助和广告费用。那么当媒体和体育赛事成为利益共同体的时候,甚至有些传媒机构愿意直接参与赞助、组织体育赛事,两者共同的努力可以使体育产业的商业价值得到最大的开发。

表 6-2　近几届足球世界杯电视转播费用

年　份	地　点	转播权费用（万美元）
1998	法　国	10 460
2002	日　韩	90 000
2006	德　国	133 000
2010	南　非	240 800
2014	巴　西	242 800
2018	俄罗斯	270 000

此外，体育传媒还有一大功能是刺激了受众的体育消费，从而使体育产品形成良性的市场发展。例如，年轻的体育迷们在观赏了紧张刺激的比赛之后，往往会有自己一试身手的欲望，那么就直接增加了体育设施、体育器材和体育服装等等产业的消费。因此，这也就难怪耐克（Nike）、阿迪达斯（Addidas）等著名体育品牌不断推出一些内容生动、画面精细和制作精良的电视节目来进行商业竞争。传媒，已经成为体育产业不可或缺的支撑系统。

最后，传媒能够刺激人们的消费，其实也就意味着能够影响人们的体育行为，主要表现在能够鼓励人们积极地参与体育运动和现场观看体育比赛两个方面。孩子是伟大的模仿者，当他们通过具有高度鼓励性的电视转播观看体育比赛时，一些孩子就产生参加那些运动的兴趣，他们还具有丰富的想象力，因此当他们认同受人欢迎的、成功的运动员时，就可能会参加体育项目去追求他们的梦想。虽然，按照孩子的性格，电视所激起的热情不能持续很长的时间，尤其是当他们发现要成为一名真正优秀的运动员是要付出十分巨大的时间和精力之后往往会退却，但是，他们毕竟已经开始参与体育活动，已经形成了一种健康的生活方式。例如有人就认为："全球化的电视是推广体育运动的惊人的机器。与以往相比，更多的人只是为了单纯的快乐而跑步或游泳、踢球。多亏了电视，许多人发现了他们可能从不知道的运动：攀岩、射箭或是花样游泳。"（杰·科克利，2003）

尽管，观看电视转播和到现场看比赛，两者之间貌似是反比例的相关关系，但是美国的社会学家经过定量的实证研究发现，事实上电视还是促使更多的人亲临比赛现场。因为电视使体育公开化，促进了观众对体育的兴趣，为需要认同运动项目、运动队和运动员的体育迷们提供了大量信息，这些信息吸引他们对所支持的对象产生疯狂的热情和信仰，促使他们进入体育现场观看体育比赛。

"参与运动"和"亲临现场"是大众体育最基本的两个内容，也是现代体育重要的社会功能之一。既然传媒能够影响人们的体育行为,同时推动两者的发展,也就说明了对体育最大的推动作用。

三、传媒对体育的控制

在第一部分的理论综述中,我们已经清楚地看到了传媒对于体育发展的负功能,或者说传媒在推动体育前进的同时会反过来制约和阻碍体育的发展,这也正是大众传媒这把"双刃剑"最大的特征。

正如李普曼所说的,大众传媒给现代人构建出了一个"虚拟环境",受众都是通过媒体来获得间接体会的。因此,媒体所传播的体育内容也并不一定真实,甚至为了经济利益或意识形态的需要,会重构真实的体育形象和信息来蒙蔽受众。根据"议题设置"理论,大众所接触的体育也完全可能是传媒所"设置"出来的"体育"。当我们观看体育节目的时候,我们通常不会注意到我们看到的图像和听到的信息都是经过精心安排的,都是受到别人有目的的选择和筛选的,以此来加强体育项目的可观赏性,并宣扬社会主体意识形态。例如,一场平淡无奇的比赛,解说员会强调介绍数据统计、赛事背景和运动员的豪言壮语等与比赛实质内容无关的信息,而画面也反复地播放那么仅有的一两个精彩动作的特写动作和慢镜头,甚至有时候还是其他比赛的镜头,这些都很容易给观众造成错觉,似乎只有电视中的比赛才是"真实的",而比赛现场却是不真实的假象。

为了政治和经济的需求,媒体将体育比赛中的某些片断、某个镜头和某位运动员夸大的情况比比皆是。可能是因为这个场景符合了特定社会阶层的价值观,又或许是因为那个运动员是电视台广告赞助商的形象代言人,电视利用其自身优势,"不经意"中将特定的信息传递到了体育电视观众的面前。这就是法兰克福学派所批判的意识形态霸权,也就是米尔斯所描述的精英对大众社会的控制。据研究,体育电视中被强化的形象和信息主要集中在商业商品、民族种族、两性权力、色情暴力和消费主义等主题上。最为典型的案例就是体育第一次被电视转播的时候,即1936年的柏林奥运会,纳粹政府有效地通过电视宣传了他们的种族观念和政治目的,是体育电视史上一段黑暗的回忆。

现在大众传媒还有一个发展趋势就是节目娱乐化。媒体将体育明星作为娱乐明星来进行宣传和报道,从英国的贝克汉姆到中国的田亮,都是众所皆知的事例。还有许多体育新闻报道也将关注的焦点对准场外的花絮、绯闻,甚至丑闻,尽可能地从体育领域内挖掘可以娱乐大众的内容。这样做最危险的后果是误导了人们对于体育的理解,降低了体育媒体的品位,消解了体育所特有的那些社会价值。

此外,迫于经济利益和商业赞助商的要求,大众传媒甚至已经影响和扭曲了体育的一些文化传统和自身规律。前文已经提到，有些体育项目对于传媒机构的依赖性，事实上，有很多比赛还是媒体直接参与组织和提供资金支持的。但是与其他媒体组织不同，传媒为体育赛事支付大量的金钱，这些"权利费用"为体育提供了重要的收入源。然而，一旦签订了契约合同，无论天气好坏、参赛者有无负伤和其他意外状况的发生，赛事必须按照电视台已经制定好的时间表开始，传媒掌握了对体育产业的控制权。有很多体育项目已经为电视转播做出了规则上的改变，例如要求女性运动员穿着紧身性感的比赛服装，以吸引更多的观众；增加比赛的休息和暂停时间的次数和长度，来播放更多的广告；改变比赛规则，采用简单易懂的计分方法以增加比赛的悬念性和刺激性，排球的直接得分制、乒乓球的11分制和足球的突然死亡法，都是因为电视转播的需求而产生的。

大众传媒改变体育比赛最典型的案例，来自商业运作相当成功的英格兰足球超级联赛。英国是一个重视传统的国家，发源于本国的足球也有一个习俗，即足球比赛只有在星期六下午举行①。这习俗已经保持了一百多年的历史，包括"二战"后，英国国内的所有足球赛都是在这个时间段内进行的。但是前文已经提及，英超联盟改革后将独家转播权高价卖给了民间商业电视台天空电视广播网(BSkyB)后，为了避免转播时间冲突，增加转播场次和观众人数，英超比赛的开赛时间不得不错开，尽管其他级别的联赛基本都还在周六下午进行，以满足转播电视机构的商业需求。当卫星电视普及后，天空电视台为了在全球范围内推广英超联赛，甚至要求比赛放在中午12点举行，以方便亚洲和大洋洲球迷的作息时间。尽管这样的比赛安排违背了一般运动的竞技状态调整规律，但是由于电视转播所带来的巨大商业利益，英足总还是同意了这样的安排。此外，电视改变体育比赛还有一个很著名的案例：夏季奥运会的赛期从原先的15天延长到现在的17天，就是为了配合电视转播增加两个周末的黄金收视时段，来创造广告赞助。

第三节　中国体育传媒的发展

一、平面体育媒体的现状

体育在中华文化中有悠久的历史，据朱自清先生研究，"中国最古的记言的

---

① 这是因为现代足球制度化是起源于工业革命时期的英国工厂工人的游戏。当时工人的生活条件相当艰苦，经过谈判，工厂主们允许工人们每周六下午不工作而进行娱乐活动——足球比赛。

历史"之书——《尚书》,在它的《洪苑》篇中就有了体育健身方面的记载,如"五福六极"。这也可能是最早出现在媒介中的体育内容了。不过,此处要讨论的是现代体育与传媒在中国的结合过程。上一节已经提到,体育与传媒的结合是从体育新闻报道开始的。同样的,目前中国体育传媒最发达的也是报纸杂志。

我国近代最早出现的体育专业期刊是 1914 年留日学生徐逸冰创办的《体育杂志》。之后,相继出版了很多的期刊,如 1922 年创办的《体育季刊》、1927 年创办的《体育》杂志、1931 年出版的《浙江体育》、1932 年出版的《体育评论》周刊和《体育月刊》以及《体育研究与通讯》,等等。新中国成立后,印刷出版物有了重新的调整和管理,最早的期刊是当时的中华体育总会创办《新体育》杂志,以及后来的《体育论坛》。这些期刊在那个年代成了娱乐性和学术性期刊的典范。随着经济发展和体育事业的繁荣,体育出版业也不断壮大,据不完全统计,我国目前有各种体育类期刊 300 多种,其中体育专业期刊 85 种(表 6-3),涉及各个体育项目和领域。同时,体育的娱乐性期刊和学术性期刊日益分开,得到了同步发展,专业的体育学术期刊数量大增,其中中文核心期刊有 13 种。

表 6-3 体育期刊统计表

综合	武术	棋牌	气功	球类	健美	其他
41	7	9	8	8	2	10

然而,与体育期刊相比,我国的体育报纸业的发展更为迅猛。自 20 世纪 80 年代起,一些全国性报纸陆续开辟了体育版或体育专栏。如《人民日报》的"体育之角"、《中国青年报》的"体育爱好者"、《光明日报》与《解放军报》的"体育场"以及《工人日报》的"体育之角"等。同时,像《解放日报》《天津日报》《南方日报》和《广州日报》等省市报纸也都辟有体育专栏或专版。至于全国 40 余家晚报,更是把体育作为重要内容。1985 年开始,全国各省、市、自治区的近 20 家报纸开辟了体育专栏或副刊,而今天几乎任何一份报纸都有体育专版。

在体育专业性报纸方面,80 年代以前,全国只有一家体育报纸——《体育报》。1983 年底,有了 12 种,而据 2000 年的统计,全国有体育专业报纸 50 余种。从早期河北的《体育之声》、江苏的《体育时报》、浙江的《体坛报》和广州的《羊城体育》,到后来的《足球报》《体坛周报》和《南方体育》等等,体育专业报纸以特定的读者为对象,逐步确立了自己的特色,并拥有了越来越多的读者。曾有一度,体育报纸占据了大小各种报摊的显著位置,从销售量前十位的报章排名(见表 6-4)可以看出,就发行量而言,体育专业报纸已经超越了众多综合性报刊,占据了销量排行的前几位。体育报纸成为中国传媒业的一大热点和传媒研究的热门课题。

表 6-4　1999 年中国大陆地区各大报章销售量(单位：万份)

排　名	报章名称	发 行 量	排　名	报章名称	发 行 量
1	足 球 报	185	2	人民日报	153
3	体坛周报	130	4	广州日报	125
5	新民晚报	110	6	扬子晚报	86
7	北京晚报	82	8	南方周末	78
9	新 晚 报	75	10	羊城晚报	71

但是，2000 年以后，随着网络媒体的普及，尤其是一些报纸联合网站的相继成立，这些网站汇集多家报纸，形成一种集团方式，一方面促进了体育信息的传播，另一方面也是对传统纸质媒体的挑战和制约。所以，近年来，体育报纸产业的发展有所下降[1]。

二、电视体育媒体产业

1960 年 1 月 1 日，北京电视台(中央电视台前身)实行固定节目时间表，设置了十几个栏目，其中就有"体育爱好者"栏目，这是我国第一个电视体育节目。1978 年 4 月，北京电视台开办"体育之窗"专栏。1961 年 4 月 4—14 日，北京电视台第一次在北京直播世界体育比赛——第二十六届世界乒乓球锦标赛，获得了巨大的成功。1978 年 6 月 25 日至 7 月 2 日期间，中央电视台通过卫星连续四次转播在阿根廷举行的第十一届世界杯足球赛的比赛实况。这是我国电视台第一次通过卫星从国外传回体育比赛实况。由于种种原因，中国的电视业进展迟缓，体育节目也十分单调。近年来，随着国民经济的快速增长，人民生活水平明显提高，电视逐渐得到普及。伴随着中国电视业的发展和中国体育事业的腾飞，中国电视体育节目的质量和收视率也大幅度提高。中国的各级电视台播出的体育节目，除了体育新闻外，还逐渐形成了比赛直播、录像、专题、专栏、评论等多种形式并存的格式。1996 年元旦开播的中央电视台加密卫星电视体育频道，针对不同年龄、不同文化层次的电视观众开办了许多专栏节目，使体育节目更加

---

[1] 有些体育研究还给出的另一种解释是，随着一些体育制度弊端的显现和社会环境的恶化，体育受众正在迅速减少。最典型的例子就是中国足球职业联赛这些年来的不正常现象以及中国国家男子足球队的糟糕表现，使得喜爱足球的球迷越来越少，而体育专业报纸的读者自然也就减少。这是导致体育报纸传媒衰弱的另一个重要原因。

精彩。

省级电视台最早开办体育节目的是四川(1965)和山西电视台(1973),其他大部分是在1980—1986年之间开办的,而一些西部省、区直到20世纪90年代才开办体育节目。到现在为止,已有上海、福建、广东、江苏和四川等省市创建了专业电视体育频道,而且有的体育频道已开始大胆走向市场,自负盈亏,不靠原有体制中的国家财政拨款。在体育节目的质量上也有大的飞跃。许多尚未开播专业体育频道的省市也在积极筹建之中。在这些省级电视台中,上海电视台体育频道的发展最具有典型性。不仅是因为上海是地方体育频道开播较早的地区之一,还因为依托上海市社会经济的整体发展,上海的电视传媒机构已经拥有了比较成熟的体育电视发展理念,并且和国际发达国家的电视机构接轨,也已经开始直接参与到体育产业的发展之中。因此,从上海电视台体育频道的发展历程中,能够体现中国体育产业与电视业结合的轨迹。

在上海出现最早的体育专业频道是上海有线电视台体育频道,其他地方类似,体育专业频道一般也由有线电视发展而来。1992年12月开播的有线电视体育频道以其大量的体育信息和专业体育转播,马上吸引了体育爱好者的关注,对原先的无线电视台形成了极大的挑战。2001年上海的文化事业单位进行改革,成立了上海文广新闻传媒集团(SMG)。2001年10月,在原有线电视台体育频道、上海电视台体育部和东方电视台体育部三方资源整合的基础上,成立了全新的上海电视台体育专业频道,并强调了五大能力:一是在文广新闻传媒集团直接领导下的战略管理和运作能力;二是大型综合赛事报道能力和多类型节目的制作能力;三是电视技术设备增级能力;四是电视广告营销能力;五是相关体育产业的开发能力。在专业化发展的原则下,上海电视台体育频道迅速提高了在国内体育传播领域内的竞争力,"体育新闻""足球上海""今日体育快评""G品篮球""G速时尚"和"唐蒙视点"等品牌栏目的平均收视率达15%,参与或承担了网球大师杯、F1赛车和NBA中国赛等面向国际的体育赛事的转播工作。抓住稳定的收视群体后,上海电视台体育频道在广告营销上也做得非常出色,获得了雄厚的经济实力。为了进一步的发展,上海电视台走了一条成功体育电视产业的必经之路——购买独家转播权,其先后买断了Moto GP、V8房车赛和斯诺克大奖赛等国际"时尚体育"赛事的中国独家转播权,巩固并扩大了其收视群体的质量,随后上海文广集团做出惊人之举,斥资1.8亿元人民币天价独家垄断了改革后的中国足球超级联赛全部赛事的转播权,其势头直接对中央电视台形成了挑战。

在体育电视转播和广告赞助运营顺利的情况下,上海文广集团做出了更具先进体育产业理念的行动：作为一家传播媒体机构直接参与体育市场运行,参与职业俱乐部的运作。目前,上海文广集团已经掌控了八个参加国内顶级体育联赛的职业俱乐部的股份或管理权,其中既包括SVA女足和上海男排两支冠军球队,还有上海申花和东方男篮等国内具有很高知名度的职业体育俱乐部,最近又签约赞助了中国桥牌队这样的国字号运动队。应该说,上海的电视媒体已经具备了国际先进的体育产业发展条件,但是在电视传播和职业俱乐部运营的合作互动上似乎还没有体育专业传播频道的优势。可以说,上海体育电视的发展,从一个侧面也反映了中国电视产业和体育产业结合发展的过程。

三、新媒体介入体育传播

网络,是近年来涌现的新型传媒形式,也被称为"新媒体"或"第四媒体",具有传播速度快、交互性强和容量大等特点。Internet的崛起,如同一支强心剂,极大地促进了传媒的发展。新浪、搜狐、网易、雅虎、东方网和新华网等各大中文门户网站都开设体育新闻专版,每天及时更新大量的体育信息,而每当遇到奥运会、世界杯等大型赛事,还专门开设专门的网页并将链接放置在首页的醒目位置。

体育比赛多,时间跨度大。不管是规模空前的奥运会,还是各单项比赛,或是其他大型的运动会,每年赛事频繁,通过阅读报纸或听广播、看电视,都不能将信息全面的收集。而通过互联网,通过各种搜索引擎,则可以在短时间内看到所有需要的信息。同时,不同时区比赛,限制了传统媒体的报道和转播,而互联网则完全不受这种限制[①],一天24小时都可以传播信息,在网上任何时候可以得到最新的消息。在亚特兰大奥运会期间,尽管东道主电视网推出3 000个小时的实况信号,但全球只有少数电视台的转播超过120小时,剩下2 880小时并没有播出。通过互联网,观众可以从电脑上收看到电视节目。他们不仅可以自选语言、项目,甚至自选设置节目的摄像机位置。而在1997年的第八届全国运动会期间,上海热线与东方电视台合作,通过互联网向全球转播了第八届全国运动会的电视新闻,开创了中国网络电视的先河。

随着互联网在中国的迅速发展,中国网民人数已经位于世界首位,相应的体育网站的数量也相当繁荣。据非官方统计,我国目前的各类体育网站的数量众多(见表6-5),通过网络接受体育信息的人数也相当惊人。但是,从网站的整体分析来看,还处在一个初级阶段,水平差异很大;新闻报道的比重太大,重复性

---

① 当然,网络媒体的知识产权问题,是一个饱受争议的话题。

劳动多;对体育普及知识介绍和学术研究太少、水平太低;缺乏商业化运作的基础,须加大网站建设的力度,增强广告商的信心;没有大规模数据库,缺乏严格意义上的文献检索功能。

表6-5 国内各类体育网站数量

类别	网站数	类别	网站数	类别	网站数	类别	网站数
足球	11 131	篮球	2 336	网球	304	棋牌	752
赛车	837	水上运动	2 956	健美健身	2 737	极限运动	400
休闲运动	5 607	武术技击	836	冰雪运动	99	体操	44
登山攀岩	173	马术赛马	24	田径	92	体育彩票	42

资料来源:http://dir.iask.com/search_dir/ty/。

四、中国体育传媒业的总体概况

在我国,由于某种社会政治与历史的传承,传媒的产业功能被有意无意地置于被压抑和被忽略的地位。直到近些年,随着我国市场经济体制的建立和发展,传媒面向市场的进程也才随之启动。研究普遍认为,在我国,一个巨大的传媒市场已经形成,传媒产业正在成为一个冉冉升起的朝阳产业,其发展前景非常广阔。据国家权威部门统计,2002年全国各种媒体广告经营额已经达到了903亿元,而2001年是794.9亿元。更为重要的是,媒体广告额的增速近年来呈现出高速成长的态势:以四大媒体为例,2002年,电视的广告收入达到231亿元,报纸的广告收入达到188亿元,广播的广告收入达到22亿元,杂志的广告收入达到15亿元,其年均增长率分别为28.8%、19.5%、20%和28%,已经大大超过了同期国民生产总值的年均增长率。

同时,体育作为第三产业也得到了国家政策的重视和支持,加速体育产业化进程,逐步走向市场,推动体育事业全面、快速的发展。20世纪90年代以来,国家体育总局把所有运动项目从政府管理职能中分离开来,尤其是以足球市场化改革为突破口,推进运动球队、俱乐部的实体化和商业化进程。我国体育产业有形资产的开发步伐正在加快;在体育产业的无形资产利用方面也开始运作。经过十余年的发展,我国的体育产业已初具规模。体育本体产业发展迅猛,1998年全国体育消费总额约1 400亿元,其中城市消费1 040亿元。体育产业发展迅猛,体育健身场馆逐步向公众开放;体育娱乐业成为新兴产业;体育竞赛表演业向社会化迈进;竞技体育业继续向俱乐部方向发展;体育社团组织形成一定规模;体育彩票销售开始起步;等等。体育相关产业得到发展表现为体育用品生产形成一定规模,体育用品销售势头良好。

无论传媒产业,还是体育产业,其发展都还是刚刚起步,其发展潜力和利润空间都是十分巨大的。正因为如此,他们也都各自吸引了国内外投资者的眼光。我国目前的证券市场上,已经形成了一个独特的概念——传媒概念。最近该板块频频发动行情,并不是单纯出于概念的炒作,而是有巨大的行业发展空间及政策、资本背景。人们看中的不仅是传媒业所具有的新经济特质,还有它触手可及的美好未来。

国内传媒产业巨大的市场潜力和利润空间吸引了越来越多的资本。近年来,来自国内外的资本纷纷涌进传媒领域并抢滩登陆。美国IDG集团、澳大利亚新闻集团、法国桦榭菲力柏契出版集团、费加罗报刊集团等相继进入中国传媒市场。香港TOM.COM也将自己的经营重心转移到了以内地为基础的传媒领域,同时国内民间资本不甘落后。体育产业也在迅猛地发展,最明显的例子就是中国的足球联赛了。2003年的中国足球联赛的冠名赞助费就是1.4亿元。而国内各大企业更是纷纷投资足球,投入的金额年年加大。实德集团对足球的投入据称每年就超过1亿元。同时,中国的篮球、排球、乒乓球、围棋等各个项目都已经推行了商业化运作的俱乐部制,吸引了众多商家的投资。因此,国内外的研究者都纷纷把这两个产业形容为朝阳产业,对其前景十分看好。

而传媒和体育都建立在注意力经济基础上的朝阳行业之间的合作,既拥有共同的合作平台,又有共同的发展市场,因此无论从资本投入来说,还是自身的发展考虑,都可以称得上是"天作之合"。尤其是中国2008年奥运会的成功申办,对中国整个体育传媒和体育产业来说绝对是个千载难逢的好机会。据测算,取得2008年奥运会主办权将使我国从2002年起至2008年每年的国内生产总值额外提高0.3%,总计为1.376万亿元。而申奥成功首先在短期内将直接推动体育产业的发展规模。据悉,单是北京奥运会满足所需的各类体育器材、设备用品等物资就将接受价值约1.7亿元的供货和服务。其次,体育产业往往与其他经济具有较强的产业关联度,因而除了直接的产品消耗外,体育产业与其他行业在边缘交叉上将形成体育广告业、体育旅游业和体育博彩业等。据业内人士估计,到2010年,体育产业的产值至少可达到281.2亿元,占GDP的比重可望从1998年的0.2%增至0.3%。预计到2010年中国的体育产业至少可达近300亿元,将涌现出一批年营业额达10亿美元的体育产业方面的"龙头"企业。作为报道和转播奥运会的中国体育传媒更将是近水楼台先得月,可以预见的是,2008年的数字要大得多,中国体育传媒业的新高峰即将到来。

本章参考文献

[1] 邓星华、胡小明:《我国体育文化传播产业发展现状与对策研究》,课题组,2000年。

[2] 胡申生等:《传播社会学导论》,上海大学出版社,2002年。

[3] 叶新新等:《我国有线电视体育节目市场调查》,《体育科学》,2001年第3期。

[4] 张国良:《现代大众传播学》,四川人民出版社,1998年。

[5] 张国良:《传播学原理》,复旦大学出版社,1995年。

[6] 赵勇:《整合与颠覆:大众文化的辩证法——法兰克福学派的大众文化理论》,北京大学出版社,2005年。

[7] [英]安东尼·吉登斯:《社会学》,北京大学出版社,2003年。

[8] [英]约翰·汤普森:《意识形态与现代文化》,译林出版社,2005年。

[9] [英]赖特·米尔斯:《权力精英》,南京大学出版社,2004年。

[10] [美]杰·科克利:《体育社会学——议题与争议》,清华大学出版社,2003年。

[11] [日]原田宗彦:《日本体育产业研究》,上海大学体育学研究中心编译,《国家体育总局软科学研究成果汇编》,2003年。

[12] Jay Coakley & Eric Dunning, *Handbook of Sports Studies*, London: SAGE Publications, 2000.

[13] Susan Birrell, *Sports as Ritual: Interpretations from Durkheim to Goffman*, Social Forces, Vol.60, Special Issue.

第七章
体育与观众

随着社会经济文化的发展,人们的闲暇时间越来越多,体育成为人们在繁忙的工作之后度过闲暇时间的重要方式。体育能让人强身健体,但它更重要的是一种体验过程,一种身心的愉悦过程,一种与社会联系方式的改变过程,也是一种社会生活方式的再造过程。伴随着体育正功能的发挥,它也会滋生出一些负面的影响。本章主要探讨体育对人的意义、球场暴力与社会安全阀以及球迷群体与人际沟通等问题。

第一节 走进体育场的意义

一、体育观赏的文化意义

体育运动是一种以人的完善为最终目的的身体文化。体育运动是以增进人的健康、增强体质为本质功能的。体育文化有着一种趋向竞赛活动的"本能"。任何体育文化在发展过程中,无论是民间活动,还是国际活动,无论是青少年的活动,还是中老年的活动,都有一种相互比试、较量、角逐的趋势,最终形成竞赛。竞技体育是身体文化的最高表现形式。竞技体育是身体文化向表演性、职业化方向发展的结果。在当今世界上,竞技体育已经从绝大多数体育活动中分离出来,成为少数精英天才的专利,他们把竞技体育作为一种特殊的表演提供给社会(卢元镇,2005)。

体育可满足不同社会群体的不同层次需要,这不仅反映了体育文化的普适性,而且使之十分容易地与社会的经济发展、商业开发、政治宣传、舆论引导、意识形态、大众传媒结合在一起,服务于社会的多种目标,使体育文化渗透到社会的物质领域和精神领域的各个方面。

与其他文化形态不同,体育文化的表达倚重身体动作。这种独特的表达方式,使体育文化在沟通中既轻松活泼、充满人情味,又易于跨越语言的障碍,而且能够满足观众的个人偏好。对运动艺术的欣赏是体育文化的艺术价值,艺术蕴涵体育,体育深藏艺术,体育的艺术光芒烙刻着不同的民族痕迹。这种痕迹可以从雕塑、建筑、舞蹈、绘画等多方面反映出来。比如米隆的"掷铁饼者"雕塑,使人们在心理上获得"运动感"的审美效果;再比如说,赤身运动是古希腊文化艺术的独到之处,具有悠久的历史。古希腊历史上所说的"力的时代"就是指这一时期。这在古希腊雕塑家、艺术家的作品中均有所反映,他们的作品刻画的都是赤身裸体的人物。当时,肌肉发达、健壮有力,被人们公认为是美的象征,这也是由古希腊的风俗习惯、艺术风格、地理环境和物质生产等因素决定的,"赤身运动"是它的一大特色。比赛时,要求裸体的运动员全身涂上橄榄油,以使身体在阳光的照射下熠熠生光,肌肉更富有弹性,更加显示出运动员健美的体态,使人们从中得到一种美的享受。

从文化渊源上看,体育比赛与战争和宗教关系极为密切,是古代奥运会两大特色:第一,古代奥运会是以祭神为主,内容丰富多彩,是形式多样的全希腊综合盛会。包括祭祀天神宙斯、朝拜、祝寿众神、诗人朗诵作品演说家发表祝词、开展集市贸易等活动,体育竞技仅作为其中的一项内容。第二,古代奥运会是希腊各民族文化的一部分,它起到了团结各族人民,维护国家统一,减少和制止战争的积极作用,与政治有着极为密切的关系。以至于有人说,比赛是一场礼仪化的战争,人们在竞技场的斗智、斗勇,不是街头群氓打架,而是一个精心设计的完整过程。这个过程的起点和终点,获胜与失利,违规与判罚都是与各种各样的象征标志联系在一起的。

最后是体育文化的民族性,体育的外在表现是浅显直观的身体运动,但是这些动作的后面,却蕴藏着一个民族丰富而深刻的哲学思想和审美情趣。如人们司空见惯的开闭幕式、发奖仪式、升国旗奏国歌、裁判的黄牌红牌、运动员身上的号码布、国徽、国名、拉拉队、观众的装束等。体育文化的象征性,不仅有识别作用,而且有引导、强调、熏陶、教化的作用,也是培养爱国主义和集体主义的有机载体。体育发展到今天,竞技体育的宗教功能和健身功能在弱化,其功利性和表演性功能在增强,运动场成了观赏性体育的摇篮。

观众在体育比赛中有着举足轻重的作用,如果把体育场作为一个舞台,整个演出就是观众与运动员的互动过程。评价一场体育比赛是否成功的重要指标是观众的上座率,2006年足球世界杯在德国举行,据组委会介绍,平均每场比赛观众人数高达 51 660 人,上座率达百分之百。这一数据已经超过了四年前韩日世界杯赛时平均每场 40 975 名观众的纪录。在划分体育人口的时候,我们常常把体育观众作为间接体育人口,是体育家族的重要成员之一①。所谓间接体育人口也称非实质体育人口,是指那些虽然热爱体育运动,但不直接参与其中,只做体育比赛观众、看客、读者的人们。

正是这些非实质体育人口,不断推动着体育的发展和改进,从体育项目到体育规则,都是在观众的喜好中优胜劣汰。追溯到古代奥运会,自公元前 776 年第一届至公元前 394 年共举办了 293 届,比赛项目是为了满足奴隶主贵族的宗教仪式和娱乐欣赏需要,而且限制女性参与和观看。开始第一届由一天赛程的跑步比赛,发展到后来改为五天比赛,项目也增加有五项全能(铁饼、标枪、跳远、角力、跑步)、拳击、摔跤、战车赛跑、赛马等,都是在古希腊奥林匹亚运动场举行。比赛场建在阿尔菲斯河谷北面的小丘旁。小丘经过修整成为看台,最初可容纳 2 万名观众,后扩大到 4.5 万名,并设有 160 个贵宾席。比赛场长 212 米、宽 32 米,跑道长 192.25 米,表面未经特殊处理,起跑处铺大理石。赛场西南部有练习场,用石柱廊围起,形成一院落。一侧建会议厅、更衣室和浴室等。这里还有一个 770 米×320 米跑马场,供赛马和马车比赛用。可想而知,当时拥有如此规模的运动比赛场,观看比赛的观众也人满为患,甚至场外的围墙和树上也挤满观看的人。据说有些人为了观看比赛,不惜长途跋涉,在那个年代,比赛的意义何等神圣,绝不亚于今天跨越国界观看比赛。

二、体育观赏的社会功能

从奥运金牌的举国狂热,到连续不断、五花八门的体育赛事,从专门的电视体育频道的成立,到报刊上体育版面的不断扩大,无不说明体育比赛越来越成为人们观赏、关注、谈论和消费的对象。对体育迷来说,正是由于这些体育赛事,生活才变得妙趣横生、精彩纷呈。

根据马斯洛的理论,人的需要是分层次的。这个层次包括从低端的生理性和安全性的需要,一直延续到最高端的"自我实现"的需要。如果说,低端的需要主要是生理性、物质性的,那么,高端需要主要体现为在物质需要得到满足以后的精神需要。尽管在各种不同的文化中,需要层次的排序是不同的(例如,在佛教文化中,对佛的信仰的重要性丝毫不亚于吃饱肚子),一般来说,高端需要的满

---

① 体育人口,是指经常从事体育锻炼、身体娱乐、进行专项训练以及其他与体育事业有关的人在总人口中的数量和比重。它通常用来衡量人们对体育的参与程度及亲和程度。直接体育人口,也称实质体育人口,是指那些亲自参与各种体育活动的人。

足,往往是在低端需要得到满足以后才有实现的可能。从这个角度看,观赏性体育是应对人们的精神娱乐需要而兴起和发展的。这一类需要,是在较低层次的生理性、基础性需要得到满足以后形成的,是较高层次的需要。所以,观赏性体育的蓬勃发展,是改革开放以来经济发展到了一定阶段的必然结果,因为人们在这个时期已经解决了温饱,有了较高的精神娱乐的需要。

观赏性体育具有双重属性:一方面,它是一种精神娱乐消费品。如同小说、电影和戏剧一样,观赏性体育是众多的精神娱乐产品系列中一个独特品种。同时,由于它具有广泛的群众性,因此属于一种大众性和流行性的精神娱乐消费品。另一方面,观赏性体育也是一种制度,是特定的社会为了满足人们的精神娱乐需要而做出的一种制度安排。各种体育赛事的形成以及电视体育频道和报纸体育版面的设立,都是这种制度安排的体现。显然,从满足人们的精神、娱乐需要的角度来看,观赏性体育的兴起和发展,是现代化发展进程中一种必然的文化现象。它一经形成,便不可逆转,因为它履行了重要的社会功能。这些功能包括如下几个方面:

(1) 观赏性体育是一种制度性的宣泄渠道。著名社会学家埃利亚斯认为,现代体育是人的生命本能和冲动的安全的、文明的宣泄渠道。文明化的实质,在于人们建立了对生理本能和冲动(尤其是暴力冲动)的心理约束机制。但是,这种暴力冲动和本能作为一种能量,总要寻找一个宣泄口。如果社会没有安排一种安全的出口,那么,它就可能任意"泄出"(如暴力斗殴和犯罪)。因此,观赏性体育比赛,尤其是参赛双方的肢体碰撞比较激烈的比赛(如拳击赛),乃是观众的暴力冲动和本能的一种制度性的、安全的和替代的宣泄渠道。

(2) 观赏性体育是一种制度性补偿机制。现代化包括工业化,而工业化的一个副产品,是劳动分工和科学管理。一方面,劳动分工导致劳动任务和劳动技能的专门化,提高了劳动效率,但与此同时,也导致了劳动任务的单调重复,使人变成机器的附件,而不是完整意义上的人。另一方面,科学管理导致工作任务的程式化和精细化,使人的工作变成毫无悬念、可以精确预测的事情。这种精密的预测性,难免导致"无聊感"。为什么呢?因为适度的"不可预测性"和"偶然性",乃是生活之所以"有意思"的必要元素。所以,与其说人们观赏体育是出于"无聊",不如说他们是为了寻求补偿性的"刺激",因为体育比赛的变幻莫测和不可预测以及比赛结果的不确定性,为单调的、程式化的日常生活注入了一剂"兴奋剂"。

(3) 观赏性体育是一种制度性整合仪式。由于参赛的运动员往往代表一个国家、一个社区或一个团体,因此,体育竞赛的社会实质,主要不在于参赛双方的较量,而在于体育比赛所唤起的观众的支持和热情。也就是说,观赏性体育履行了社会整合功能。由于体育观众在观看比赛的时候总是支持"自己的"一方,因此,观赏性体育竞赛是把那些具有共同成员感的人们整合起来的一种"部落仪式"。借助于它,体育观众再生产甚至强化了自己所属群体的身份感、认同感和"自己人"情感。

如何做一个合格的观众

一场精彩的比赛,除了场上运动员的出色发挥外,观众的表现也很重要,如果观众秩序混乱,会直接影响比赛的进行,甚至造成负面的影响。不同的比赛项目对赛场环境有不同的要求。有些项目,比如网球、台球、跳水、射击、围棋等,在比赛非常紧张激烈的时候,有时甚至是全场鸦雀无声。跳水是1秒钟的艺术,运动员在做一个难度系数很高的翻腾动作时,突然的大声喧哗,会干扰、影响运动员的注意力;在网球比赛进行过程中,观众来晚的话,就必须在入口处静静地等候,一直到这局比赛结束,这些都是约定俗成的。不合时宜的掌声,偶尔响起的手机声、喧哗声以及走动声,甚至喝倒彩都会给本来十分完美精彩的比赛增添不和谐的声音。2005年4月3日下午2点北京海淀体育馆,2005中国斯诺克公开赛决赛在亨德利和丁俊晖之间展开,现场1 500多个座位座无虚席,第13局是决定胜负的一局,此前以比分5∶7落后的亨德利正瞄准击球准备反戈一击的时候,一个意外发生了。就在他击球一瞬间,闪光灯在他的正面亮了起来,结果球打偏了。赛后,亨德利很气愤,提出了非常严重的抗议。更让人遗憾的是,不仅闪光灯干扰了比赛,赛场上一些不合时宜的掌声也成了场上的干扰因素。这些鼓掌与其说是给运动员鼓了劲,还不如说分散了运动员的注意力。如果说观众的不合时宜的鼓掌是因为不懂比赛的规则,那么满场响起的喝倒彩声就有失风度了。这对亨德利来说实在不是一种礼貌的行为,而是一种不尊重。

第二节 球场暴力与社会安全阀

随着现代竞技体育的迅猛发展,运动竞赛变得更加紧张、激烈了,尤其是那些身体接触性对抗项目,如足球、篮球、橄榄球等。浓重的职业性、商业性、政治性使得原本纯洁的体育竞赛异化,各种冲突不断激化,导致了运动场上暴力事件的不断发生。球场暴力作为影响球场和社会安定的隐性因素,一直是困扰国际体坛及世界各国政府的体育社会问题(朱小平,1998)。它不仅危害了人类自身的安全,还违背了体育运动的根本宗旨(杨继林,2001),成为破坏人类体育文明的杀手。纵观体育发展史,最为严重的球场暴力是英格兰足球赛场中的流氓行为,1985年的"海塞尔惨案"是典型的球场暴力之一。传统的观点认为,球场暴力是英格兰球场独有的衍生物,但是随着球场暴力在世界范围内的普遍出现,越来越多的证据表明,球场暴力不再是英德等一些欧洲国家的专利,它已经像瘟疫一样在世界各地蔓延,不论是发达国家,还是发展中国家,都有球场暴力。那么什么是球场暴力?是谁在球场内"动粗"?他们还会在球场外"动粗"吗?球场暴力和球场之外的社会安全之间有着怎样的关系?要回答这些问题,还是让我们从球场暴力的定义开始吧!

一、球场暴力的定义

关于什么是球场暴力,目前学术界还没有一个统一的定义。许多学者都似乎把"球场暴力"作为一个普通的概念,因而只对它发生的形式进行一般性描述:"在场上出现球员之间的相互打斗、球员追打裁判、观众袭击球员和裁判、球迷对抗维护秩序的执法人员和球迷的骚乱等"(王卫荣,2001);"摔塑料瓶、砸玻璃、汽车、推倒广告牌,捣毁商贩的摊点,甚至打人致伤、致死……"(李婉芳、高林兵,1995);严重的往往出现打、砸、抢、烧甚至侮辱女性等犯罪行为;赛场上、更衣室中的暴力行为,各种形式的侵犯行为,无视裁判权威,诅咒、说粗话等暴力行为极易以体育对抗形式激发出来……(雅克斯·弗蓝,1996)张金成等对球场暴力作了如下定义:球迷或球员侵犯他人人身、财产、情感等方面的非理智行为,甚至对体育运动观念的曲解和误导以及任何收买、侵犯、偏离和歪曲体育运动概念的都应称为暴力(张金成等,2005)。他们按照球场暴力的内涵将其分为以下三种:① 偏离行为(deviation)——球员辱骂或推搡裁判,球迷辱骂裁判或球员,向场内投掷矿泉水瓶、打火机、喇叭及其他杂物,在看台上点燃报纸、衣物等易燃物品等违反赛场规章制度且不受大多数人赞成的行为;② 越轨行为(deviance)——球迷殴打裁判或球员、球迷之间轻度的打斗以及球迷损坏不太贵重的公共财物而遭到执法机构轻度处罚的行为;③ 犯罪行为(crime)——球迷或球员致人伤亡、集体斗殴及毁坏较贵重的公共财物等触犯刑律要受到严重惩罚的行为(张金成等,2005)。

有些学者把球场暴力称为攻击性行为。"攻击性行为是指故意伤害他人的身心健康为目标的,有明显的语言或身体动作的行为。攻击性行为有敌意性攻击与工具性攻击之分。敌意性攻击是由攻击者的愤怒引起的,伤害他人,使对手产生痛苦,并从中获得满足的行为。这是人与动物共同具有的反应性攻击。工具性攻击也有伤害的意图,但其主要目的是为了获取某种优势,或达到自己的目标。在足球比赛中,它可能是为了获得金钱、胜利或荣誉,工具性攻击是人类特有的攻击行为。足球比赛中观众的攻击性行为主要是由观众的愤怒引起的敌意性攻击。引起愤怒的主要原因是场上裁判员的执法和场上队员的暴力动作等"(张小磊等,2004)。科克利指出:"攻击性这一术语是指倾向于毁坏财产或伤害其他人的行为,或者指建立在完全不顾自己和他人的健康基础上的行为;攻击行为的后果可能是身体上的,也可能是精神上的。"(杰·科克利,2003)"暴力这一术语是指攻击身体的行为。暴力的定义是基于完全不顾自己和他人的健康基础上的身体攻击,或者是倾向于伤害其他人或毁伤财产的身体攻击。"(杰·科克利,2003)在这里,科克利把攻击性行为和暴力作了区分,很明显科克利所指的暴力是属于攻击性行为的一个类别。

艾森(Eitzen)把球场观众暴力(spectator violence in sports)定义为:"在赛场上球迷之间进行的有目的破坏性或伤害行为,这种行为可能是由于个人、社会、经济或者竞争等各种原因引起的"(石岩,2004)。他把球场观众暴力行为分为三类:流氓(rodyism)、狂热的庆祝(exuberant celebration)和骚乱(sport riots)(石岩,2004)。也有人在球场观众暴力和球场暴力之间作了区分:"球场观众暴力与球场暴力应有所区别,球场暴力应包括球员暴力、球迷暴力以及发生在球场上的其他人员的暴力。"(宋凯,1996)通过上文的叙述,我们可以看出学者们对球场暴力的定义大多是描述性的,并且只是对观众暴力进行了研究,而对非观众(球员、裁判和其他工作人员)暴力关注甚少。也有些学者把球场暴力等同于球迷或观众暴力,然而实际上在球场内除了观众以外,还有球员、裁判和工作人员等,所以在球场观众暴力和球场暴力之间作出区分是必要的。通常认为球场暴力都是发生在对立的球队球员、球迷之间,但却忽视了一个重要的事实,即球场暴力也可能会发生在同一球队或同一球迷群体之间。此外还有球场之内和球场之外暴力的区分。目前大多数体育运动都是在一定的空间环境中举行的,这个空间环境就是一定的体育场地和设施,如体育场馆等。严格区分球场之内和球场之外,有助于对球场暴力进行较为精确的定义。从字面上看,球场暴力是指发生在球场范围内的暴力,而在球场范围之外的暴力,不属于球场暴力的范围,尽管有可能在两种不同场合的暴力实施者是同一主体。

我们认为:发生在球场的任何意欲或已经造成自己及他人身体上、精神上伤害的行为,以及毁坏私人或公共财物的行为均被称作球场暴力。这种定义弥补了上述描述的缺陷,它不仅涵盖了所有球场暴力实施者,而且也包括了所有类型的冲突群体规模。球场暴力和球场观众暴力是有区别的,球场暴力的发生地严格限制在球场范围之内,它的实施者包括球员、球迷、裁判及相关工作人员,它强调的是暴力发生的物理空间;而球场观众暴力强调的是暴力实施者,它包括球场观众在球场内的暴力行为,也包括因与比赛相关的因素引起的球场观众在球场之外实施的暴力行为。对于球场观众暴力而言,重要的是暴力实施者不变,变化的只是暴力实施的物理空间。此外,对于观众的球场之外的暴力行为必须是直接由比赛等相关因素引起的,才属于这里讨论的球场观众暴力。

二、谁在球场内"动粗"

通过文献搜索,我们发现很多研究都是关注球场观众暴力的。表7-1是研究者列举的中国足球场观众暴力的十个典型事件。

表7-1 我国足球场观众暴力的十个典型事件

时间与地点	比赛双方与比分	事 件	后 果 与 处 罚
1985.2.7 昆明	云南—匈牙利维多顿 (2∶2)	下雨与管理不善,观众退场时拥挤踩踏	踩死8人,伤100余人。这是我国最严重的一起球场惨案
1985.5.19 北京	内地-香港 (1∶2)	球迷不接受比赛结果,赛后球迷骚乱	40余名警察受伤,28辆汽车被砸;127人被抓,其中28人被拘留,5人被判刑
1985.5.24 沈阳	辽宁—香港精工 (0∶1)	下午比赛主队输球,晚上球迷闹事	一些商店和19辆汽车被砸;101人被抓,其中拘留21人,劳教6人,收容2人
1986.7.19 西安	陕西—国家 (?)	赛中球迷行为过激,赛后闹事	车辆和警察遭袭;73人被抓,其中,拘留2人,逮捕2人
1988.5.23 南充	四川—天津青年 (1∶1)	客队获出线权,赛后球迷骚乱	警车被砸,当地公安机关被冲击;逮捕、拘留和劳动教养15人
1994.7.10 上海	上海—四川 (2∶1)	主客队球迷混坐在一起,赛前双方球迷斗殴	球场部分座椅被毁,多人受伤,赛区被罚款5 000元
1995.10.14 长沙	湖南—火车头 (1∶1)	球迷冲入场地,引发骚乱	当天比赛无效,择日重赛,罚款1万,取消2场主场比赛资格
2000.7.15 西安	陕西—成都 (1∶1)	对裁判判罚和比赛结果不满,万名球迷与警察发生冲突	警方首次使用催泪瓦斯和高压水枪平息球迷骚乱,最后6场主场比赛资格被取消,罚款10万元

(续表)

时间与地点	比赛双方与比分	事　件	后果与处罚
2002.3.24 西安	陕西—青岛（3∶3）	不满裁判判罚，球迷在看台上放火，赛后与警察冲突	部分座椅和一辆警车被烧毁，6人被拘留，2人被送公读学校，8场主场资格被取消，罚款10万元
2002.9.8 北京	北京—上海申远（1∶1）	不满平局结果，球迷上街闹事	部分公共设施被毁坏，过往车辆被砸；50人被抓，其中13人被拘留，北京赛区被警告

资料来源：石岩：《我国足球场观众暴力：现状与问题》，《北京体育大学学报》，2004年第8期

由于该表并未统计暴力发生的地点，因此对照球场暴力的定义，在这十起足球观众暴力中，只有1985年、1994年、1995年和2002年的足球观众暴力属于严格的球场暴力。而其他六起暴力事件有的发生在球场之外，有的由于发生具体地点（球场内或球场外）不明，因此也被排除在讨论之列。但是我们能看到上表中的暴力行为都是由球迷或观众实施的，并且实施暴力的地点有球场内也有球场外。由此我们可以得出这样的一个结论：球迷或观众是暴力行为的实施者类型之一。

表7-1反映的是我国的情况，那么国外的情况如何呢？英国是现代足球的故乡。13世纪初，英国就出现了球场观众暴力现象。此后英国的足球就一直与暴力行为联系在一起。中世纪古老的足球赛与现在的足球运动不一样，只是一种民间的游戏活动，足球场成为来自不同村庄、城镇的年轻人相互较量的绿茵战争，绿茵场也成为各个家族与人群解决不和、个人正义和土地争夺等矛盾的好机会，因而那时的球场上发生一些暴力冲突是常见的。

在15世纪初，出现了要求控制球场观众暴力的呼声，政府试图禁止举行这种比赛，但是效果不大。18世纪末，英国的足球比赛经常伴有不同地域之间的斗争，暴力事件屡有发生，官方密切注视双方好斗青年的一举一动。到了19世纪，比赛带有明显的政治倾向，当局对此也感到很紧张。一份调查报告显示："球场骚乱、违规行为、暴力事件、袭击和破坏行为显然已经形成，但这是可以避免的，至少在19世纪70年代是这样。"在20世纪，"60年代的前5年里，球场观众暴力事件比起前25年增加了1倍"。并且在这一时期又出现了新的球迷闹事群体，他们不支持任何一支球队，而是将比赛看成是与其他球迷群体斗争的场所。1967年，球迷暴力行为出现了新形式，其目标是将对方球迷赶出看台，尽量破坏对方球迷的支持行动，而且要在警察赶来之前进行有效攻击。到了70年代，球

迷行为日益复杂化,球迷群体的凝聚力增强,更有组织性。进入 90 年代,欧洲球场上暴力事件有下降趋势。

现代足球在其诞生之日起就有暴力,只不过人们对暴力的态度发生了变化而已,从当初认为球场暴力正常到要求控制球场暴力。可以看出,至少在英国,球迷或观众也是球场暴力的实施者类型之一。根据上面的材料,我们可以得出:不论在国内还是国外,球场观众已经成为球场暴力的实施者。

在运动比赛中,现场的人口构成主要为球迷或观众、球员、裁判员、教练和工作人员。研究发现球迷或观众、球员以及教练是球场暴力的三大实施者,是他们在球场内"动粗",其中以球迷或观众和球员为主,是他们在球场中制造了一起又一起的球场暴力。在这里需要说明的是,这三种类型的球场暴力实施者实施的球场暴力并不是截然分开的,也就是说在同一起球场暴力行为中,球迷或观众、球员和教练等可能都有参与。那么为什么这些人会不断地制造球场暴力呢?并且在越来越多的国家在呼吁限制球场暴力的同时,球场暴力还是频频发生呢?

三、球场"动粗"是社会安全阀吗

在现有的资料中,针对球场暴力的研究主要集中在球迷或观众与球员身上,以探讨导致球场暴力发生的原因以及防范或制止暴力的措施。这些研究大多都是从各自的学科角度出发,如社会心理学、社会学、心理学和其他学科等,形成一家之言,因而具有局限性。由于球场暴力是一种复杂的社会现象,暴力只是这种社会现象呈现的方式,如果只研究暴力呈现的方式,而不去研究暴力产生的政治、经济、心理、文化和社会等原因,就无法科学地认识球场暴力。所以对球场暴力的研究,需要综合各种学科的知识,而不是各学科"单打独斗"。如果在研究球场暴力时,每一学科只从自己的研究视角出发,排斥其他学科的研究视角、理论和方法,那么这种研究是不完整的,也是欠科学的。

当然这里并不是对球场暴力进行多学科综合研究的尝试,在此就球场暴力与社会安全阀之间的关系作一探讨,即球场暴力与球场之外的社会暴力或社会稳定有何关系。

(一)球场暴力减少了社会暴力

持该观点的理论有本能论和安全阀理论。

1. 本能论

西格蒙德·弗洛伊德(Sigmund Freud)以及其他精神分析学家的理论为该观点提供了理论基础。根据弗洛伊德的理论,所有人类都有一种死的本能,有时指"死的愿望"。这种死的本能在一个人的心灵里以破坏性能量的形式存在。如果不有意识地释放这种能量,最后它将越积越强,并以侵犯自己(极端的形式是自杀)或侵犯别人(极端的形式是谋杀和暴力冲突)的形式不由自主地加以释放。控制这种潜在的破坏性能量的唯一方法是,通过有表现力的攻击性活动安全地释放它。这种安全的释放叫宣泄(catharsis)。

该理论被研究者运用到体育运动时,他们得出这样的结论:比赛和观看比赛可使运动员和观众安全释放或排除天生的攻击性能量,尤其是接触型运动。

英国社会心理学家彼得·马什(Peter Marsh)发展了弗洛伊德和进化论者的理论,认为运动会是运动迷之间"仪式对抗"的场所,并认为这类冲突是相对无害的,是象征性的攻击性能量表现。它们是高度结构化的和可预见的,并且它们将运动迷在其他生活方面表现出来的攻击性行为控制在一定程度之内。马什认为,如果与足球相关的攻击性行为被压制的话,非体育运动环境下的暴力犯罪和打架行为将会增加。

根据本能论的观点,人类具有攻击性;运动,尤其是接触型运动,为人们必须以某种方式表达的攻击性行为提供了安全的"出口"。所以在本能论看来,球场暴力和球场之外的社会暴力之间是一种"U"形关系,也就是说球场暴力越多,就意味着球场之外的社会暴力越少,反之亦然。由此看来,本能论认为体育运动可以控制和调剂社会中的攻击性行为。但是很明显,这种理论存在着如下缺陷:首先,没有研究证实人类的侵犯行为是生物意义上破坏性能量的产物(杰·科克利,2003);其次,从经验层面上看,本能论并没有区分球场暴力实施者和球场之外的社会暴力实施者。也就是说我们没有确定球场暴力的实施者是否是社会暴力的实施者。即使球场暴力的实施者是球场之外的社会暴力实施者,我们还需要进一步论证确实是因为他们在球场内实施了暴力,才导致了他们在球场外的较少暴力行为时,本能论似乎才具有解释力。再次,本能论"总是指向男性的侵犯行为,而忽略了女性和女性行为中释放攻击性本能和冲突的方法"(杰·科克利,2003)。

因此,尽管在本能论看来,球场暴力是社会安全阀,但我们认为本能论并没有正确地建立球场暴力和球场之外的社会暴力之间的关系模型,"连通器"关系模型没有确凿的科学依据。

2. 社会安全阀理论

社会安全阀是美国社会学家科塞(1956)提出的。它是社会冲突理论中用以表示社会冲突积极作用的概念,它是指各个社会都存在着这样一类制度或习俗:作为解决社会冲突的手段,能为社会或群体的成员提供某些正当渠道,将平时积蓄的敌对、不满情绪及个人间的怨恨予以宣泄和消除,从而在维护社会和群体的生存、维持既定的社会关系中,发挥着"安全阀"一样的功能。它强调消除心理紧张在解决社会冲突、排除敌对和不满情绪中的作用,并根据心理学关于对立、紧张情绪可通过向替代性对象发泄而予以消除的观点,提出了安全阀制度发挥作用的机制——替罪羊机制,但是社会安全阀制度并不能彻底解决社会冲突问题。在社会安全阀理论看来,球场暴力就是一种替罪羊机制,它减少了社会暴力,这与本能论相同。

(二)球场暴力增加了社会暴力

科克利在谈到在运动中所学的暴力策略能否带入其他生活领域时指出,对暴力携入社会的研究很难做,因为似乎大多数运动员能够区分运动场地和其他互动情境,他们能够意识到如果把运动中的暴力运用到运动会场之外是不恰当的。然而一些运动员在场外的暴力名声以及大量公开的法庭案件对运动员暴力行为的指控表明,攻击性策略用于运动场以外是可能的。正如美国橄榄球联盟达拉斯牛仔队的前任前锋约翰·尼兰德(John Niland)所说:"任何运动员都想自己能像你玩橄榄球那样使用暴力。说把暴力留在运动场内,那是欺骗他自己。"这里谈的是运动员,那么球迷或观众呢?这里要区分通过电视观看运动的观众和现场观众。对于电视观众而言,"只有极少数观众在酒吧或其他公共场所以侵犯或暴力的形式表达与观看运动相关的愤怒或其他情感"。研究表明,从短期或中期效果来看,观看体育运动中的攻击性行为对人们自己进行运动的方式没有影响,除非观众强烈认同具有攻击性的运动员,而后又有机会模仿他们(Smith,1983),这种形式的模仿经常发生,以至于在某些运动中足以构成问题,因而需要对潜在的榜样和潜在模仿者的暴力行径都予以阻止(Young & Smith,1988)。但是科克利认为,没有明确的资料表明,观看体育电视会使人们在生活中更具有暴力性或更易于接受暴力。对于现场观众而言,研究表明,观众暴力与竞赛期间运动员的动作有关。如果察觉出运动员的动作是暴力性的,观众就更有可能在比赛期间或比赛后从事暴力活动(Berkowitz,1972a;Smith,1983)。这些观点都表明,球场暴力有可能增加社会暴力,但需要进一步研究。

(三)球场暴力与球场之外的社会暴力同源于社会结构

前面的研究都是在考察球场暴力对社会暴力的影响,如本能论和安全阀理论都认为,如果球场暴力增加了,那么社会暴力就减少了。而另一些理论却认为,球场暴力会引发更多的社会暴力。似乎这些理论都把球场暴力看作自变量,而把社会暴力看作因变量。事实上,球场暴力和社会暴力是相互作用的。球场暴力看似是一个独立的现象,但是如果从政治、经济、文化、阶级和种族等因素考虑时,就会发现球场暴力与更大的社会结构紧密相连。不论是球场暴力,还是球场之外的社会暴力,均是一种社会力量得以表达的方式,甚至可能是同一种社会力量表达的方式。当我们把球场暴力和社会暴力均看作是社会结构的一部分时,把它们的存在看作是社会的"常态"表现,那么我们现在要做的就是如何引导这些力量的表达,以至产生最低限度的社会破坏。虽然从表面上看,有些球场暴力确实引发了社会暴力,但它不是社会暴力的真正原因,球场暴力只是一种导火线罢了。

那么球场暴力到底是不是社会安全阀呢?应该承认球场暴力是一种客观存在,与社会政治、经济、文化、种族等社会因素相联系,有着自身的规律。根据默顿的正负功能理论,如果球场暴力确实起到社会安全阀作用的话,说明它具有一定的正功能,但显然不是它的全部。因此,仍然有必要对它可能具有的负功能进行深入而彻底的探讨。

第三节　球迷群体与人际沟通

由于现代足球起源于英格兰,所以球迷现象当然也最先出现于此地。随着社会的发展和文明程度的提高,球迷的素质也在不断提高,但这并不意味着足球流氓就已销声匿迹,它可能以其他形式存在着。本节内容主要探讨球迷的人际沟通,以揭示球迷通过何种方式沟通以及沟通的效果如何,其结果又是什么。

一、球迷的界定及类型

1980 年版的《辞海》对"迷"的释义为:沉迷于某种嗜好事物的人。由此有人类推出,球迷就是沉迷于球类运动的人,包括球员和狂热的观众(张伟、安斗,2003)。这种类推出的定义,与我们的常规看法相左,因为在常规思维中,球迷不包括球员,尽管某一球类的球员可能是另一种球类的球迷。《现代高级英语双解词典》对"迷"的释义为:对某事物之狂热的支持者。那何谓狂热呢?狂热"又称盲目性,对某一事物表现出过度的、不合理的热情"(朱智贤,1989)。也有人从广义和狭义两个方面来界定球迷:从广义上讲,球迷是指热爱球类运动的人,凡是喜欢球类运动的人均可称为球迷;从狭义上讲,球迷指因对足球发生特殊爱好而迷恋、沉醉其中的人,他们是为了足球而不顾一切的人(邹尚全,2004)。这种从广义和狭义两个方面定义球迷的方法,与前述的定义方法有着相同的缺陷,那就是没有区分球员和观众的区别。为了区别球员与观众,可以这样定义球迷:所谓球迷,就是指沉迷于球类运动并不以此类运动为职业的人。从这个定义看,球迷是不包括球员的,从而符合了人们的常规思维。这里需要说明的是以某种球类运动为职业的运动员,相对于其他球类运动时,可以是球迷。

卢元镇从需要和动机的不同,将球迷分为五类:

(1)求知型:由于竞赛具有不确定性,对比赛结果的预测可满足其求知欲,大多数观众都具有此类特点。

(2)审美型:这类球迷把体育比赛作为艺术品来欣赏,比赛时不大注意比分,吸引他们的是运动员熟练、优美、准确、惊险的技术动作以及协调、力度、节奏、对比等审美因素。

(3)娱乐型:这类球迷看比赛是为了娱乐、消遣、打发闲暇时间,无特定追求。

(4)求同型:这类球迷有一种追求社会归属和被认同的心理。

(5)发泄型:这些球迷特别迷恋比赛场地气氛,热衷于追求激烈竞争所带来的强烈刺激。

作家荒原从感情和动机的角度将球迷分为三种类型:

(1)宣泄—刺激型:怀着宣泄心理到体育场寻找刺激。

(2)理智—欣赏型:带着理智的情绪到体育场地来欣赏比赛。

(3)义务—事业型:怀着义务的心理到体育场为主队加油。

美国研究者从迷恋的程度,即狂热的程度,将球迷划分为 fan(迷恋者)、fanatic(迷狂者)、deviant(越轨者)。

英国心理学家 B.J.克列季按照观众离体育场的"距离"将其分为:"第一线的基本助威者"——他们对体育运动非常感兴趣,并常常现场观看比赛;"第二线的助威者"——他们经常通过广播和电视来关心比赛,但很少光临体育场;"第三线的助威者"——与上述两类人不同,他们只是同别人谈论体育新闻或根据报刊上的消息来关心运动员的比赛。

宋凯根据球场与大众传播媒体的关系,将中国球迷分为:场地球迷——只要有条件就去球场看球;电视球迷——一般不去球场看球,以看电视中的足球比赛为主;报刊球迷——以阅读报纸上的足球消息或评论为主要方式。

二、群体与球迷群体

群体是人类存在的普遍形式。群体是一个外界的对象,是向个人提供某种或某些满足的实体。群体具有如下四种基本要素:① 共同的活动。若干个人共同活动的前提是个人的独立活动。个人总是以某一方面的独立能力,成为群体成员的。② 共同评价和情感。若干人的共同评价就是这些个人判别是非与好恶的相同标准。若干个人的共同情感包括对于成功或失败的共同感受、情绪上的温暖、同情和归属感。③ 相互作用。首先指个人与个人之间的沟通,其次指个人与个人之间的操作,其中以互相肯定的活动为主,互相否定的活动为辅。④ 时间的持续。个人要成为群体,必须有反复的相互作用与共同活动。只有在时间上有一定持续性交往的个人,才可能成为群体。所以群体就是具有共同评价与情感、持续地进行相互作用与共同活动的个人有机结合体(宋林飞,1987)。

参考群体的定义,球迷群体可以被定义为"具有共同评价与情感、持续地进行相互作用与共同活动的个体球迷有机结合体"。每一支球队都可能会有自己的球迷,那么这些球迷是怎么形成群体的呢?

三、球迷群体与人际沟通

从胡申生等关于球迷群体的研究结果(胡申生,2005)中可以看出:球迷群体是一种趣缘群体,这种群体的形成基础就是共同的爱好。对照前面关于群体的定义,这种共同爱好就是共同评价和情感,同时是上述群体的四种要素共同作用的结果,其中以相互作用的要素最为突出。相互作用实际上就是指人际沟通。

当谈到人际沟通时就无法避开人际关系。人际沟通研究的是关于人与人之间联系的形式和程序,人际关系研究的是在人与人沟通的基础上形成的社会和心理关系。人际关系是在人际沟通的过程中形成和发展起来的。离开了人际间的沟通,人际关系就不能建立和发展(李谦,2002)。所谓沟通(communication)是人们分享信息、思想和情感的任何过程,这种过程不仅包括口头语言和书面语言,也包括形体语言、个人的习气、物质环境——赋予信息含义的任何东西(桑德拉·黑贝尔斯等,2005)。人际沟通(interpersonal communication)是发生在一对一的基础上进行的沟通,通常是非正式的、不规则的环境中。这种沟通绝大多数发生在两个人之间,尽管也包括两个以上的人(桑德拉·黑贝尔斯等,2005)。人际沟通既指一种关系状态,也指一种活动。这里重点探讨球迷的人际沟通活动,它是指球迷之间以及球迷与球员之间得以联系的程序及其形成过程,球迷的人际沟通所形成的结果就是球迷之间以及球迷与球员之间的人际关系。那么球迷是如何沟通的呢?

根据人际沟通所借助的符号工具不同,沟通分为语言沟通和非语言沟通。语言沟通是借助符号进行交流和说服的行为,非语言沟通是借助语言以外的其他沟通手段进行交流以达到沟通目的的行为。

(一)语言沟通

语言是交流的工具。也就是沟通的工具,尽管不是唯一的工具。人们一旦学会了怎么样运用语言,词语就能帮助其达到与他人进行沟通的目的。一些语言在球迷群体的形成过程中,起到一种黏合剂的作用,在球迷群体形成之后,它们仍旧继续发挥着这样的作用,从而成为某一球迷群体的特殊语言。也有一些语言是所有球迷共享的符号,如乌龙球、放水、下课等,这些是球迷之间进行沟通的特殊符号,与人们常识性的理解存在差异。正是因为这些语言被一些所谓的球迷共享,因而他们才成为球迷。所以说,语言沟通在球迷形成过程中及其形成之后都起到黏合剂的作用,把球迷与球迷、球迷与社会中的其他人分开,群体意识得到巩固和强化。

(二)非语言沟通

据研究,高达93%的沟通是非语言的,其中55%是通过面部表情、形态姿势和手势传递的,38%通过音频传递(李谦,2002)。非语言沟通主要包括辅助语言、形体动作、眼睛中的信息、吸引力以及服饰等。同样,这些非语言沟通在球迷之间也普遍存在。

1. 辅助语言

辅助语言是由伴随着口头的有声暗示组成的。在一些球迷中,当比赛出现了对其支持的球队有利或不利的情况时,他们会发出各种声音。例如,当某一球队的球员进球得分了,该球队的球迷可能会有人吹口哨、摇旗等,以表示对他们的支持。而另一方球队的球迷可能会发出其他的声音以表示对该球队表现的不满。当这种情况发生时,不仅同一球队的球迷与球员之间得到了沟通,而且同一球队的球迷群体成员之间也得到了沟通。因为通过这种沟通,他们表明了他们是"一伙"的,而与其他人不是"一伙"的,从而增强了群体归属感。

2. 形体动作

这种沟通方式主要以身体的动作来表现,也可称为肢体语言。它与辅助语言的区别主要是形体动作不伴有口头的声音。例如,当自己支持的球队得分或获胜时,球迷之间相互拥抱、击掌等。这些形体动作所表达的含义除了意味着球队得分或获胜以外,还有更重要的含义就在于"我们"得分了、"我们"赢了。归属感让他们明白大家都是一个群体的。这种群体意识伴随着整个沟通的过程,并在沟通过程中得到了强化。

3. 眼睛中的信息

眼睛不仅仅是人的重要视觉器官,而且也是传递信息的重要工具。从一个人的眼神里,我们可以看到不同的信息。可以通过观察别人的眼神,能够知道他们的心理状态。也可以通过眼神,向别人表达某种暗示。在球场上,可以看到球迷的眼神紧紧地追随着自己喜爱的球员身上,这种"紧紧追随"不只是一种行为,更多的是一种情感的表达,一种社会纽带的强化。这种情感就是通过这种眼睛的动作来表现:我们时刻关注着你,我们支持你,我们是"一伙"的。当球员看到球迷如此支持自己时,他们在球场上的表现会更加出色。当球员表现更加出色时,必然又会激励球迷对自己更加忠诚。这样,在球迷与球员之间以及球迷与球迷之间就存在着一种非语言的沟通。这种沟通的结果就是群体意识的强化。

4. 吸引力

这是一种唤起别人愿意与其接近的能力倾向。一些调查研究表明,有吸引力的人与没有吸引力的人比起来,前者比后者更容易与别人沟通(李谦,2002)。在球迷群体中,这种吸引力主要来自球迷所支持的球员。这样的球迷以某球员为中心,聚集在该球员的周围,成为该球员的球迷。当这个球员服务于某支球队时,他们便成为该球队的球迷。这样,吸引力成为球员、球队和球迷之间沟通的桥梁。

5. 服饰

经常可以看到,不同的球迷身穿奇彩异服,脸上涂着各种图案。而同一群体的球迷则服饰基本一致。这种服饰上的差异也是沟通的一种途径,同时也是沟通的结果。不过,我们通过服饰的不同看到的仅仅是群体意识外化形式的不同,实际上,隐藏在外化形式背后的东西,正是那些不同的群体意识。群体意识才是球迷群体得以生存的真正能量。

通过对球迷之间以及球迷与球员之间不同沟通方式的考察,可以发现沟通实际上就是群体意识的再生产。每一支球队都拥有自己的一个或多个球迷群体。每一个球迷群体都具有一种特殊的亚文化,共享这种亚文化的人实际上就是一种亚文化集团,他们有自己的规范、价值观念和行为标准,从而形成一种群体意识。正是群体意识又分了不同的球迷群体。球迷之间以及球迷与球员之间的沟通过程,就是某种群体意识再生产的过程。

四、球迷组织化——一种人际沟通的结果

人们对球迷的认知存在一种误区,球迷常常被比作"一大群在街头横冲直撞的醉汉,他们以恐吓人的手势、攻击性的语言和群殴威吓参与者和街人,从而扰乱了公共秩序,危及市民、队员、官员和裁判员的安全"。英国的足球流氓举世闻名,这或许是造成人们对球迷消极认知的最初原因。但是随着社会的发展、文明的进步,球迷素质也越来越高。文明看球成为众多球迷最基本的准则。球迷由

当初一盘散沙的局面逐渐走向有组织、有秩序的群体。球迷组织化是球迷人际沟通的一种结果。

作为个体的球迷,当他开始成为某一球队的球迷时,他对该球队或球员的认知是他个人的理解。这种理解或多或少地与其他球迷对该球队或球员的认知存在偏差。如果每一个球迷对同一球队或球员的认知彼此存在的偏差大到足以导致无法达成共识时,那么这个球迷群体是不牢固的。一个不牢固的球迷群体对球队的支持力度是有限的。以中国为例,1985年中国足球史上出现了"黑色星期五",该事件是中国足球史发展的分水岭。在此之前,中国球迷散兵游勇、乌合之众;而在此后,球迷们认识到只有组织起来才能获得社会的认可,也只有组织起来才能更好地看球、侃球(张友平等,2004)。这样,中国的球迷们就走上了组织化道路,建立了球迷协会。而球迷协会的建立是人际沟通的结果。因为,球迷协会有自己的目标、规范、价值观念和行为准则,正是这些才让球迷们顾全大局、求同存异,从而形成了一个组织化的群体,产生了群体意识。这个求同存异的过程就是沟通的过程,也是组织化过程,球迷协会的建立就是沟通结果的一种物化形式。所以说,球迷组织化是一种人际沟通的结果。

以上主要探讨了同一球迷群体内部的球迷之间的沟通,尚未涉及对不同球迷群体成员之间的沟通问题,后者有待于在今后的研究中得到开拓性的进展。

本章参考文献

[1] 高艳丽、唐文兵:《我国足球联赛赛场秩序存在的问题与规范措施》,《上海体育学院学报》,2005年第3期。

[2] 胡申生等:《上海"蓝魔"球迷趣缘群体的调查研究》,《体育科研》,2005年第1期。

[3] 金盛华、张杰:《当代社会心理学导论》,北京师范大学出版社,1995年。

[4] 李谦:《现代沟通学》,经济科学出版社,2002年。

[5] 李明:《对"观赏型"体育消费的初步理论探讨》,《南京体育学院学报》,2000年第14期。

[6] 李婉芳、高林兵:《足球球迷骚乱心理过程与管理对策》,《湖北体育科技》,1995年第3期。

[7] 卢元镇:《中国体育文化纵横谈》,北京体育大学出版社,2005年。

[8] 石岩:《球场观众暴力的理论阐释和因素分析》,《西安体育学院学报》,2004年第1期。

［9］石岩：《我国足球场观众暴力：现状与问题》,《北京体育大学学报》,2004年第8期。

［10］宋凯：《当代中国足球迷现象解析》,《体育科学》,1996年第6期。

［11］宋林飞：《现代社会学》,上海人民出版社,1987年。

［12］杨继林：《试析足球暴力形成的几种因素及其对策》,《山东体育科技》,2001年第9期。

［13］杨宗义：《体育心理学》,西南师范大学出版社,1991年。

［14］王卫荣：《试谈中国足球的暴力隐患》,《四川体育科学》,2001年第3期。

［15］吴铎：《社会学》,高等教育出版社,1999年。

［16］张发强：《体育经济学概论》,吉林人民出版社,1990年。

［17］张金成、王家宏、舒钧：《我国球场暴力研究概述》,《天津体育学院学报》,2005年第3期。

［18］张伟、安斗：《影响中国球迷狂热行为的因素分析》,《山西师大体育学院学报》,2003年第3期。

［19］张小磊、戴云鹏、杨玉功：《足球比赛中观众攻击性行为的研究》,《山西师大体育学院学报》,2004年第2期。

［20］张友平、李建平、尹昌岭：《我国足球迷队伍的成因及其发展分析》,《体育科学研究》,2004年第3期。

［21］朱小平：《足球暴力产生的原因及对策》,《武汉体育学院学报》,1998年第2期。

［22］朱智贤：《心理学大词典》,北京师范大学出版社,1989年。

［23］邹尚全,《对足球迷观看比赛动机的研究》,《辽宁师专学报(自然科学版)》,2004年第1期。

［24］左从现等：《试论体育需求和体育供给》,《体育科学》,2000年第20期。

［25］[英]安东尼·吉登斯,《社会学》,赵旭东、齐心、马戎等译,北京大学出版社,2003年。

［26］[奥]K.洛伦兹：《攻击与人性》,王守珍、吴雪娇译,作家出版社,1987年。

［27］[美]L.科塞：《社会冲突的功能》,孙立平等译,华夏出版社,1989年。

［28］[美]杰·科克利：《体育社会学——议题与争议》(第6版),管兵等译,清华大学出版社,2003年。

［29］[美]桑德拉·黑贝尔斯、理查德·维沃尔二世：《有效沟通》,李业昆译,华夏出版社,2005年。

［30］雅克斯·弗蓝：《体育运动可以避免暴力吗》,王言译,《体育文史》,1993年第1期。

第八章
体育与城市规划

城市是人类文明成果的集中体现,也是社会、经济与文化发展的结晶。一个民族、一个国家、一个地区的发展是以城市的发展为前提和基础的(林显鹏,2006)。城市规划,是指城镇各项建设发展的综合性规划。城市规划对城市体育的发展有着重要的制约意义,同时体育的发展对城市规划也起着积极的推动作用。

本章从体育与城市关系的视角,主要阐述了城市景观体育的基本概念与主要特征、城市景观体育的背景与意义、城市景观体育的现状与发展;城市公共空间概念、体育对城市公共空间的意义、城市体育公共空间的形态、城市体育公共空间的发展;奥运会对城市规划的意义、"绿色奥运"理念是城市可持续发展的保障、北京奥运会对城市规划的推进作用。

第一节 城市景观体育的发展

一、城市景观体育的概念与特征

(一) 城市景观体育的基本概念

城市的不同主题空间都能构成景观场,它是城市的灵魂所在(陈锡尧,2006)。城市景观体育属于一种体育组织形式,是一种城市体育新形态(周细琴,2006)。它是以特定的城市自然景观和人工景观为空间背景,将现代的或历史的城市标志性建筑物、生态的或人文的山川绿地、自然环境与特定的体育活动或体育比赛紧密而和谐地结合在一起,从而产生鲜明主题的一种新型体育形式。

城市景观体育不是把城市景观与体育运动简单地叠加,而是在精心选择与策划的基础上,把景观与运动协调地组合在一起,使两者的特色与优势相互点缀,相互衬托,并浑为一体,达到效果的放大与价值的提升。

(二) 城市景观体育的主要特征

城市景观体育是一种城市体育的新形态,除了具有与其他体育形态共同的属性外,还具有自身的鲜明特征。

1. 观赏性

城市景观体育,顾名思义就是把体育运动融于城市景观之中,以体育的动态之美把凝固的城市人工景观或自然景观点缀得更具生命力,而以城市标志性景观为背景的体育运动则被烘托得更富有立体感,再加上热情奔放的观众,三者融合组成一幅动静结合、相得益彰、赏心悦目的城市景观的美丽画卷,拉近了观众与体育比赛的物理距离与心理距离,给人以更高文化品位的美的享受。

2. 新颖性

城市景观体育成功与否的关键在于新奇、刺激、时尚等元素与景观的结合(卢凯,2004)。城市景观体育突破了传统的体育赛事或体育活动必须在专业体育场馆设施中进行的思维定式,创造性地以城市人工景观或自然景观为体育赛事或体育活动的背景与空间,形成一种全新的体育形态,摆脱了传统赛事呆板枯燥的弊端,给参加者与观赏者的视觉乃至心灵以一种新鲜而强烈的冲击,从而激发出新的活力。

3. 展示性

城市景观体育发生在开放式的城市人工或自然的标志性公共空间,同在专业体育场馆设施的封闭空间举行的体育比较,其辐射的空间半径和产生的视觉影响要大大增加,加上赛事的合理包装和媒体的有效传播,扩大了对城市的宣传效果,提高了运动项目的推广效果。

4. 休闲性

城市景观体育使同样具有休闲属性的体育运动与城市标志性公共空间紧密地结合在一起,使两者巧妙叠加所形成的新形态产生了休闲功能的放大与递增,顺应了现代人不断增长的旅游、度假、娱乐、观赏等休闲生活方式的需求,也激发了众多企业的赞助或投资兴趣与欲望,从而有效地拉动了相关的休闲消费。

5. 选择性

城市景观体育要想取得预期效果,最关键的是对运动项目、城市景观的选择。体育的发展使运动项目层出不穷,但并非所有的运动项目都可以包装成景观体育,也不是所有的项目都适合在城市景观中开展的。因此,在众多运动项目中要精心挑选出适当的项目,除了考虑项目的原属性和公众的认可度外,还必须验证项目的可包装性和移植到城市景观中进行的可行性。同样,城市的发展使城市面貌发生翻天覆地的变化,城市标志性景观越来越多,但也不是所有的城市景观都可以转化成景观体育的空间,而必须经过科学论证,除了考虑景观的原属性和宣传价值外,还必须验证景观与运动项目之间的协调性以及景观区域的安全性。

6. 系统性

城市景观体育由于发生在城市标志性公共空间,比之在专业体育场馆设施举办的体育赛事,为了确保过程的安全性、有序性和观赏性,其组织管理相对更加复杂,所涉及的部门扩大了,难度增加了,运作成本提高了,因此需要精心策划和准备,协调各个不同系统的有关部门,明确责任,落实细节,保证活动过程有条不紊地进行。

二、城市景观体育的背景与意义

(一) 城市景观体育的背景

城市景观体育是社会经济快速发展和城市化程度不断提高在体育领域的重要表现,是适应人们不断增长的体育与文化需求的必然结果,也是体育改革与发展的自身需要。

1. 城市综合实力的提升是城市景观体育发展的物质基础

体育是伴随着社会与经济的发展而发展的,而城市景观体育的出现与发展更加依赖于城市社会经济及综合实力的发展水平。我国城市化程度的不断提高催生了城市景观体育,而城市的社会经济快速发展和综合实力的不断增强则成为城市景观体育发展的基础与动力。

2. 居民休闲需求的增长是城市景观体育发展的内在动力

随着城市居民生活水平提高,当他们有了"闲钱"和"闲时"后,就会有追求文化生活和休闲享受的"闲心"。城市景观体育不仅具有其他体育形态的基本属性,而且由于与城市景观交相辉映,非常自然地把该体育项目的属性与该城市景观的属性融为一体,因此能更好地满足城市居民求新图变的文化与休闲需求。

3. 体育体制改革和运动项目推广是城市景观体育发展的重要因素

在社会主义市场经济条件下,由政府既管又办的传统体育体制难以适应,必须形成政府主导、社会参与、市场运作的新型体育体制,而城市景观体育就是体育体制改革的产物。同时,为了更好地宣传和推广体育运动项目,使更多的人了解、喜欢和参与,因此产生了城市景观体育这样一种新型的形态。

（二）城市景观体育的意义

城市景观体育是把体育运动置于城市标志性公共空间，其产生的影响不仅是促进体育的发展，而且对城市发展发挥了多元的推动作用。

1. 有效展示城市风貌

城市景观体育通过精彩纷呈的体育比赛与标志性的城市景观相融合而形成了城市新景观，吸引着人们驻足观赏，再加上媒体的传播，使世人的目光聚焦于城市标志性的人文或自然景观，让更多的人从标志性景观中了解城市的变化与发展，从而展示城市的风貌。

2. 宣传推广体育项目

城市景观体育是采用转移运动空间的策略，经过精心策划，用城市标志性景观包装体育项目，从而把某些体育项目从封闭性的场馆空间置于开放性的公共空间，从而使公众更加便捷而直观地了解体育项目，达到宣传与推广的目的。

3. 满足人们休闲需求

现代化城市不但应该是高效的生产空间，而且更应该是适宜人居住的生活空间。当人们的基本生存需求得到满足后，就会追求更高层次的休闲娱乐需求，要求有更多的休闲娱乐产品供自己享用。城市景观体育以其特有的魅力，满足了人们的休闲需求，成为人们喜闻乐见的休闲项目。

4. 拉动相关消费发展

成功的"城市景观体育"项目，对推动经济发展、拉动旅游消费的作用十分显著。体育项目是在开放式的公共空间进行，不但产生直接的体育消费效益，而且由于是景观公共产品与所发生的公共空间产生共鸣效应，因而可以促进旅游、购物、娱乐、餐饮、交通等相关消费。

三、城市景观体育的现状与发展

（一）城市景观体育已经成为世界性现象

城市景观体育在世界范围内的实践已经有一百多年的历史，有些城市景观体育赛事经过长期的发展已经闻名遐迩，成为国际性的品牌体育景观赛事，并成为城市的著名名片。如：截至2004年，著名的环法自行车大赛已经举行了101届；每年一度的英国牛津大学和剑桥大学划艇对抗赛在泰晤士河上进行，已成为美丽的城市风景；每年元旦在帝国大厦举行的爬楼梯比赛，已成为美国纽约的传统活动；美国夏威夷每年举行一次马拉松比赛，吸引了大量外国游客和全球马拉松爱好者参赛或观摩；马来西亚每年都定期在城市标志性建筑——世界第一高楼"双子塔"举行跳伞，已经成为世界性传统体育节目；壁球作为世界时尚运动与景观有着密切的关系,法国在埃菲尔铁塔前、埃及在金字塔前、中国香港特别行政区在维多利亚港曾搭建全透明的壁球馆进行过比赛;国际上很多发达国家都将举办马拉松赛当作打造国际名片、展示都市活力、显示国民强健体魄与繁荣经济的一种手段,美国纽约、英国伦敦、法国巴黎、日本东京等国际马拉松赛都是这样发展起来的……

城市现代化程度的不断提高和体育生活化趋势的日益加强,体育运动与城市景观之间越来越紧密地结合在一起,城市景观体育已经成为一种世界范围的现象。

(二) 我国城市景观体育的现状
1. 城市景观体育在越来越多的城市开展

我国城市景观体育这几年得到不断发展,尤其在社会经济比较发达和景观资源比较丰富的城市。如:在举世闻名的长城举行了万人太极拳表演和元旦登长城活动,中央电视塔成为低空跳伞国际公开赛的举办地,全国沙滩排球冠军赛决赛地点设在广州繁华的上下九步行街文化广场,绍兴在美丽的新环城河上进行了全国皮划艇马拉松冠军赛,世界低空飞行表演把风景如画的苏州太湖展现在世人面前,云南举办了"个旧金湖国际滑翔节",沈阳在五里河公园进行了中国龙舟比赛,西安国际马拉松赛成为城市体育、旅游、经济一体发展的盛大节日……

伴随着社会与经济的发展,城市景观体育在我国越来越多的城市得到开展,激发了市民的浓厚兴趣,也引起了体育学、社会学、经济学等领域学者的关注。

2. 上海城市景观体育的实践与研究

上海在建设现代化国际大都市的进程中,充分利用日新月异的城市环境和日益丰富的景观资源,顺应市民不断提升的休闲娱乐需求,在我国率先提出城市景观体育的概念并有规划地进行实践探索和理论研究。上海是我国开展城市景观体育实践与研究的典型城市,集中体现了我国城市景观体育的发展水平。

(1) 起步:2002 年

上海城市景观体育的雏形出现于 2002 年在上海举行的国际剑联男女花剑世界杯赛。在确定这项市民比较陌生的世界顶级赛事地点时,上海别开生面,大胆地选择了地处上海繁华闹市的南京西路梅龙镇商业广场。结果,"和者盖寡"的高雅击剑运动和休闲购物的市民产生了"化学反应",世界著名的击剑选手与普通市民近距离接触,精彩动感的运动表演与幽雅恬静的商场环境浑然天成,并通过媒体的广泛传播,产生了良好的轰动效应和高度的社会评价。

在此基础上,上海又进行了一系列的尝试,为日后城市景观体育的形成与发展积累了经验。2002年第六届上海国际武术博览会安排在具有上海地方传统文化特色的龙华民间庙会期间举行,并选择开放式的龙华旅游城塔院广场进行木兰拳和散打比赛,使人流如织的民间庙会与世界级高水平的中华传统武术比赛在同一个空间迸发出灿烂的火花;2002年第五届沪港台大学生赛艇比赛——"爱我中华"上海苏州河赛艇公开赛在城市中心的四川路至乍浦路段的苏州河水域进行,清澈的河水、流动的赛艇、活力四射的大学生选手、沿河两岸及桥上匡观助威的市民观众,犹如一幅美妙的图画,展示了美好的城市生活和良好的生态环境;地处浦东新区的上海新国际博览中心临时搭建赛场,举行了上海网球大师杯赛,吸引了国内外400多名记者全程采访,据有关资料统计,其媒体报道数量甚至超过在上海举行的APEC会议。

(2)探索:2003年

2003年上海开始有规划地打造城市景观体育,并有意识地探索上海城市景观体育的特色与运作规律。

2003年,在享有"中华第一街"美誉的南京路步行街世纪广场醒目地出现了一个前所未有的临时体育建筑——人造沙滩排球场。源于海边沙滩的运动项目被别出心裁地移植到举世闻名的繁华商业中心,全国沙滩排球锦标赛的精彩角逐与五彩缤纷的商厦物品产生了和谐的共鸣,吸引着购物的人们情不自禁地驻足观球,也吸引着观球的人们不由自主地前往购物,营造了更加旺盛的商业人气和赛场士气。赛后新闻发布会上,上海正式提出了"城市景观体育"的概念,开始了打造上海城市景观体育的探索与研究。

2003年"十一"黄金周期间举行的金茂大厦国际高楼跳伞表演赛是上海探索城市景观体育的标志性活动。被美誉为"中华第一楼"的金茂大厦,是当时中国第一、世界第三高楼,位于紧临黄浦江滨江大道的浦东新区最繁华的陆家嘴金融贸易区黄金地段,与毗邻的东方明珠电视塔、国际会议中心以及隔江相望的著名外滩景区组合成精彩绝伦的上海城市景观精品。世界低空跳伞高手在金秋蓝天白云的衬托下,以色彩斑斓的伞与旗在风景如画的城市上空形成各种美轮美奂的图案,令人叹为观止,拍手叫绝,城市景观体育的魅力被发挥得淋漓尽致。

同年,上海国际龙舟邀请赛在城市中心的苏州河上拉开战幕;上海国际马拉松比赛贯穿了南京路、延安路等市中心主要马路。从此,上海景观体育呈现出快速发展和自觉运作的态势。

(3)发展:2004年

从2004年开始,上海城市景观体育的规模更加扩大了,层次更加提高了,内涵更加深刻了。

2004年8月,在上海的母亲河——黄浦江的外滩段水域内,精彩的F1摩托艇世界锦标赛上海站比赛让市民大饱眼福,共有170多个国家现场直播,8亿人观看了比赛(周细琴,2006);2004年10月,世界攀岩赛亚洲分站赛上海站比赛在市中心的静安区城市之光高档商务住宅小区举行;2004年10月金秋,由中国和世界优秀选手共同参与的世界低空跳伞表演赛在金贸大厦举行,吸引了超过20万名现场观众和4亿名电视观众(肖春飞,2004)。2004年11月,上海创办了首届世界著名在华企业员工体育大赛,全部比赛都极富创意地安排在上海标志性景观区域:东方明珠电视塔的登楼比赛、淮海路新天地休闲区的飞镖比赛、"浦江夜游"艇上的桥牌比赛、外滩风景区的健美操比赛、城隍庙的跳绳比赛、南京路上的定向越野比赛、城市乡村的高尔夫比赛,吸引了10个省市162个单位近2 000名选手参加;2004年11月,以外滩为背景的通体透明的玻璃壁球房里举行了世界女子壁球精英锦标赛,世界排名前32位的顶级壁球运动员在那里一展身手;2004年国际DTM房车赛在浦东陆家嘴金融贸易区的主要干道举行,著名的选手、高速的赛车、轰鸣的车声、现代的建筑、欢乐的市民等一幅幅画面通过电视转播,把上海城市风采展示给了全世界。

2005年3月,国际剑联男女花剑世界杯赛移至亚洲第一、世界第三高度的上海标志性城市景观建筑——东方明珠电视塔的零米大厅举行,使这项上海景观体育的起源赛事再放异彩;2005年6月,颇具观赏性的"笼式足球"三对三比赛在位于中山公园的玫瑰坊商业街举行,60支队伍轮番鏖战一个月,吸引了大量游人驻足隔网观战;2005年11月,上海静安世界杯攀岩赛在地处市中心的延中大型绿地揭开战幕,23个国家和地区110多名优秀选手参加了这项世界级高水平极限赛事,开放式赛场上的"岩壁芭蕾"吸引了许多居民和高校、民间组织的攀岩爱好者;2005年国际轮滑邀请赛在著名的外滩风景区举行,高超的轮滑比赛为美丽的外滩锦上添花,为中外旅游观光者献上了一道脍炙人口的运动欣赏大餐。

2006年"茵宝杯"全国五人足球赛总决赛在南京东路步行街世纪广场展开捉对厮杀,上海电视台体育频道全程转播,创造了中国足球史上的"奇迹";在延安绿地举行的2006年上海"静安·嘉华"世界杯攀岩比赛期间,还进行了静安区商务楼青年攀岩赛、上海市中学生攀岩赛和长三角地区攀岩精英邀请赛,扩展了参赛面,增强了赛事的魅力。

(三) 城市景观体育的发展趋势

1. 更加广泛性

城市化程度的提高和城市现代化程度的加强,会使城市景观资源越来越丰富,提供体育选择的景观空间也越来越大。同时,体育生活化和体育社会化的加速发展,将使体育更加融入于人们的生活空间并更加渗透到社会的各个方面。因此,城市景观体育必将在我国更多的城市得到开展。另外,体育运动新的项目不断涌现,竞技体育与群众体育的交叉渗透,使城市景观体育既可有传统性,也可有现代性,既可有竞技性,也可有群众性,既可有表演性,也可有参与性。

2. 更加精品化

随着经验的积累与人们欣赏要求的提高,在实践与探索的基础上,城市景观体育无论在项目包装和活动内涵、还是在运作过程和管理水平上,都将更加追求质量与效果的完美。尤其像北京、上海这样的现代化程度越来越高的城市,会更加精心打造城市景观体育,形成体现城市精髓的景观体育精品。

3. 更加专业化

城市景观体育是一项复杂的系统工程,其策划、运作与管理过程需要具备相当高的专业能力。因此,随着城市景观体育的深入发展,将会出现专业化策划机构与管理人才,使城市景观体育更加规范和科学。

4. 更加社会化

城市景观体育,尤其是一些涉及系统较多或运作成本较高的活动,不但需要政府部门的调控与协调,而且需要相关方面的支持与参与,包括媒体的宣传和企业的投入。因此,城市景观体育的社会化运作机制将会越来越成熟。

第二节 体育与城市公共空间

一、城市公共空间概念

城市公共空间是指城市或城市群中,在建筑实体之间存在着的开放空间体,是城市居民进行公共交往活动的开放性场所,为大多数人服务;同时,它又是人类与自然进行物质、能量和信息交流的重要场所,也是城市形象的重要表现之处,被称为城市的"起居室"和"橱窗"。由于担负城市的复杂活动(政治、经济、文化)和多种功能,它是城市生态、文化、美学及其他各种与可持续发展的土地使用方式相一致的多种目标;而且,它还是动态发展变化的(王鹏,2002)。

城市公共空间反映了城市的政治、经济、文化和城市的性格、品位,也体现了城市居民的生活方式与心理追求。

二、体育对城市公共空间的意义

城市公共空间的核心功能是为城市居民提供接触、交流、沟通、体验等社会活动的平台,从而培育共同价值观与对城市的认同感。体育对城市公共空间有着重要的意义:一方面,现代体育的功能在不断地拓展,体育对社会、经济、文化的渗透力日益加强,与城市居民生活的关系也必然更加密切,因此具有强烈观赏性、开放性和社会性的社会公共产品——体育,必然会重视对城市公共空间的占领;另一方面,作为城市社会、经济、文化发展的重要标志和城市居民社会生活的重要场所,城市公共空间具有供市民宣泄、娱乐、交往、休闲等功能,因此必然需要有着同样功能的体育的介入。

城市公共空间为体育的发展搭建了良好的平台,而体育的发展则是推动城市公共空间发展的重要力量。

(一) 体育促进了城市静态公共空间的构建

1. 扩展城市静态公共空间

当城市化程度呈现高度发展态势时,城市的公共空间往往会因为日益稀缺而不断被压缩,致使城市居民的空间压抑感也会不断加重。体育作为一种体现现代精神和人性情感的文化活动形态,已经成为城市社会生活中不可缺少的内容。体育活动的开展,无论是竞技体育,还是群众体育,都需要空间的保障。随着城市体育的迅速发展,为了满足市民日益增长的体育需求,城市标志性的各种大型体育场馆和遍布社区的大众化的公共运动设施必然加快建设步伐,有效拓展了城市静态公共空间。

2. 优化城市静态公共空间

现代城市的发展不但需要优化个人、家庭的私密生活空间和企业、事业的单位工作空间,而且更需要在量和质上都能满足人的社会生活需要的公共空间。同时,在构建城市公共空间时,不但要注重满足人的物质生活,还要满足人的精神生活。在发展城市公共空间中,如果只重视了商业、交通、卫生等方面,而忽视了文体会所、公共绿地和运动场所,那么其功能是单一的,无法满足城市居民日益增长的精神生活需求。体育的发展无疑有利于城市静态公共空间结构的优化。

3. 协调城市静态公共空间

由于体育对社会生活各个领域的不断渗透,因此体育的发展对城市公共空间各个领域的协调作用也得以显现。上海在大力发展城市公共绿地的基础上,于

2004年正式启动"社区公共运动场工程",规划到2010年建造300个公共运动场,努力实现"体育园林化,园林体育化",使公共绿地与公共体育场同步协调发展。

(二)体育推动了城市动态公共空间的营造

1. 激发城市公共空间的活力

体育充满了活力,体育也必然会激发城市公共空间的活力。一项大型体育赛事会把城市的活力得到淋漓尽致的展现,如上海大师杯网球赛、F1赛车、国际田联黄金大奖赛等顶级赛事,极大地吸引了公众视线,提升了城市公共空间的活力温度;城市景观体育使城市公共空间动静结合,提升了人们对城市公共空间的热爱与认同;社区绿地、空地的健身活动,给生活公共空间带来了无限生机。

2. 增强城市公共空间的凝聚力

随着城市现代化程度的提高,人的私密空间会越来越封闭,人们也会越来越追求公共交往的空间。体育是团队活动,体育是人际交往,体育是相互合作,体育更是一种凝聚力。城市公共空间的体育无疑为人的交往、合作提供了良好的机会,弱化了人与人之间的等级与冷漠,强化了人最需要的情感交流与相互尊重。被美称为我国民间文体团队的三大现象的上海鲁迅公园、北京天坛公园和广州白云山公园,长年来以其特有的园林自然景观和体育人文氛围,孕育着众多自我形成的文体团队,并产生了"雪球效应",吸引着越来越多的爱好者,像一块巨大磁性的磁石,紧紧地把人们吸引并融入其中。

三、城市体育公共空间的形态

(一)城市公共体育设施

1. 城市公共体育场馆

城市公共体育场馆是指专业性的综合或单项运动场馆,如体育场、体育馆、游泳馆、体操馆等,专门供竞技体育比赛或群众体育活动使用。这类体育公共空间既有城市标志性的大型建筑,也有一般功能的小型建筑。随着城市体育的发展,城市公共体育场馆的数量与质量都会提高,呈现层次化、多元化和社会化的趋势。

2. 城市商业体育馆所

城市商业体育会所是指市场化运作的经营性体育设施,包括单体运营的设施,也包括依附于宾馆、娱乐场所的设施,如瑜伽会所、健身美容中心、健美中心等。随着城市居民体育需求多元化和体育消费层次化的显现,城市商业体育会所必然得到相应的发展。这类体育公共空间是对公益性体育公共空间的补充,以满足不同人群的体育需求。

3. 城市社区体育设施

城市社区体育设施是指居民生活区域的公益性健身设施,包括遍布居民生活小区的健身苑点、新建商品房住宅区的健身会所、社区体育健身中心、社区公共绿地体育设施、社区公共运动场、体育主题公园等。随着社会的发展,人们逐步从"单位人"转变为"社区人",对社区的依赖程度不断提高,体育行为的社区化日益显现。因此,社区体育设施必将不断发展,成为人们体育参与的主要空间。

4. 向社会开放的学校、企事业单位体育设施

向社会开放的学校、企事业单位体育设施是指在特定时间段内根据约定程序把原本属于单位的封闭体育设施转变为供公众使用的公共体育设施。随着城市居民体育行为的强化,占体育设施七成左右的学校、企事业单位体育设施的资源共享成为解决体育设施资源不足的有效途径。

(二) 城市体育赛事

优质的体育赛事不但能激活城市体育公共空间对市民的凝聚、辐射和震撼功能,从而充分发挥体育公共空间的社会效益和经济效益,而且可以通过合理有效的赛事运作,挖掘非体育公共空间的体育潜能,从而实现城市体育公共空间的有效拓展。

城市体育赛事是指发生在城市范围的各类体育比赛,性质包括竞技体育赛事、群众体育赛事,规模包括大型、中型和小型体育赛事,地点包括专业体育场馆和非专业的其他场所。上海的 F1 赛车比赛、大师杯网球赛、国际田联黄金大奖赛、世界乒乓球锦标赛等在专业体育场馆举行的国际竞技体育大赛,固然营造了良好的体育公共空间,而南京西路梅陇镇商业广场的国际剑联男女花剑世界杯赛、苏州河的赛艇公开赛、南京路世纪广场的全国沙滩排球锦标赛、金茂大厦的国际高楼跳伞表演赛、市中心区域的上海国际马拉松比赛、延中绿地的上海静安世界杯攀岩赛等体育比赛,则借助于体育赛事把城市其他性质的公共空间转化为体育服务的公共空间。而发生在城市各个角落的小型多样的社区体育赛事,更是通过居民参与喜闻乐见的活动,把社区广场、街头空地、园林绿地等公共生活空间转化为充满生机的体育公共空间。

四、城市体育公共空间的发展

(一) 城市体育公共空间的发展原则

1. 适应城市社会经济发展的整体水平

城市社会与经济的发展是城市体育公共空间发展的前提与基础,城市体育

公共空间的发展必须适应城市社会与经济发展的整体水平。因此,在规划城市体育场地设施发展时,既不可超越城市社会与经济发展水平和城市市民的消费能力而盲目投资,也不能保守落后而滞后于城市社会经济发展水平与城市市民的消费需求。

2. 实现体育发展与城市规划同步协调

体育公共空间的规划与发展是城市规划与发展的组成部分,因此在发展城市体育公共空间时,一方面必须要有全局观念,充分考虑体育公共空间的设计布局与周边环境之间的和谐互补,避免出现相互冲突或相互损害,另一方面要善于发挥城市规划的整体性作用,充分利用与体育公共空间相关的其他系统(如公园绿地、街头广场、游乐设施、大型商场、小区空地等)公共空间,把体育功能合理地融入这些公共空间,使两者优势互补,相得益彰,实现体育公共空间与城市规划同步协调发展。

3. 满足城市体育改革发展的战略目标

城市体育公共空间是城市体育发展的重要保障,也是城市体育改革的重要内容。实现我国"奥运争光"和"全民健身"协调发展是城市体育改革与发展的重要战略目标,也就是说,既要重视城市竞技体育水平的提高,又要满足市民体育健身的需求。因此,在发展城市公共体育空间时,不但要建设标志性的现代化竞技体育运动设施,为举办国内外高水平竞技体育赛事创造良好条件,而且更要注重建设普及型的大众化体育健身设施,为市民参与体育锻炼营造优质环境。

4. 适应城市居民生活规律与体育需求

随着我国休假制度的变化,城市居民全年的生活作息安排基本上形成三种形态,即日常形态(周一至周五)、双休日形态(周六、周日)、长假形态(十一黄金周、春节)。由此,在发展城市体育公共空间时,要充分注意到城市居民生活作息形态变化对他们体育需求与体育行为的影响。《上海市全民健身发展纲要(2004—2010年)》中提出建设"136工程",即创建一个科学、健康、文明的体育生活环境;构筑日常、双休日、节(长)假日三个体育生活圈;完善运动设施、团队组织、体质监测、健身指导、体育活动、信息咨询等六个体育服务网络。围绕市民生活规律和体育需求构建全民健身服务保障体系,必然会营造出适应现代城市生活方式的体育公共空间。

(二) 城市体育公共空间的发展策略

1. 优先发展"便民性"体育公共空间

所谓"便民性"体育公共空间,是指生活社区的体育场地设施。体育生活化是体育发展的必然趋势,社区体育是实现体育生活化和满足市民体育生活需求的最佳形态。优先发展"便民性"体育公共空间,就是要大力建设老百姓身边的社区体育设施。发展社区体育设施,一方面应该继续追求数量的增长,即把基本的健身设施建到每个生活小区,力求不出现空白;另一方面,要认真重视质量的提高,即注意健身设施的环境、品质,在普及性设施基础上,注意建设多元化、多层次的健身设施,满足社区居民的不同体育健身需求。

2. 协调发展"一体化"体育公共空间

所谓"一体化"体育公共空间,是指园林绿地、宾馆商场、小区会所、社区广场等场所的体育设施。把体育设施或体育活动引入这些相关的公共空间,使市民在休闲、购物、生活、娱乐的同时,可以享受到体育的乐趣,满足体育参与及体育欣赏的愿望,实现资源整合产生的效益优化。

3. 重点发展"生活圈"体育公共空间

所谓"生活圈"体育公共空间,是指以城市居民日常、双休日、长假三个不同生活形态为依据,构建的三个不同半径的体育设施网络。"生活圈"体育公共空间的设计符合城市居民的实际生活规律和体育行为的心理状态,具有实际操作的价值。《上海全民健身发展纲要》提出构筑日常、双休日、节(长)假三个体育生活圈,以适应市民生活规律和休闲特征。日常体育生活圈以日常体育服务为主,建设和开放包括广场、绿地、健身苑点、校园体育活动场地、社区文化体育中心、社区公共运动场、体育康复中心、体育会所等居民身边体育设施,就近就地满足居民日常体育健身需求。双休日体育生活圈以休闲体育服务为主,建设包括公共体育设施、商业体育设施、社会体育设施等多元化市民休闲体育服务基地。鼓励社会创办体育休闲娱乐设施,在车程 1—2 个小时的范围内,利用一切可利用的公共设施及公园、林带、山峰、水域等地方资源,建立与文化、娱乐相结合的体育设施,满足市民双休日的体育休闲需求。节(长)假体育生活圈是在郊区建设以体育文化为主题的形式多样的体育休闲度假基地,丰富市民节(长)假日文化体育生活。利用长江三角洲乃至全国的特色体育旅游资源,建设包括自然体育、体育旅游、水上运动、极限运动、登山等特色体育服务基地,丰富市民节(长)假日文化体育生活。同时,提出科学规划城市体育设施的建设和布局,完善市、区、街道、小区四级健身基地的设施条件,缩短市民体育设施的利用半径,使市民出门 500 米左右就有基本健身设施,利用公共交通工具 15 分钟可到达综合体育设施,利用公共交通工具 30 分钟可到达环城绿带、体育公园。

4. 积极发展"共享型"体育公共空间

所谓"共享型"体育公共空间,是指根据约定的程序向社会公众开放的学校或企事业单位内部的体育场地设施。在目前我国体育公共空间资源紧缺的情况下,充分利用占我国体育场地设施相当大比例的学校和企事业单位的场地设施,是切合实际而有效的途径。发展"共享型"体育公共空间,必须要有配套的政策法规保障,同时要采取有利于不同利益主体的措施,如合理的经费补贴、伤害事故的保险、明确的管理责任等,以保护各方的积极性。

第三节 奥运会与城市规划

一、奥运会对城市规划的意义

（一）奥运会对人类社会发展的巨大影响

从1896年首届奥运会在希腊雅典举办以来,现代奥运会已经走过了110年的里程,成为人类社会规模最大、影响最广的盛会。现代奥运会诞生一百多年以来的历史表明,奥运会对人类社会、经济、文化的发展产生了重要而深远的影响,成为人类生活中不可缺少的活动。有人说,除了世界大战,世界上能吸引这么多国家、这么多人同场参与并对人类产生共鸣的事件恐怕就要数奥运会了。

20世纪80年代以来,奥运会对主办城市经济、文化、环境等方面的影响越来越大,奥运会对城市更新作用也越来越明显(林显鹏,2006)。

一百多年来,奥运会的发展波澜壮阔,"更快、更高、更强"的奥运会格言已经成为人类自强不息精神的体现,奥运会的圣火传递着人类向往和平的美好愿望。奥运会不仅是人类体育比赛的最高赛事,而且已经成为国家与国家之间携手共进、民族与民族之间平等对话、人民与人民之间友好交流的重要平台。

（二）奥运会是主办城市发展的重要契机

在奥运会宪章里有这样的叙述:"奥运会举办地获得的荣誉,就是被给予了一个特殊的城市。"("the honor of bing the host of the Olympic games is gaven to a particular city")(郑曦,2006)。

各国不遗余力地竞争奥运会的主办权,是因为现代奥运会已经不仅仅是一个国际体育比赛的盛会,它将对主办城市的社会、环境、经济发展等产生一系列的促进作用。因此,应该将奥运会作为一个城市发展的契机,而不是最终目的(见表8-1)。

奥运会百年历史表明,奥运会对于主办城市的发展有着巨大的推动作用。

表 8-1 历届夏季奥运会主办城市一览表

届数	时间	国家	城市	备注
1	1896	希腊	雅典	
2	1900	法国	巴黎	
3	1904	美国	圣路易斯	
4	1908	英国	伦敦	
5	1912	瑞典	斯德哥尔摩	
6	1916	联邦德国	柏林	因"一战"停办
7	1920	比利时	安特卫普	
8	1924	法国	巴黎	
9	1928	荷兰	阿姆斯特丹	
10	1932	美国	洛杉矶	
11	1936	德国	柏林	
12	1940	日本	东京	因"二战"停办
		芬兰	赫尔辛基	
13	1944	英国	伦敦	因"二战"停办
14	1948	英国	伦敦	
15	1952	芬兰	赫尔辛基	
16	1956	澳大利亚	墨尔本	
17	1960	意大利	罗马	
18	1964	日本	东京	
19	1968	墨西哥	墨西哥城	
20	1972	联邦德国	慕尼黑	
21	1976	加拿大	蒙特利尔	
22	1980	苏联	莫斯科	
23	1984	美国	洛杉矶	
24	1988	韩国	汉城	
25	1992	西班牙	巴塞罗那	
26	1996	美国	亚特兰大	
27	2000	澳大利亚	悉尼	

(续表)

届　数	时　间	国　家	城　市	备　注
28	2004	希　腊	雅　典	
29	2008	中　国	北　京	
30	2012	英　国	伦　敦	
31	2016	巴　西	里约热内卢	

资料来源：根据奥林匹克全书网站(http://www.OlympicNets.com)资料整理

20世纪60年代，处于经济高速发展时期的日本东京，正面临着由于人口、产业的过于集中而带来的交通、住宅、给排水以及环境等亟待解决的问题，城市的发展需要再规划。通过1964年第十八届奥运会主办权的获得，东京充分利用了这个发展良机，进行了城市规划建设，形成了东海道巨大都市的框架，开通了东海道新干线，将东京和大阪用高速铁路连接起来。

1972年，德国慕尼黑把第二十届奥运会的会场确定在城市北部欠发达地区的一个20世纪30年代的废弃机场，占地约300平方公里。场地周边4公里内主要是工业和军事用地。在城市发展战略规划中就确定这片场地为开放空间用地，但之前始终没能得到正式实施。奥运会的举办赋予了慕尼黑城市规划实施的良机，加速了城市北部地区城市轨道交通网络建设，使规划的环路和放射形路网得以建成，内城步行区域的改造在奥运会开幕时正式完成。奥林匹克运动员村和记者村则在奥运会之后发展成为两处现代化的房地产。奥运会促进了曾一度被城市"遗忘"的北部欠发达地区的发展，对居民的生活、工作和休闲产生了持续而积极的影响，奥林匹克公园优美的环境和创新的场馆建筑也有效改变了城市形象。

英国伦敦于2005年7月6日在新加坡举行的第117届国际奥委会会议上，经过和巴黎、纽约、莫斯科和马德里等其他四个候选城市激烈竞争，之所以最终胜出，能赢得2012年奥运会举办权，其中一个原因是伦敦将建设奥林匹克公园的地点选在伦敦东区下利河谷。这片地区是一个破败、萧条的贫民工业区，在奥运会结束以后，这里将被改造成一个欧洲最大的公园。伦敦利用2012年举办奥运会这一契机，使发展相对滞后的伦敦东区发生巨大变化。不少展馆在赛后将改造缩小规模，部分比赛场地在赛后也将改为住宅，因此在规划中需要搬迁的住户不到500户，而周围区域的人口则达到了250万人。整个规划首要关注的是如何解决社区的社会、经济和文化等问题，借助奥运会来提升当地的经济发展和创造良好的生活空间环境。国际奥委会最希望看到的正是这种超越体育本身的力量。

二、"绿色奥运"理念是城市可持续发展的保障

(一)"绿色奥运"已经成为共识

奥运会在促进主办城市快速发展的同时,无疑会对主办城市的生态环境造成严重的威胁。奥运会对生态环境最明显的影响是对自然环境的大量使用,因此要以生态观念来慎重选择新建场馆的地理位置,以平衡体育场地需求与自然环境限制之间的矛盾。因此,如何在组织一届精彩奥运盛事的同时,努力降低自然资源的损耗,尽量减少对城市生态的污染,避免对城市生态环境的破坏,是主办城市面临的重要问题,也引起了国际奥委会的高度重视。

1994年第十七届利勒哈墨尔冬季奥运会被称为最早与环保结合的典范,组委会为保护沼泽地中鸟类的生存环境而改变在一个沼泽地带修建滑冰场的计划;为保护自然景色而将体育馆修建在山肚子中;为与周围地形协调而改变原计划将雪橇赛场修建在远离城镇的地区,并将滑雪道巧妙地隐藏在林中,避开了珍贵植物生长的地方。

悉尼在申办2000年第二十七届奥运会过程中,针对越来越兴盛的环境意识,提出了"绿色运动会"的概念,出台了《夏季奥运会环境保护纲要》,赢得了评委及大众的认可,最终获得了举办权。通过举办奥运会,悉尼将位于郊区一块被严重污染的、荒弃的土地转变成一个既能容纳各种体育文化活动的大型公共场所,又具有良好生态环境的自然景域,使这一个区域获得了新生。

1995年在瑞士洛桑举行的第一届国际体育与环境大会上,时任国际奥委会主席的萨马兰奇指出,国际奥委会把环境问题看成是除体育与文化以外的第三个支柱。为了加强环境保护工作,国际奥委会在1996年成立了体育与环境委员会,主要指导未来奥运会的环境保护工作。2000年,国际奥委会在确定入选申办城市之前,明确要求提出申办奥运会的所在城市必须提交一份详细阐述城市举办奥运会对生态环境影响的报告,保证奥运会举办过程中对城市生态环境不产生影响。

(二)奥运会建筑与城市总体规划的协调

2002年希腊著名建筑学家佩特罗索·塞纳迪诺斯(Petros Synadinos)在他的论文《奥运会赛后利用:一个未来的图景》(*Post-Olympic Use: A picture of the Future*)中指出:正如奥林匹克精神强调人的精神与身体的协调发展,奥运会场馆的建设也必须强调自然与城市的和谐、建筑与自然环境的和谐、工作与闲

暇的和谐，一句话，就是强调人与环境和社会的和谐。奥运会场馆建设及基础设施建设是服务于这一调整战略的有效工具，这主要通过以下途径实现：一是通过改善城市的公共交通网络、通信和美学设计，来修正城市的功能问题；二是通过建立城市绿化带和休闲娱乐区域、降低环境污染以及使用环保材料来改善城市的生态环境；三是奥运会所以及体育场馆设施的建设必须充分考虑奥运会后的灵活使用，这些新的奥运会场馆设施不仅能够满足城市的当前功能，更重要的是要服务于新开发区的建设(林显鹏，2006)。

城市环境和交通状况的恶化，使许多国家政府开始投入大量资金进行城市的改造。早在20世纪60年代，城市规划中就已经开始注重体育建筑与城市建筑之间的协调发展。新时期类别多层次、风格多元化的体育建筑在与城市协调发展、以独特形象表达自身的同时，尊重周围环境也很重要。新的城市化概念追求的是建成环境的连续性，每一座建筑是一个连续统一体中的一个单元，它需要与其他单元进行对话，从而使其自身的形象完整；体育建筑也需要与城市空间积极对话，在地区环境中确立自身的角色，共同融入城市整体空间环境(范文杰，2005)。

奥运会是世界上规模最大的体育赛事，奥运会场馆建设是世界上最大规模的场馆建设。成功获得奥运会主办权的城市，必须在筹办过程中努力兑现申办报告中的各种承诺，首当其冲的是要提供各项赛事使用的高质量奥林匹克公园、体育场馆、奥运村、记者村及其各种配套建筑设施。这些建筑设施，有的是对原有设施的改建，有的是从无到有的新建。在设计和建设过程中，除了要满足奥运会举行时段的实际需求外，还必须要从整个区域的规划上充分考虑这些建筑与周围其他建筑之间的交流与和谐，包括之间的交通设施。

(三)"后奥运会"的资源利用

在2003年国际奥委会召开的第115届国际奥委会全体会议上，奥运会研究委员会向大会提交了最终报告。该报告强调奥运会场馆的建设要遵循以下原则：尽可能共用奥运会场馆；尽可能适应临时场馆；只有能够证明在奥运会结束后具有积极的遗产价值时才建成永久性设施；减少为官员预留的奥运会场馆座席数量；推动主办城市之间的奥运场馆知识交流(林显鹏，2006)。

主办奥运会需要修建大量的体育场、体育馆、奥林匹克公园等奥运建筑，不统筹规划，便会出现加重城市的环境污染或者造成后期资源的浪费等非全面、协调及可持续发展现象，奥运历史上的正反两方面经验都证明了这一问题。关于奥运会后设施利用，既是经济问题，也是环境问题。其设计更直接体现了体育建筑的科学发展观，人们将从体育场馆的多功能性以及建筑临时的或可拆卸式的体育设施来加以解决(范文杰,2005)。

奥运会体育场馆大都是花费巨资而建造的大型高档建筑物,如果单纯为了奥运会比赛的短期效应,那么不但会由于投入与产出的失衡而过于奢侈,而且占据了城市大量的宝贵空间,将对城市的整体发展带来长远的不利影响。因此,奥运会体育场馆的设计与布局,必须作为城市总体规划的重要内容,充分考虑在供奥运会期间专项比赛使用结束后,能够有效地避免闲置和降低运营成本,发挥其他的功能。大型高档的体育场馆在奥运会后专门用作体育比赛的时间是有限的,其余时间的效益就必须在建造时设计成多功能、多用途、多变化的建筑,为后奥运会的持续使用而打下基础。这个问题已经引起国际奥委会和举办城市的高度关注,并出现了不少成功的例子。举办1994年第十七届利勒哈墨尔冬季奥运会上的"海盗"船体育馆兼有400米人造滑雪道、人工足球场、室内滑冰场、滑冰跑道、200米高尔夫球道、马术及摩托车赛场,还可以举办大型博览会或音乐会;2000年悉尼奥运会的多功能体育馆除了可进行体育比赛外,还可举办音乐会或文艺表演。

为了避免奥运会后的资源浪费,主办城市除了在新建体育场馆时要注重多功能、多用途和多变化外,还要进一步挖掘现有可利用的各种设施,根据比赛的要求精心加以改建,充分利用现成的具有较大空间的其他建筑临时用作体育馆。当然,这些原有设施都要具有进行改造后完全符合奥运会要求的条件。奥运会主办城市将现有其他建筑物临时改建用作体育比赛已经成了当今的流行趋势,如1996年美国亚特兰大奥运会便依照1984年美国洛杉矶举行第二十三届奥运会的经验,尽量利用已有的设施,在亚特兰大的世界会议中心安排了六个项目的比赛;2000年悉尼也将20世纪80年代为纪念殖民200周年而开发的达令港区作为第二赛区,将悉尼展览中心作为五个项目的比赛馆等。这样,既节约了奥运会举办的投资成本,又能在奥运会后便捷地恢复这些建筑的本来功能。

三、北京奥运会对城市规划的推进作用

(一)主办奥运会将改变北京城市总体规划布局

大型建设项目选址对城市空间结构的影响十分巨大,同时也是城市空间结构转型的最好时机。北京奥运会选址就是破解目前北京"摊大饼"城市结构最好的机会(边经卫)。奥运对北京城市最大的影响,在于对北京城市总体规划布局的改变。北京市发展和改革委员会奥运项目办公室负责人堪利民表示,北京为举办2008年奥运会而新建和改建的30个体育场馆,在总体布局上呈"一个中心加三个区域"的格局。这批奥运场馆除承担奥运会任务外,将构建成为布局合理

的四大公众多功能中心区,即"主中心区域""西部中心区域""大学中心区域"和"北部风景旅游区"。奥运的影响力及奥运区域的建设,将使整个北京城市中心北移,并对北京房地产业格局产生革命性的影响(李海鹏,2006)。

(二)北京奥运会将带动相关城市的规划与发展

北京奥运会的举办不但会对北京的城市规划带来重要影响,而且将对北京所在区域的其他城市的发展产生积极的促进作用。专家提出,必须把北京奥运会的项目建设放在更大的区域层面去分析研究,不仅要跳出北京城区,还应放在京津唐之间的三角地带,同天津、河北的城市发展结合起来,实现更大范围的基础设施共享,并充分利用奥运会的契机,促进区域城市规划和区域城市经济的整体发展。

2008年北京奥运会除了北京是主赛场外,还有六座城市作为分赛场,分别为:青岛(帆船)、香港(赛马)、天津(足球)、上海(足球)、沈阳(足球)、秦皇岛(足球)。因此,北京奥运会对于这些城市乃至这些城市所在区域的其他城市的规划与发展将产生积极的促进作用。

本章参考文献

［1］边经卫:《大型建设项目选址与城市规划管理》,《规划师》,2004年第8期。
［2］陈锡尧:《上海市城市景观体育赛事运作的初步探析》,《体育科研》,2006年第5期。
［3］范文杰:《具有科学发展观的奥运体育建筑探寻》,《集团经济研究》,2005年第4期。
［4］李海鹏:《北京新建四大中心区 城市中心将北移》,《北京现代商报》,2006年7月10日。
［5］林显鹏:《体育场馆建设与中国城市更新》,上海体育学院博士学位论文,2006年。
［6］卢凯:《景观体育的营销组合策略研究》,《浙江体育科学》,2004年第6期。
［7］卢元镇:《中国体育社会学》,北京体育大学出版社,2000年。
［8］肖春飞:《上海从"景观体育"到"产业体育"》,《经济参考报》,2004年10月18日。
［9］王鹏:《城市公共空间的系统化建设》,东南大学出版社,2002年。
［10］翁锡全:《举办大型运动会与城市生态环境保护的探讨》,《体育与科学》,

2003 年第 5 期。
[11] 张钟汝:《城市社会学》,上海大学出版社,2001 年。
[12] 郑曦:《以城市事件为推动力的城市发展与环境景观建设》,《风景园林》,2006 年第 6 期。
[13] 周细琴:《城市景观体育研究——以上海为例》,上海体育学院博士学位论文,2006 年。
[14] 上海市体育局:《上海全民健身发展报告——体育蓝皮书》,上海三联书店,2005 年。
[15] 《辞海》(缩印本),上海辞书出版社,2002 年。

第九章
体育与社区建设

社区体育是分析体育与社区的最佳联结点。社区体育与群众性体育运动、社会体育等紧密相连。社区体育的兴起与国家以及民众对群众性体育运动的重视和认同、与世界卫生组织对"构建体育生活方式"的观念的提出息息相关。社区体育是我国体育事业的重要组成部分,与社区居民的身心健康、快乐幸福的生活休戚相关。同时,社区体育作为基本公共服务的重要内容,作为城市文明程度和居民生活质量提高的标志,作为社区建设的重要窗口和载体,则愈来愈显示其特有的功能。另外,深入持久地开展社区体育运动,对我国社会主义物质文明与精神文明建设具有非常重要的现实作用和深远影响。本章将介绍社区体育兴起的背景、社区体育的概念以及社区体育的构成要素、层次和类型,社区体育的特征;城市社区体育和农村社区体育的发展状况、特点、功能、原则、模式等,并展开分析和论述。最后将进一步从社区体育公共体育设施建设和社区体育的功能等方面探讨体育与社区建设的关系。

第一节 社区体育概说

一、社区

在我国常见的体育术语中的"区域"或"赛区"的概念,虽然都包含有一定区域的成分,但与"社区"却有本质区别。"社区"是社会学的基本概念之一,通常指在一定地域聚居的群体,它是多种社会关系的结合,包括政治、经济、文化、体育等各种社会活动,而且是一个以区域界定的、相对独立的社会生活实体。"社区"一词,不是源自汉语词汇,而是从英文 Community 翻译过来的,其含义是共同体和亲密的伙伴关系。

一般认为,"社区"这个概念源于德国社会学家滕尼斯在1887年出版的著作《共同体与社会》,社区一词是20世纪30年代初以费孝通为首的一些燕京大学社会学系学生根据滕尼斯的原意首创的。此后,他们在吴文藻先生的指导下,与其他学者一起致力于我国本土的社区研究,确立了社区研究在中国社会学的重要地位(黎熙元、何肇发,1997)。目前,国内外的社会学家对"社区"一词有过一百四十多种不同的定义,这些解释虽有不同的角度和侧重,分歧一直存在,但对这个范畴的一些基本要素还是有共识的。无论从哪个角度去研究,社区这个概念总离不开一定的社会生活共同体及它的地域性。根据何肇发、黎熙元的观点,"所谓社区就是一定地域内的人们社会生活的共同体。它是基于同类型社会生活而形成的相对独立的地域性社会"(黎熙元、何肇发,1997)。作为一种地域性社会实体的社区与一般的行政区是两个不同的概念。两者既有联系,也有区别。联系在于,有的行政区与社区在地域上可能是重合的,如某个城市、某个街道或某个镇,它既是一个行政区,又由于它的主要社会生活是同类型的,所以又是个社区。区别在于,行政区是为了社会管理,依据政治经济、历史文化等原因在长期共同的社会生产和生活中自然形成,其与社区的分界则较模糊。同一社区可能被划入不同的行政区,而同一行政区内却可能包含着不同的社区。

社区就是一个小社会。社会学家常常把它作为研究大社会的起点。一般来说,实地调查也往往以社区为单位来进行。在当前的语境下,实际确定社区实体所首选的标准是地域界限明显,至于成员归属感的强弱则是次要的。具体而言,社区在农村指的是行政村或自然村,在城市指的是街道办事处辖区或居委会辖区以及目前一些城市新划分的社区委员会辖区。

二、社区体育的兴起

(一) 社区体育的开始

"社区体育"是近些年在中国随着社会的发展兴起的一个新概念。从世界范围看,城市社区体育建设兴起于20世纪50年代,是一项波及全球的社会运动。城市社区体育建设之所以成为当今世界各国社会体育发展的一个潮流,从根本上说源于它对提高社区成员的生活质量,促进社区经济、政治、文化、环境协调健康发展,或者说它是现代化社会全面发展的必然产物。我国的社区体育早在20世纪五六十年代就已经出现,组织形式以自发松散型为主,参与者主要为老人和妇女,项目是广播操和太极拳气功等运动,70年代在公园城市空地出现了中老年晨晚练活动,进入 80 年代,在一些大城市出现了以街道为范围的街道体协,在农村出现了以乡镇为中心的体育协会,这是社区体育的萌芽。受社区服务的启发,1989 年由天津河东区首先提出社区体育的概念,当时是指社区体协开展的各种活动,后来扩展为对所有小区域体育活动的统称。在过去相当长的时期内我国城市社区体育一直由单位、行业、系统组织开展,由于这种单位社会化的现象,使社区体育的发展受到了很大的限制,随着单位所有制社会控制系统的弱化,人们的体育权益取向开始转向社区。我国对社区体育的研究开始于 20 世纪 80 年代中期,是从小城镇引发的,独立的社区体育研究开始于 20 世纪 90 年代初。

（二）社区体育兴起的背景

在中国,习惯将体育运动分为群众体育和高水平竞技体育两部分。前者常常被视为多数人的体育,是体育的普及,后者则是少数人的体育,是体育的提高。由于时代的原因,在体育结构和体育资源的配置上,出现了踞前恭后、厚此薄彼的不平衡不协调的状态。尽管毛泽东早在 20 世纪 50 年代就提出了"发展体育运动、增强人民体质"的口号,邓小平在 20 世纪 70 年代也说过"中国的体育就是群众体育",但是在 20 世纪 90 年代中期前,群众性体育运动仍然不被重视。

1995 年,群众性体育运动被忽视的状况开始得到好转,其标志为 6 月颁布实施的中国《全民健身计划纲要》以及在其后的两个月,中华人民共和国第一部《体育法》的颁布。这对于中国体育发展、对于开展群众性体育运动来说,是重要的里程碑。《体育法》第二条规定"国家发展体育事业,开展群众性体育活动,提高全民族身体素质。体育工作坚持以开展全民健身活动为基础,实行普及与提高相结合,促进各类体育协调发展",第十一条进而规定"国家推行全民健身计划"。《体育法》的颁布与全民健身计划的实施,在一定程度上推动了城市社区体育的发展。1997 年 4 月原国家体委、国家教委、民政部、建设部和文化部五部委联合颁发《关于加强城市社区体育工作的意见》,在社区体育的主要职责与任务、组织管理与体制场地设施的建设与利用、经费来源等方面,对市、区人民政府分别提出了要求。国家法令法规说明了国家对开展群众性体育运动的认识和重视,也反映了国民对体育需求和体育价值观念的转变。

正是在这样的时代和社会背景下,"体育社会化",即全社会参与体育锻炼和管理,成为我们的口号和实践。与此同时,社区体育与其他体育运动形式相比,以其独有的优势,如最贴近群众,便于群众"就地就近"参与体育运动以及其除健身外,还具有的娱乐性、参与性、观赏性等功能优势,成为社会体育的最佳组织形式。社区成了开展群众性体育运动、构建"体育生活方式"的最基本的场所,为社区居民提供了最便捷的运动环境。同时社区体育作为群众体育的一种新的活动模式,正在成为大众健身娱乐的重要基地,为全民健身计划的实施提供可靠的保证,对农村居民政治、经济、文化生活等诸方面会产生良好的效应,对促进我国小康社会的发展将起着重要的推动作用。社区体育已逐渐成为人们生活中不可或缺的一部分,并受到了普遍的关注和欢迎。

三、什么是社区体育

(一) 社区体育的含义

关于社区体育的概念,专家学者和实际工作者先后有过多种表述,随着社区体育活动的开展,人们对它的认识也在逐步加深。目前,社区体育对于现阶段的中国来说,更多是在城市的语境下所使用的概念,农村社区体育相对于城市来说,由于其资源和认识有限,发展得还比较慢,其研究力量也略显不足。卢元镇对社区体育定义也是从城市的角度来界定的。他认为,城市社区体育主要指在人们共同生活的一定区域内,以辖区的自然环境和体育设施为物质基础,以全体社区成员为主体,以满足社区成员的体育需求,增进社区成员的身心健康,就近就地开展的区域性的社会体育。

从社区体育的这一界定体现了三层意思:一是提出了社区体育的范围和参与的主体;二是指出了社区体育的主要目的;三是指出了社区体育的性质。在农村,社区体育是以乡镇和自然村,以自然居住生活环境和体育设施为物质基础。在分析社区体育概念时,还需要进一步明确社区的界限。国内理论界对社区体育在具体界限的认识上不尽相同,一部分观点认为应该以整个城市的范围作为一个社区;有的学者认为应根据实际工作和研究的需要,操作性地确定社区体育的界限;还有一部分观点认为应该以居民住宅小区作为城市社区体育中社区的界限。学者们大体认同社区体育是发生在一定区域内的社会现象。本章中社区体育中所谈的社区,是以人们共同生活的一定区域为基础的。

在我国,社区体育有两个含义:社区范围内进行的体育活动,包括在本社区工作、学习但不在该社区居住的人口以及由本社区居民自发组织的体育活动。由于城市规模的持续扩大,家用轿车的普及,人们的活动空间不断加大,人们的活动不一定局限在本社区,社区体育的概念将发生些微小的变化:社区体育将由在社区内开展的健身活动,发展成由社区组织的各种体育娱乐活动,如社区间的竞赛活动、社区组织的体育旅游活动都将成为社区体育的组成部分。

从社区体育与社会体育、社区服务、群众性体育运动的联系中,可以进一步把握社区体育的内涵。社区体育不同于社会体育,但两者又有联系。从社区体育与社会体育的关系上看,社区体育是社会体育的重要组成部分,是社会体育在社区领域里的延伸。社区体育是我国社会体育发展中一个新兴的、非常活跃的活动形式,它打破了行业系统等纵向关系,建立起新的社会体育横向联系,创造了社会体育的新模式。从某种程度上说,社区体育是社会体育的最佳组织形式。社区体育是全民健身运动的具体体现,是国家社会体育的组成部分、有益延伸和补充。社区体育与社区服务紧密相连。社区体育从我国社区服务内容上来讲,属于社区文体服务这一序列,包括社区体育设施的设置、社区体育活动的开展、社区体育教育的实施、社区与社区之间的体育活动、体育赛事的举办、国家体育大事的参与、地区体育事业发展的响应等内容。过去,我国主要采取政府为主体、通过行政来发展体育。随着体育产业化的推行,政府体育主管部门具体操作改变为宏观管理,竞技体育职业化,社会体育、公共体育商业化,体育逐步由政府办体育转为社会办体育,社区的体育服务也体现了这一转型。

(二) 社区体育构成要素、层次和类型

1. 社区体育的构成要素

社区体育作为一个完整的系统,由一系列要素构成,包括:① 社区成员;② 为保证社区体育正常开展而建立的体育组织;③ 必要的场地设施;④ 一定数量的社会体育指导员;⑤ 各种具体的体育活动;⑥ 一定的经费保证。

2. 社区体育的层次和类型

社区体育不同于社会体育中纯粹的商业体育、休闲体育,也不同于竞技体育、职业体育(如足球俱乐部),而是带有公益性和商业性、两重性、多层次、多类型的群众体育。

社区体育的层次和类型,按专业水平的不同要求可以划分如下:

(1) 专业体育。这是竞技体育和职业体育在社区体育中的体现。如社区内举办的各类少儿体育培训班,这不仅丰富了少年儿童的课余生活,为中小学减负加强素质教育提供了社会环境,而且,这种培训班对教练的要求较高,承担着国家和社会竞技体育、职业体育启蒙和输送人才的功能,社区内的体育协会,如足球协会、武术协会等,是社会体育的基础和延伸,属于专业体育范畴。

（2）健身体育。这是以锻炼身体、增强体质为目的的社区体育，它不像专业体育那样追求技术水平的提高、要求规范。健身体育种类繁多，每个人有自己的一套方法，不求一致，社区体育要为健身体育提供条件，如近年来许多社区都装上了露天群众健身器材，供居民闲时锻炼身体之用，再如社区组织老年人晨练太极拳、木兰拳、舞扇等，水平高不高、好不好看是其次的，重要的是大众参与、强身健体。

（3）休闲娱乐体育。这是满足社区居民休闲娱乐需要的社会体育服务。一般是要收费的，这一层次的体育种类繁多，许多体育活动及其变异均可用于休闲娱乐之用，常见的如台球、棋牌、乒乓球、舞蹈等，这一层的体育很普及，参与的面很大，在社区发展将相对多一些。

（4）民间体育。这是社区内居民自己创造的体育项目，这一层次的体育项目内容丰富，参与的人很多，又不需要复杂的器材等，灵活方便。

（5）体育配套。这是为体育服务的配套服务，如设施、器材等，是社区体育的硬件方面。

(三) 社区体育的特点

1. 社区体育参与对象的广泛性与自愿性

社区体育与竞技体育、学校体育的区分并不是绝对的，一定条件下，竞技体育运动员和学校学生也可以成为社区体育的参与者。因此，它的对象囊括了所有的社区居民，具有参与对象广泛的特点。由于社区居民的性别、年龄、职业、生活习惯、兴趣爱好、体质健康水平以及所处的地位、社会环境等均存在差异，社区体育的实践活动，是人们在业余时间自愿自觉、主动坚持的基础上进行的。在实践中，每个人可以针对自身的具体情况，选择合适的内容与形式，在一定的时间与环境条件下的自我调控。

2. 社区体育运动内容、组织形式的多样性

我国社区体育的内容极其丰富，既有民族、民间的体育项目和健身、养生方法，也有现代健身、健美手段。并且随着时代的发展，科技的进步，与世界其他文化交流日益增多，其内容也越来越丰富。社区体育的组织形式也是非常灵活的，有行政部门组织的，有社会团体组织的，还有群众自发开展的。

3. 社区体育健身性与娱乐性

社区体育以增强人民体质、增进社会健康、延长人的寿命和满足人民群众健美、消遣、娱乐、休闲、保健、医疗、康复、社交等多方面的需要为目的。与竞技体育和学校体育相比，社区体育的参与者更倾向健身和娱乐。

第二节 城市社区体育和农村社区体育

一、城市社区体育

城市社区体育不但存在于城市社区的整体之中,成为城市社区的有机组成部分,而且还依附于城市社区,随着城市社区的发展而发展。在实际实施中主要以城市老年人、学龄前儿童、社区企业、社区组织机构、家庭等为主要对象。因此,城市社区体育涉及千家万户,涉及全体国民。可以从城市社区体育与其他体育以及与城市社区的关系中来理解城市社区体育。城市社区体育与其他体育有所不同,它是以城市社区内居民为主要对象开展体育活动的,其包含有城市家庭体育、老年社区体育和由厂矿、团体、机构、政府组织的体育等,兼含有城市职工体育、学校体育、竞技体育等方面,是在一定城市社区地域内进行的体育行为的总称。城市社区体育是我国社会体育发展中一个新兴的、非常活跃的活动形式。它打破了行业系统等纵向关系,建立起新的社会体育横向联系创造了社会体育的新模式。

(一) 城市社区体育兴起的社会因素

城市社区体育是城市化发展过程中的中间产物,但在我国这个长期以农业为主的国家,工业化尚在进程之中,城市社区体育仍属新型社会体育形态。目前,"社区体育"已形成约定俗成的内涵。城市社区体育的出现是我国城市发展的必然,它的存在与发展受到多种社会因素影响。影响其存在与发展的主要社会学因素如下:

1. 社会转型带来城市社区体育的兴起

目前,长期计划经济时期形成的"单位体制"仍相对坚固,人们"单位"的概念和意识还很强,"社区"在人们脑海中的分量尚显不足。随着我国社会转型进程的逐步深入以及单位用人制度的市场化改革发展,诸如单位注重经济效益、政府压缩行政事业单位的编制等,根深蒂固的"单位社会化"现象必然会受到越来越强烈的冲击,而社区的意识、概念也会越来越深地根植于居民的头脑。

2. 完备的街道社区组织是城市社区体育发展的社会组织保障

我国是一个大政府、小社会的高度集权国家,街道属基层政府机构,组织建设完备。应充分发掘和发挥街道社区的体育行政职能,建立街道社区体育"社会化"管理形式。我国转型期给城市的经济社会生活带来了变化,城市的资源配置、组织结构、利益关系及政府职能都发生了重大的变革。同时,对城市基层社区建设提出了新的要求,众多的社会服务职能由政府部门分离到社区。街道基层社区是城市管理的基础,社区管理和社区服务紧密相关,成为一项完整的服务于民众的惠民工程。

3. 人口老龄化及老龄化社会的体育需求增长是城市社区体育兴起的动力所在

当前我国在参加群众体育活动的人口中,以老年人为主体,占总人数的70%以上。社区体育的对象集中在老年人身上。2000年我国老龄人口已占总人口的10%,并仍以每年2%—3%的比例在不断增长,预计到2025年我国老年人口比例将升至19.3%,中国也成为世界上老龄化较高的社会。这一发展趋势需要社会学研究将其融入至老龄社会,关注老龄化社会运行特点。

4. 传统社会体育模式改革和社区体育社会化是其发展的促进因素

目前,我国城市化进程在加快,城市经济体制改革、市场经济体制的形成,使得政府和社会的关系逐步分离,出现由计划经济时代的"大政府、小社会"向"小政府、大社会"方向转变。随着经济体制改革和人们体育需求的增长,政府一家办体育已不能适应我国社会发展与人们的体育需要,城市社区体育走社会化之路已逐步形成共识。

(二)当前我国城市社区体育发展的状况

据2003—2004年对北京、上海、江苏、湖南、吉林、山东等六个省市的调查数据显示,目前我国城市社区体育的发展呈现以下特征:

1. 组织形式基层化

当前我国城市社区体育活动定位在基层社区已成为公认,其主要组织形式有街道社区体协、社区问题委员会、居民体育活动小组和晨晚练体育活动点等。目前所有的街道办事处都成立了街道社区体协,大多数社区委员会也成立了社区问题委员会和居民体育领导小组,基层化的社区体育组织网络正在逐步形成。

2. 参与主体以老年为主

社区体育应该面向全体社区成员,但由于中青年人迫于工作压力和家庭负担,少年儿童在沉重的课业负担下,参与体育活动的时间受到限制,只有老年人退休后成了"有闲阶层",有时间有精力参加体育活动,因此呈现出老年为主体的现象。《全面健身计划》是以全国人民为实施对象,以青少年和儿童为重点。但由于整个社会各方面条件限制,使得社区体育从某种意义上成了老年人的专利。

3. 组织管理居民自治与行政主导相结合

城市街道社区体协的组织管理以街道办事处行政主导为主。街道社区体协通常由街道办事处领导任体协理事长,辖区社区委员会的文体委员和辖区单位分管体育的同志任理事,办公室设在街道文教科。社区问题委员会属于居民自治性组织,由居民选举产生,下设的居民体育领导小组和各类项目活动组都由居民自愿参加。

4. 活动时间 1—2 小时最多

据 1996 年和 2001 年调查显示,晨晚练活动点,早晨 8 点以前活动的占 80.8%,下午 6 点以后活动的次之,上午和下午活动的相对较少。这主要是因为目前城市社区缺乏体育活动场所,喜欢体育锻炼的居民只有在清晨利用公园、广场活动,另外,我国人民,特别是老年人有"早起早睡"的作息习惯,大多数人喜欢清晨锻炼。还有,每天持续活动时间 1—3 小时的活动点数量呈增加趋势。

5. 活动内容非竞技性,文体一体化

由于受体育场地设施条件的限制,社区体育主要以气功、健美操、交谊舞、武术为主要活动内容。

6. 活动场所非正规化为主

社区体育活动以就近的公园、街道居委会场地的活动点为主。

7. 社区体育与单位体育相互交织

当前我国城市社会管理体制正在由"单位体制"向"社区体制"转变。城市社会体育也正在由以单位体育体制为主向社区体育体制与单位体育体制相结合的方向转变。

(三) 城市社区体育的特点

城市社区体育是社会体育的主要组成部分,它具有社会体育的一般特征,同时还具有自身的特性。

1. 区域性

社区体育的突出特点是区域性,它不是以参加对象的单位隶属或职业身份界定参与者的身份,而是以"社区"这样的地域性概念进行划分。同处一个社区的人,无论是工人、干部、学生、老人、青年、小孩等,都是社区体育的对象。城市社区体育、活动的开展是利用社区资源进行的,其他公共设施都是体育活动可以利用的资源。

2. 公共性和公益性

城市社区体育从开展活动所利用的设施上看,如社区内的绿化地带、楼间庭院、广场公园等都属于社区内的公共资源;从其所开展的活动的宗旨上看,其目的有这样几类,增加社区居民交流互动、强身健体、休闲、娱乐;从活动组织的过程看,组织者不是以获得报酬为主要目的,其从事的活动,更多是一种公益性的活动。

3. 民间性

城市社区体育组织还具有较强的民间性,它一般都是独立的社会团体,虽然有些组织挂靠在街道办事处或其他机构,但其自筹经费、自我组织、自愿参加的特点仍反映出较强的民间性。

4. 平等性

城市社区体育指导与被指导的关系具有平等性,社区体育指导员自身是锻炼者、活动者,还兼任指导员、辅导员,其工作性质具有很大的义务性,诸如提供场地设施服务、提供体育指导和咨询服务、提供资金资助和组织服务等。

(四) 城市社区体育的活动内容

社区体育活动内容包括两部分:

1. 社区健身形式

大众健身的形式多种多样,我国传统的健身项目,如太极拳、太极剑、扭秧歌、气功、武术、象棋、围棋等,成为社区体育活动的主要内容。各种球类,如乒乓球、篮球、排球、台球、网球、保龄球等,也很受社区体育爱好者的欢迎。另外,桥牌、国际象棋、滑板和轮滑也成为社区居民的健身形式。

2. 社区竞技比赛

社区竞技比赛包括社区居民内部组办的,也包括社区间开展的各种竞技活动。社区竞技比赛是检验大众健身结果的一种方式,也是为城市和国家培养选拔后备人才的主要途径。竞技比赛相对于健身形式来说,在社区体育活动中比较少见,但是其对社区文化建设所发挥的功能不容忽视。竞技比赛可以激发人们的进取心,增强竞争意识、集体意识,能培养人的社区归属感。

(五) 城市社区体育的基本模式

目前,由于我们国家社区内的体育设施普遍缺乏,参加者也比较少,以老年人为主,青少年较少,中青年更少,而且社区体育也缺乏指导,正是由于这种情况,决定了社区发展的规模和水平,同时也决定了社区体育发展的基本模式:

(1) 以街道和居民委员会为中心开展的社区体育,其优点是受到政府行政的直接支持,居民委员会亲自组织行之有效,但是主要对象是离退休人口和闲散人口,如何把中青年职工和青少年学生儿童组织起来是面临的问题。

(2) 以学校为中心的社区体育模式,也有人称之为学区体育模式。这是针对当前社区缺少场地和指导员的特殊情况而提出的模式。可以发挥学校的作用,使学校设施向社会开放、社会设施向学校开放,充分利用体育教师的指导作用,带动整个社区体育的发展。

二、农村社区体育

农村社区体育是在社区体育的概念下按照地域性、时空性等特点划分出来的一个下位概念,而在我国村庄是村民从事生产、生活和社会交往等社会活动的区域,是社会基本的地域单位和聚居形式,是农村社区各种发展活动的组织基础。我国农村的自然社区,应该成为建构我国农村社区体育的基本单位。农村社区体育是以自然行政村落为基础形成的区域社会为主要体育健身场所,以村落地域内共同生活的人群自发的或偶有组织进行的带有一定的地方色彩与民间色彩的体育健身娱乐活动(李静,2006)。农村社区体育作为农村生活的基础内容和群众体育的重要组成部分,对于提高农村群众体育意识和身体素质、促进农村经济社会发展所起的作用,已经被越来越多的有识之士充分认识。农村社区体育不是传统的政府与居民之间的行政命令与执行,是社区委员会与社区成员之间的互动社区成员内部的互动和社区委员会与基层行政组织之间的互动这样一种"三动一体"的体育活动模式。

(一) 农村社区体育的兴起

我国广大农村的经济发展水平不同,文化背景也有区别,特别是边远贫困地区的农村,在温饱问题没能完全解决以前是很难开展好社区体育活动的。在农业经济发达的村庄,虽然在节假日可以开展一些体育活动,但基本处于自发的阶段。1978年12月,在湖北省黄陂县召开了县体育工作调查会,制定了《关于做好县的体育工作的意见》,明确了县的体育工作必须面向农村、面向基层,为广大农民服务。1982年11月,原国家体委、文化部在福建省召开了全国农村体育工作会议,制定了在新的历史时期,农村体育发展的方针、任务和措施,明确了乡镇文化中心、文化站和村的青年民兵之家建设中要有体育骨干。1983年2月,国务院批准了《全国农村体育工作会议纪要》。1984年起,在全国开展争创"体育先进县"的活动,截至1998年,全国已有554个体育先进县,1986年中国农民体育协会在北京正式成立,1990年中国农民体协开展了"亿万农民健身活动"。以上这些改革和举措,对于我国农村社区体育活动的开展,无疑起到了极为重要的保障和推动作用。

随着我国国民经济的持续发展,农村劳动力向城镇转移,农村的乡镇企业同时得到了发展,这使我国出现了一批在农业经济基础上发展起来的小城镇,这些小城镇的体育得到了优先发展。为了适应我国城镇建设现代化的发展规划,我国小城镇进行了城市化改造。这些环境得到改造的居民小区,将是小城镇的生活中心,也是文化教育中心,当然也是体育中心。在经济文化条件总体得到改善的条件下,农村小城镇的社会体育也同步得到了发展。同时,体育娱乐成为农村社区娱乐的重要内容。我国整个体育产业发展不平衡,农村体育、社区体育是比较薄弱的环节,农村社区体育是弱中之弱。

(二) 农村社区体育的特征

农村社区体育是群众体育的一部分,它具有群众体育的一般共性,又具有社区体育的一些特性。由于我国农村发展很不平衡,农民生活方式差异很大,所以相对于我国城市社区体育来说有其自身的特点:

1. 广泛性和艰巨性

农村社区体育活动其潜在的参与对象是9亿农民,具有广泛性。但是我国大部分农村地区经济基础相对于城市来说比较薄弱,居住地域分散,运动场所和器材严重缺乏,同时更缺少组织引导,再加上农民自身对体育功能的认识和认同感薄弱,使得农村社区体育活动的开展极其艰难。

2. 随意性和灵活性

随着农村物质条件的改善和农民闲暇时间的增多以及文化素质的提高,使得农村体育活动内容比过去丰富许多,参加锻炼的成员可根据自己的具体情况各取所需,随意选择。在活动和组织形式上,既可以个体为单位,也可以群体为单位,既可由村、乡、镇组织,也可由参与者单个或几个人自由组织,没有固定和统一的模式,具有极大的灵活性。

3. 自发性和季节性

农村社区体育作为集体行为,以非组织、非领导的自发行为为主。一般情况下,只要农村居民主观上热爱体育娱乐,就能通过其成员间的沟通和情绪感染,自发地进行体育比赛。从某种意义上,这种广泛而生动的民间自发性,正是农村社区体育活动生机勃勃的基础。但是这种自发性并不具有时间连续性,往往会受到季节性的制约。因此,在农忙季节,农村社区体育活动一般较少,或者至多是结合劳动和休息时间进行。只有在农闲季节或隆重节日,体育活动才更具有广泛的社会性,也促使自发性体育活动延续和发展起来。

4. 传统性和差异性

中华民族历史悠久,许多优秀的体育项目得以流传,具有鲜明的传统性。如新年的龙灯狮舞、端午的龙舟竞渡、重阳的登山活动等。有许多项目被深深地打上地方烙印,南北东西各不相同,至于少数民族农村社区的体育项目更是丰富多彩,民族风格更加突出,体现了民族地区的差异性。

(三) 农村社区体育的功能

农村社区体育是社区生活的组成部分。它之所以能活跃于我国农村并绵延不断,除了一般的体育功能外,是由其本身的社会地位和社会功能决定的。农村社区体育活动不仅是作为社会的人的一种主观心理和生理的需要而存在,而且还具有其他社会活动所不能替代的功能。农村社区体育活动功能,主要从以下几个方面表现出来:

1. 调剂精神生活

农村社区经济的自给自足性质十分浓厚,多数居民过着几十年一贯制的"地头、锄头、炕头"的单调的链条式生活。我国农村改革开放后,人们的物质生活逐渐改善,但在精神生活领域,还主要局限在家长里短的闲谈中,多元的、多角度的精神生活无从谈起。进入 20 世纪 90 年代后,传统的单调的生活方式逐渐得以改变,人们的被抑制、被淹没的体育娱乐心理也得以复苏,从而各种农村体育活动得到广泛开展,像舞龙、舞狮、拔河、踢毽、武术、风筝、钓鱼、中国象棋、赛马、摔跤等,不仅使农民体验到参加体育活动的乐趣,感到生活内容的充实,而且还能潜移默化地让农民接受新的观念和时尚的熏陶,获得美好有益的精神享受。

2. 完善新型人际关系

在现代社会,体育运动已经成为社会交往的一种重要形式。在农村社区,人们作为社会整体的细胞,其整体性逐渐增强。通过生产过程中的合作劳动和商品交流,大大加强了交往范围,拓展了交往空间,健康文明的农村社区体育也随之以自愿、自由、自主的形式开展起来。它以轻松愉快、平等自由的方式为社区居民提供社交场合。而且,由于体育活动带来的适度兴奋和舒适感,使人际交往变得容易起来。农村社区体育活动可以增强农村居民之间和社区与社区之间的相互交往与了解,建立良好的人际关系。例如,通过举办农民运动会、各种单项体育比赛或一起参与体育活动,就能达到相互交流、相互传递情感与增进友谊的目的,因此,开展农村社区体育活动,对加强居民凝聚力无疑具有积极的作用。

3. 劝喻和教导

农村社区体育是一种行为文化,对提高居民文化修养有促进作用。人的行为规范是知识内化的结果,自觉地遵守社会道德规范并形成行为习惯对提高农民文化修养有重要意义。体育活动过程中由于有规则要求,人们会自觉地遵守并逐渐养成习惯,而体育道德规范与社会道德规范具有高度的一致性。因此,农村社区体育活动对强化文化修养有重要作用。另一方面,农村社区体育又是一种健康文化,它是以休闲、娱乐为主要目的的社会活动,对农民的身心健康有较强的正面影响,加上体育活动中讲究平等、互助、公正等行为规范,具有高尚的文化品位。农村社区体育的开展,有利于将农村社区文化引向健康、向上的高品位方向,能在一定程度上抑制农村社区的赌博、封建迷信等陈规旧习等社会消极现象,对农村居民有劝喻和教育的积极作用。

(四)农村体育社区发展的社会经济基础

伴随着20世纪70年代末进行的农村经济体制改革,我国农村生产力获得了前所未有的发展,为农村社区体育的逐步开展提供了必不可少的社会经济基础。

1. 农村居民收入增加,为体育的发展提供了条件

据国家统计部门的测算,到2010年,我国农民实际收入年均增长率将在3.5%—5%左右,人年均收入将达到6 000—7 000元,农民收入的增加将使农民的消费结构发生一系列的转变:

消费结构从小康型向富裕型转变。恩格尔系数将会从目前的50%—60%降到45%—49%之间,但不同的区域差异会加大,其中文化教育(包括体育)的支出将有较大提高。

农民的消费结构由自给型向商品型转变。随着农村商品经济的发展,在我国农民生活消费中,商品性支出比例今后会继续呈现上升趋势。

消费结构由单一性向多样性转变。在物质匮乏的时代,农民的消费是围绕生活最基本的衣食住行的需要展开,其消费结构极其单一,今后随着一部分人和一部分地区先富起来,农民收入的差距将呈现扩大的趋势,从而消费水平差距将拉大。农民的消费结构也将呈现多样性的特点,家庭中的文化消费支出开始成为家庭支出中不可或缺的部分,同时也给家庭体育消费支出提供了可能性和条件。

2. 余暇时间增加,农民将有较多从事体育娱乐的机会

农业经济体制改革的深化、农业生产技术的提高、机械化程度的加大和农业生产方式的变革,使得农民的余暇时间大大增多。同时,农业电网的改造和农民家用电器的普及,又为农民的业余生活提供了时间和物质条件,也使农民从事体

育娱乐的计划随之增多。

3. 农民受教育的机会增加,对体育的认识提高

根据《国民经济和社会发展"九五"计划和 2010 年远景目标纲要》的精神,到 2010 年在总人口 95％的地区,主要是农村地区普及九年制义务教育,青壮年的文盲率将降到 1％左右。增加农村教育投入,改善办学条件,提高农民的科学文化素质,积极促进农村经济与社会发展,使农民对体育的价值有新的认识,使得构建体育生活方式逐渐成为农民的内在需求,这些措施为农村社区体育的开展提供了良好的人文基础。

4. 小城镇的发展,为建立农村体育中心创造了条件

目前有些地区提出了"三集中"模式:农田向农场集中,居民向城镇集中,工业向园区集中。还有些地区出现了"中心村"模式,就是以乡、镇政府所在地为中心村,使其成为政治、经济、文化、体育的中心,同时辐射若干周围村,这些农村社会结构改革的思路和做法,有利于建立农村体育实体,有利于吸引本地和外地的资本为体育投资。农村小城镇的发展,为建立农村体育中心奠定了基础。

5. 人口城镇化有利于进一步普及农村体育

20 世纪 50 年代以来,我国城镇人口增长绝对数非常大。1949 年城镇人口约为 4 900 多万人,到 1996 年城镇人口增加到 3.7 亿人,小城镇由新中国成立初期 2 000 多个,到 1999 年已经增加到 19 000 个。江苏省 2000 年底城镇化水平达到 40％。我国小城镇的增加是社会主义市场经济发展的重要标志。小城镇,作为农村社区的经济文化中心,它所特有的集聚效应、辐射效应、联结效应及融合效应不仅成为我国城市化过程中不可缺少的一个重要组成部分,而且为进一步普及农村体育、扩大农村体育人口发挥重大作用。

(五) 农村社区体育发展的目标方向

农村经济的发展、小城镇中心的形成、农民文化素质的提高以及农业生产方式的改变,都为农村社区体育的发展提供了各种经济文化条件,使得农村社区体育特别是小城镇社区的体育将比 20 世纪有较大的发展,其发展的目标方向表现在以下几个方面。

1. 发展农村社区,扩大农村体育人口

以我国 GDP 年均 6.3％的增长速度,到 2050 年,我国经济总量将跃居世界第一,消费水平随经济发展逐步提高,经济发展地区的农村居民人均纯收入从现在的 3 400 多元增加到将近 5 000 元,为农村社区体育的发展和体育消费提供了良好的经济条件。社区内经常参加体育活动的人数将逐年增多,体育人口的比

例将从现在的15%左右提高到40%。

由于农村社区体育的作用,决定了它是农村社区生活中的一个主要方面,而且涉及面广泛。它的发展应该纳入农村的文化教育事业的总体社会和经济发展,纳入农村社区建设的规划之中,得到政府和各种群众团体的支持。县、乡政府应该根据当地的经济条件以及文化、教育、卫生等事业发展的规模和水平,了解当地农民对体育的态度和需求,定出切合实际状况的社区体育发展规划,并做好宣传、组织工作。

2. 依托乡镇,面向社区,建立全农村社区体育组织

社区体育组织是构成社区体育的保障体系,也是影响社区体育经常化的基本因素。要将农村中的乡镇企业、中小学校、各种社会团体联合起来,同时发挥社区的积极作用,成立跨行业的联合组织,建立以乡镇企业牵头、多方联合的单项体育协会,参加人员包括乡镇企业的职工、农民、教师、学生等。这样有利于发挥乡镇企业的积极性,使农村社区体育有一定的经济基础,并能顺利开展工作。

3. 有计划地培养农村社区体育骨干

由于农村社区居民众多,人员分散,需求多样化,仅靠乡、镇、社区极少数体育专职人员开展活动,显然是不现实的。体育行政部门有责任帮助农村社区培养数量多、能力强的社区体育骨干和积极分子,以确保农村地区能经常性地开展体育活动。

4. 建设农村体育设施,建立农村体育中心

农村社区体育活动场所、设施的投入力度将会加大,以便初步满足农村居民开展体育活动的需要。目前,除了已经达到体育先进县、体育先进乡镇的条件较好的地区外,我国大部分农村社区的公共设施、学校的体育设施以及企业的体育设施都十分贫乏。在这种状况下,开展农村社区体育设施建设,就必须依靠政府部门,并充分调动社会和群众的积极性。作为政府部门要把体育设施当作是精神文明建设必不可少的"硬件"来抓,要列入政府部门议事日程,做好规划、做好经费的预算安排。另一方面要积极发动企业、社会团体、个人建设体育设施,为社会公益事业做贡献。农村体育设施的建设要纳入我国城镇发展的总体规划,一个小城镇在开展市镇建设时,要考虑建立体育中心,使体育中心实现对本镇周围农民体育工作的辐射,以促进农村社区体育的发展。

农村乡镇社区体育是我国体育事业的重要组成部分,直接关系到占全国人口绝大多数的农村人的身心健康、体格健美与快乐幸福生活。农村人是我国居民中的中流砥柱,其身心健美、快乐幸福的生活与健康长寿,又直接关系到国家、民族的稳定和繁荣昌盛,因此深入持久地开展我国农村乡镇社区体育,对我国的

社会主义物质文明和精神文明建设,将产生积极的现实作用和深远影响。中华民族要屹立于世界民族之林,必须提高包括健康素质在内的国民整体素质。没有国民整体素质的提高,现代化建设只能是无源之水、无本之木。

第三节 社区体育与社区建设

一、什么是社区建设

社区建设,也叫社区发展。"社区发展"的概念是美国社会学家弗兰克·法林顿在其1915年出版的《社区发展:将小城镇建设成更加适应生活和经营的地方》一书中首次提出来的,原意是泛指社区内所有的发展事物与过程,书中提出将小城镇建设作为社区发展的目标。第二次世界大战后,社区发展成为联合国倡导的一项世界性运动,其宗旨是加强政府同社区的联系,充分发挥社区成员的积极性,利用社区自身力量提高社区经济、社会发展水平,改善社区居民的生活,解决社区存在的问题。

中国的社区发展是在20世纪90年代初期,在城市社区服务的工作普遍兴起和发展的基础上,借鉴国外先进经验而提出的社会学的一个基本概念。提出这个概念的目的,旨在以社区发展为切入点,全方位加强社区建设,增强城市基层组织的凝聚力和战斗力。综观国内外"社区发展"的概念,关于社区建设的含义,虽然目前尚无一个包括政府官员、学者、社区百姓各方面共同认可的定义。这里我们倾向于认为,社区建设是对社区工作的总体概括,是指在党和政府的主导下,依靠社区力量,利用社区资源,强化社区功能,解决社区问题,促进社区政治、经济、文化、环境协调和健康发展,将社区建设成为管理有序、服务完善、生活便利、卫生整洁、环境优美、治安良好、人际关系和谐的现代化的新型社区。社区建设的实质是社区资源和社区力量的整合过程,即将社区中所有的资源、所有的力量拧成一股绳,形成合力来共同建设社区(周文建,2002)。

社区体育与社区建设两者是相辅相成、彼此促进的关系和你中有我、我中有你的关系。社区建设为社区体育提供了各种资源和条件,推动了社区体育的发展。要从社区体育对社区建设所起的作用上看社区体育与社区建设的关系。从社区看,在物质条件层面,社区体育内在的物质条件,如公共体育设施,从精神文化层面,社区体育所发挥的对社区的归属感的提升、活动规则的强化、居民身心健康的保持等方面。从这两个层面来分析社区体育在社区建设上所发挥的功能。

目前,理论界在探讨社区体育时,大多忽视一个重要的方面,那就是将社区体育与社区发展、社区建设隔离开来,就体育论体育。社区体育是体育,应具有体育的基本特点,这是毫无疑义的。但社区体育又是与其他体育不同的体育,那就是它的地域性,是以社区为依托的,决定其发展不可能凌驾于社区发展之上,完善的社区体育的发展,离不开成熟的社区。另外,社区体育要发展为社会体育,成为全民参与的群众性体育运动,也必须以社区为依托。发展社区体育,是推广群众性体育运动的必经之路。离开社区的支持和依托,群众性的体育运动无从谈起。可以说,社区建设的状况如何,可以说直接决定了社区体育发展的基础和条件。同时一个成熟的社区,社区体育发展的状况也成为其一个必不可少的内容。通俗地讲,没有社区体育,社区建设的其他方面搞得再出色,也不能称之为一个好的社区、一个成熟的社区。社区体育发展得如何,理应成为衡量社区建设状况的一个指标。

二、社区建设对社区体育发展的作用

社区建设是社区体育发展的基础和条件。若干体育先进社区成功的经验表明,社区中的居民基本都对社区建设、社区环境满意。这些社区之所以被评为体育先进社区,社区建设的完善是一个重要原因。而且沿海开放经济特区的城市社区体育的蓬勃发展也是一个佐证。尤其在我国当前,在大众体育充足发展的各种条件尚不成熟的前提下,离开社区发展、社区建设谈社区体育的发展,就体育论体育,易导致人们认为社区体育的发展只是体育领域的事,不利于调动全社会的力量,会使社区体育发展处于孤军奋战之中,从而制约社区体育的发展。可以说,城市社区建设和社区服务以及与市场经济体制相适应的社区管理体系,是社区体育兴起的土壤。城市社区体育是在城市社区建设的基础上的,随着社区建设的深入开展、体育社会化程度的提高、人民生活水平的不断改善、健身意识的不断增强而逐步发展起来。

社区体育的发展离不开社区所提供的各种资源和条件,比如社区体育开展活动的场地,通常是利用社区内的绿化地带、楼间庭院、广场公园等公共资源。社区体育所需的公共体育设施、活动组织管理以及活动的开展经费的筹措等都离不开社区。可见社区体育的发展离不开社区建设。

社区体育是社区整体的一个部分,是依附于社区的发展而发展的,所以,在社区建设进入快速发展的同时,社区体育的快速发展期必将到来。

三、社区体育对社区建设的作用

社区建设、社区发展是社区体育发展的基础,从这个角度看,社区体育是社区建设的一个重要组成部分,社区建设离不开社区体育的发展。具体而言,社区体育的发展无论是从物质层面,即其发展必需的体育设施的建设,还是从精神文化层面,即社区体育所能发挥的社区的归属感的提升、活动规则的强化、居民身心健康的保持等方面,都极大地推动了社区建设特别是社区文化建设的进程。下面从公共体育设施和社区归属感两个层面来分析社区体育对社区建设所发挥的物质和精神文化层面的功能。

(一)社区体育资源与社区建设

公共体育设施等是发展体育、发展社区体育的硬条件,同时也成为社区建设的一个重要的硬条件。社区体育设施的建设为社会各阶层居民提供了进行健身的空间和条件,使体育真正走进人们的生活。它的基本特征主要表现为建设规模小、技术要求复杂程度低、投资小但数量大,它是城市基础公共设施的一部分。国家体育总局联合各级体育部门动员各种社会力量在居民小区配置健身器械已取得一定的成效。据《中国群众体育现状调查与研究》显示,我国目前拥有各类体育馆61.57万个,平均每10万人拥有50.82个,这些公共体育场馆非但数量少,而且开放率低,全部向居民开放的只有44.1%。天津市调查显示,有4成以上的居民经常到户外参加各类文体活动,其中47.4%的居民经常在生活小区内及附近的公园、绿地、体育场馆锻炼身体,有20%的居民经常到小区以外的文化娱乐和体育场馆参加各种文体活动。自1997年以来,我国政府通过体育彩票公益金,分别投入10.5亿元在我国城乡社区配建"全民健身工程",实施"全民健身路径""雪炭工程",新建"全民健身活动中心"。然而这些健身工程对于我国城市社区居民日益增长的体育需求来说,仍然是杯水车薪,不能满足城市社区居民多层次的体育文化需求(周晓东,2005)。因此,今后城市体育设施建设的重点,应加强社区体育设施的建设。在此种情况下,社区体育设施建设本身就推动社区建设的同步进行,公共体育设施的建设,成为社区建设的一部分。

离开社区体育的发展谈社区建设,至少可以说社区的文化建设是不完善的,社区体育是社区建设特别是社区文化建设的重要组成部分。社区体育资源、社区体育活动以及社区体育成绩理应成为完善社区建设特别是社区文化建设的重要内容。其中,人均社区体育文化建设投入、千人社区人才数量、千人社区体育组织会员人数、千人社区聘任体育辅导员人数、人均体育场馆面积以及体育设施拥有量,成为衡量社区体育资源的重要指标;社区举办体育活动次数、人均社区举办体育活动参与率、千人经常参加体育活动数量,成为衡量社区体育活动的重要指标;个人体育竞赛获奖数量、集体体育竞赛获奖数量、人均体育经济效益等,是衡量社区体育成绩的指标。

从我国社区服务内容上来讲,社区体育属于社区文体服务这一序列,包括社区体育设施的设置、社区体育活动的开展、社区体育教育的实施、社区与社区之间的体育活动、体育赛事的举办、国家体育大事的参与、地区体育事业发展的响应等内容。社区体育是全民健身运动的具体体现,是国家社会体育的组成部分、有益延伸和补充。

总之,社区体育是一项社会公共事业。体育场地设施、必要的经费投入、人员保障是社区体育发展所需的基本条件。体育设施是社区体育生存的物质基础,充分利用和挖掘社区资源、改善社区体育环境、满足社区单位和居民体育活动的需求和愿望,是社区体育发展的必备条件,同时也是社区建设中的一项重要内容。社区体育的完善,无疑也是推动社区建设、社区服务以及社区凝聚力的一股强劲的力量。

(二)社区体育功能与社区建设

开展社区体育不但能增强居民的体质、丰富业余文化、改善生活方式、提高生活质量,还可以密切人际关系、培养社区感情、增强社区凝聚力、强化社区意识、促进社区精神文明建设。发展社区体育既是体育商业的需要,也是社区建设社区管理和社区服务的需要,更是社区居民转变生活方式提高生活质量增强居民幸福感的需要。具体而言:

1. 社区体育能够培养和提高社区归属感

所谓社区归属感,就是社区成员对本地区有认同、喜爱和依恋的心理感觉。在社会学中,城市化的发展会削弱传统社会的人际关系,降低社区居民对社区的归属感。社区通过组织老年、青年、少年、残疾人等不同形式的体育活动,尤其是代表本社区外出比赛、演出,不仅会吸引社区不同成员的积极参与,可以增强社区居民间的交往、交流、共处,增进了解,形成团体、群体,从而增加人们对社区的"我们感"、归属感。同时也有利于形成良好的人际关系,弥补和整合现代化带来的不利影响,更能增强社区成员对本社区的认同感和自豪感。

2. 社区体育有利于提高社区文化品位

丰富多彩的社区体育文化活动,除了具有锻炼身体、陶冶情操、愉悦身心的作用外,还通过活动使社区群众创造性思维和独特性锻炼方法以及历史沉淀积聚的优秀民间体育、传统艺术、风俗习惯得到发扬和继承。正由于这种独特的方式方法以及民间传统体育文化(舞龙、舞狮、南拳、太极剑等),影响着社区群众整体精神风貌及社会形象,直至成为社区文化品位的象征。成功的社区体育文化营造了人与自然和谐共存的环境,令"居者忘老,寓者忘归,游者忘倦"。

另外,社区体育有利于倡导文明新风和树立社区形象。体育文化是"代言人",是社区形象宣传的载体,通过对具有民间传统和现代特色的体育文化"代言人"这种载体加以广为宣传,可以使社会了解社区、认可社区,使群众认识社区、热爱社区,对社区这一地域产生认同感和归属感,"以此聚人气,以此聚财气"。开展社区体育文化建设,可以营造好社区文化氛围,提高居民的健康、卫生和道德水平,教育居民提倡文明、摒弃落后、提倡科学、抛弃愚昧,使文明新风逐步成为社区居民的自觉行动。

3. 社区体育有利于加强社区成员之间的情感联系

社区体育是社区生活基本活动形态之一。在体育锻炼活动中,人们的精神和身体比较松弛,气氛融洽,容易沟通思想、消除隔阂、弥补裂痕,能够创造出良好和谐的环境和气氛,有效地加强社区整合力。以社区体育协会、俱乐部等社区组织的体育活动,能使被高楼大厦封锁的心灵走向开放,满足人们对"群体"的需要,沟通人们的感情,增强社区凝聚力和归属感。社区体育为居民提供了社交机会和场合,促进了人们之间的情感联络,建立了友谊,增进了团结,改善了社区人际关系,提高了人们的综合素质,使人与人之间形成轻松愉快、平等自由、团结友爱的局面。现代生活的紧张节奏给人们造成了较大的压力,需要通过某些活动加以解除,社区体育作为一种文化娱乐活动,对丰富社区居民文化生活、消除紧张、转换心情、带来无限乐趣都具有重要作用。另外,现代独门独户的生活方式,使邻里关系变得淡薄,而社区体育为居民提供了社交机会和场所,同时体育活动轻松愉快、平等自由的氛围,尤其适合社交活动。通过社区体育活动,可以增强居民对社区的认同感、归属感,使社区体育活动形成团结友爱的局面,对改善社区人际关系有积极的作用。

4. 社区体育有利于培养身心健康的社区居民

社区体育是居民喜闻乐见、休闲为主的社会活动,对居民的身心健康有较强的促进作用,是一种健康文化。体育活动中提倡平等、互助、公正等行为规范和高尚的文化品位,丰富健康的体育活动是人们文化生活的重要组成部分,是衡量人们生活质量的重要标志。另外,体育活动作为社会活动内容的一个部分,使生活方式发生变化,从而形成科学合理的生活习惯,并能提高生活质量,对社会主义精神文明建设有积极的促进作用。

培育社区成员的认同意识和参与意识,是衡量社区建设水平高低的重要标志。要以文明创建为载体,努力繁荣社区文化,通过组织形式多样、健康有益的群众性文化、体育、科普、教育、娱乐、互助等活动,激发他们"热爱社区、建设社区"的热情,培育社区居民共同的价值体系、伦理观念和道德规范,形成社区人群的文化维系力,提升社区的文化品位,树立社区形象。

本章参考文献

[1] 顾渊彦:《21世纪中国社区体育》,北京体育大学出版社,2001年。

[2] 李大为:《影响社区体育发展的背景及趋势》,《体育成人教育学刊》,2005年第3期。

[3] 李静、张彩霞、张新坤:《农村社区体育现状及在小康社会建设中的作用》,《山西师大体育学院学报》,2006年第3期。

[4] 卢元镇:《中国体育社会学》,北京体育大学出版社,2000年。

[5] 卢元镇:《中国体育文化纵横谈》,北京体育大学出版社,2000年。

[6] 卢元镇:《中国体育社会学评说》,北京体育大学出版社,2003年。

[7] 吕效文:《我国城市社区体育发展若干问题的思考》,《湖南文理学院学报》,2005年第6期。

[8] 马忠:《21世纪中国城市社区体育的新走向》,《白城师范学院学报》,2005年第1期。

[9] 周晓东:《论我国城市社区体育健身环境》,《福建体育科技》,2005年第2期。

[10] 周哲玮:《2004年上海大学体育学研究年报》,上海大学出版社,2004年。

[11] 周哲玮:《2006年上海大学体育学研究年报》,上海大学出版社,2005年。

[12] 朱红卫:《我国城市社区体育建设的理论分析》,《体育与科学》,2004年第3期。

[13] 国家体育总局政策法规司:《群众体育战略研究:2005年全国体育发展战略研讨会文集》,北京体育大学出版社,2005年。

第十章
体育与生活方式

生活方式是指"人们在一定的社会条件制约下和价值观的指导下所形成的满足自身生活需求的全部活动形式与行为特征"(王雅林、董鸿杨,2003)。这个高度综合的概念中包括很多具体的内容,例如消费、休闲、交往、婚姻家庭以及其他微小的领域,其实这个日常生活中普遍应用的概念就是在回答人们"怎样生活"这样一个问题。我国进入市场经济时代以来,打破了原来的单位制社会格局,在多种经济形式共同发展的前提下,职业类别多种多样,人们的生活方式也出现多样化的趋向,而且具有"消费社会"的生活方式特征。人们通过文化消费和物质消费来模仿上层社会的生活方式、追赶流行的生活风尚、彰显自己与众不同的生活品质。

体育源自生活,它是在人们的劳动休闲中产生的,人们在游戏中发现体育活动有健身、娱乐和凝聚精神等功能。随着人类社会的发展,体育逐渐成为人们生活中不可缺少的内容,不管是对竞技体育的观赏,还是对休闲体育的参与,体育成为生活方式的具体表现之一。在现代生活中,体育作为生活方式最活跃的表现因素,与生活方式的其他具体内容之间形成了紧密的联系,它们相互影响、相互作用,使得体育活动既是人们生活和工作的需要,也成为现代生活的一种流行时尚。本章将从生活方式的三个具体方面即家庭、社会交往和休闲时尚,探讨体育与生活方式的关系。

第一节 体育与家庭

一、家庭的概念及其功能

家庭是社会构成的最基本的细胞,是由婚姻关系和血缘关系或者收养关系以及其他亲族关系所组成的社会的最基本的单元,在整个社会结构中有着特殊的地位。人从出生到死亡,家庭贯穿着生命历程的每一个阶段,满足人们的多方面需求。尤其对于大多数中国人来说,提起"家庭"不禁会让我们想起"安家落户""成家立业""家和万事兴"这样的词语,由于受到家族观念浓厚的中华传统文化的影响,家庭成为中国人生活中非常重要的一部分。

家庭的模式包括联合家庭、核心家庭和丁克家庭。联合家庭是指三代或者三代以上的家庭成员生活在一起的家庭,中国传统社会中三代以上的联合家庭居多数,目前也有老年人和儿女生活在一起的家庭。一对夫妻和孩子共同生活的家庭结构称为核心家庭,核心家庭是现代社会的主要家庭模式,也是最普遍的家庭模式。而丁克家庭是只有夫妻而不要小孩这样的家庭,这是新时代、新观念影响下产生的家庭模式。

家庭具有人口再生产功能、经济功能、情感沟通功能、教育和社会化的功能以及满足性需要的功能。随着社会的发展,家庭的功能也在发生着变化。由于社会产业部门高度分化,很多原来由家庭承担的功能不断被社会专门机构接管和替代,出现家庭功能外移的倾向,例如托儿所和幼稚园对幼儿的看护和教育、老年福利院以市场化的方式照顾老人、家庭教师辅导功课、家政小时工处理家务等等。但是,市场化和社会机构不能完全分解或代替家庭这个生活世界最重要的领域。不但如此,家庭的某些功能更加增强了,因为社会其他各个部门的以追求效率的理性化程度增强,社会的各个组成部门实现着专门的、单一的目标。人们的精神需要和其他多方面的需要无法在单一的组织内实现。所以,现代社会家庭仍然发挥着其他社会组织无法替代的功能。

二、体育与家庭的关系

一个和谐的家庭,需要家庭成员之间的行动来实现,家庭内成员间的行动不仅包括最基本的饮食、性生活和休息,还包括学习、游戏、情感沟通和丰富多彩的休闲活动等。随着人们对生命质量和生活质量的重视,体育运动成为提高家庭生活质量的一种手段,是家庭生活的重要内容之一,对家庭各种功能的发挥起着关键的作用,有利于营造一个健康、和谐的家庭生活。同时,家庭体育是体育事业的重要组成部分,家庭也为体育人才的培养和支持、为体育事业的全面发展发挥重要的作用,体育和家庭有着紧密的关系。

(一) 体育有利于营造健康和谐的家庭生活

1. 准父母参加体育运动有益于孕育健康的下一代

家庭具有生儿育女的繁殖功能,或称人口再生产功能,孕育健康的下一代,不能缺少必要的体育运动。随着经济和社会的发展进步,每一个家庭对下一代的孕育过程都投入了更多的精力和经济成本,以科学的方式培育健康、聪明的下一代。在这一过程中,体育活动起着重要的作用。在现代快节奏的生活中,年轻小夫妻以高强度的工作实现着个人价值,追逐着个人生活和事业的目标。虽然城市中流行着"年轻的时候用健康换金钱,到老的时候用金钱换回健康"的说法,不过对于孕育下一代,年轻小夫妻都是会对工作和生活做出理智的调整,男性除了改变吸烟和喝酒这样的不良生活习惯之外,就是通过体育活动来锻炼身体,增强体质。女性在怀孕前,除了食补以外,适当的健身运动也是必不可少的,例如做有氧运动,并辅以一定量的腰腹运动。有氧运动可以增加心肺功能,提高女性血液的含氧量,将会在未来怀孕期间对胎儿的供氧带来好处,而在怀孕前做一定量的腰腹运动,将会对女性产后的形体恢复有很大的帮助作用。在传统观念中,准妈妈都是通过食补来增加营养、以休息静止来迎接新生命诞生的,这样的习惯致使中国的准妈妈都过于肥胖、过于慵懒。如今观念发生了改变,根据科学依据,准妈妈坚持体育运动对自己和胎儿都是有好处的。西方发达国家和我国发达城市中都出现了针对孕妇的运动中心,在那里有专业的老师做指导。孕妇可以在家人的保护下选择适当的运动项目,例如跳舞、游泳、瑜伽、骑自行车或散步等。

　　家庭是人生命的起始点,正确看待并重视准父母的体育运动,关涉到下一代的健康,关涉到家庭的幸福和谐。"生命在于运动。"新生儿的诞生,同样需要准父母的运动。准父母体育运动的参与以及其他家庭成员给予他们的支持和陪护,是健康的人口再生产之保证。

　　2. 少儿参加体育活动有益于自身的成长发育

　　家庭的生活模式和生活习惯对该家庭中少儿的成长影响很大,其中家庭体育也是影响少儿成长的重要因素。少儿是家庭体育最活跃、最热心的参与者,家庭体育是教育少儿的良好手段,少年儿童合理的体育锻炼,有着特殊的意义。从医学角度看,体育锻炼能增强内脏器官的健康、促进人体生长发育和形体健美、增强对环境的适应能力、增强免疫功能、预防疾病,可为少儿进一步学习文化知识奠定坚实的身体基础。从社会心理学的角度来看,经常参加体育锻炼可以培养少儿开朗乐观的性格,使他们思想活跃、动作敏捷、心情愉快,提高少儿的创新能力、生存能力以及人际交往和社会适应能力。

　　与20世纪80年代以前相比,现在的少年儿童,由于家庭物质生活水平的提高,参加正式体育锻炼的人数有所增加,例如参加滑轮、跆拳道、游泳、乒乓球等体育活动,多数都在少年宫和课外辅导班进行,有正规老师指导,既专业又时尚。

但是,并不能因此说现在参加体育锻炼的少儿人数就增多了,因为20世纪80年代以前的少儿和邻家小朋友一起玩的传统游戏(例如跳皮筋、扔沙包等)同样发挥体育运动的作用。可是,如今由于城市化进程的加快、居住环境的改变、计划生育政策的推行、学校应试教育带来的激烈竞争以及卫星电视的普及和电脑网络走进家庭等,缺乏锻炼的"小电视迷""游戏痴""课外辅导狂"和10岁左右"小胖墩""小眼镜"的数量迅速增加。过度肥胖有损健康,肥胖者患病的危险远远高于体重正常的人。肥胖除了与饮食和遗传有关以外,最明显的是由于不参加体育运动,长时期看电视、上网、打电子游戏而造成的。

生活在这个"传媒社会""信息化社会"中,电视和网络的攻势不可能自行减弱,反而会增强。少儿健康的成长发育不能等待传媒势力的减退,不能仅仅依赖学校体育来达到孩子体育运动的全部需要,毕竟学校体育并不是针对个别学生进行的。因此只有家长首先认识到问题的严重性,进而通过家庭内的体育活动来引导和监督孩子参与体育锻炼,让孩子在体育运动中找到快乐,这样才能防止少儿沉溺于电视和网络中,才能预防少儿成长发育中出现的以上问题。家长可以根据孩子的体质和兴趣,与孩子共同选择最适合的运动项目,例如广播操、韵律操、田径、游泳、球类运动都是中小学生可以参加的。中小学生正处于生长发育阶段,并不需要一味地追求运动的强度,而要根据他们的兴趣和需要选择他们自己喜欢的、有条件的并能坚持下去的运动。家里可准备一些小设备小器械,如球拍、游泳衣裤等有助于孩子进行体育锻炼。为了少儿获得健康的身体,参与合适的体育运动,除了学校体育以外,家庭体育是不可缺少的,也是社会上其他组织机构不能完全替代的。

3. 成年人参加体育活动有利于缓解工作压力,保持积极健康的工作状态

家庭所具有的经济生产功能,是指通过家庭成员参加劳动来换取家庭的生活用品,以满足家庭成员生存和发展的需要,现代家庭是通过家庭成年人的工作来实现这一功能的。20世纪90年代以后,由于我国原有的经济结构的转型,人们的职业性质和工作状况也发生了变化,原有的单位、企业进行改组、改制,人们在面向市场、追求效率的新型组织中工作,工作强度不断增加,工作压力不断加大。承担家庭经济来源的成年人为了创造更优质的家庭生活,为了让家人住上舒适的房子,接受更好的教育,进一步提高家庭生活质量,工作过度劳累,超出了身体和心理上的承受能力,患上了各种流行的"城市职业病"。

"压力大""睡眠不足""运动不足""乳腺癌""过劳死"这些以往都觉得陌生的词语,已经成为中国城市职业群体中流行的职业病。中国癌症研究基金会公布的一项调查数据显示,在上海、北京、广州等城市,乳腺癌已经成为对女性威胁最

大的恶性肿瘤。其中高学历、高收入女性患乳腺癌的比率更高,主要是因为生活节奏快、工作压力大、紧张焦虑引起的。近年来,各个工作领域都出现了英年早逝的现象,"过劳死"这个最初日本人使用的单词也成为中国人谈论的话题,据世界卫生组织统计,"过劳死"的发病率正在逐年增加。

　　工作原本是实现个人价值、为发挥家庭经济生产功能服务的,但是工作过度劳累引起的疾病和死亡却给家庭带来巨大的伤害。在这种情况下,家庭体育活动成为缓解工作压力的主要途径,而且这种活动不仅仅是一种休闲,而且是生命的一种需要。让体育锻炼成为生活中的一个内容,并不是一朝一夕的运动就能发挥效果的,而是要长期坚持,家庭体育最大的特点就是随时可以在家庭中进行锻炼。平时上班劳累,下班以后可以在家里或家的附近做瑜伽、用家庭体育器材健身、在小区附近跑步散步等等。医学研究认为脑力工作者最好把每天的运动时间放在晚上,这对于消除大脑疲劳很有好处。晚上的运动也是在家庭中进行最方便、最易行,因为运动不一定非要进行专门的锻炼,下班后到超市转转,买买菜,吃完饭后到小公园里遛遛弯、打打拳都可以。将体育锻炼看成是生活所需,能够保持积极向上的心态,以健康的体魄从事工作,这样不仅可以保证家庭的经济来源,而且家人的健康也能给整个家庭带来轻松愉快的氛围。

　　4. 体育活动是家庭情感沟通的纽带

　　与家庭的人口再生产功能和经济生产功能相比,家庭的情感沟通功能更加重要。"情同一家"这个词足以说明家庭情感的特殊性和重要性。家庭是培养情感的地方,是提供情感支持的地方,也是家庭以外不良情绪转移和消解的地方。家庭中的情感沟通发生在亲子间、夫妻间、老人与儿女之间、老人与孩子之间。良好的家庭情感沟通,有利于孩子的成长,有利于成年人愉快地工作,有利于老年人的健康,能够创造出良好、和谐的家庭环境,能够加强家庭的稳定性。情感是一种精神性的东西,它的交流需要语言和物质为载体,例如失败时的鼓励、成功时的庆祝、节日的礼物、可口的饭菜,还有各种家庭游戏、家庭旅游等等。

　　体育活动就是家庭情感沟通最愉快的途径,体育活动既包括直接参与的体育活动,还包括观赏性的体育活动,例如通过电视或直接到现场看体育比赛就属于观赏性体育活动。家人在一起欣赏体育比赛不仅可以消遣时间,还可以彼此议论赛事、讨论体育明星,在体育比赛的胜负中悟出人生道理。

　　除了体育欣赏之外,参与性的家庭体育活动更能发挥情感沟通的作用,因为体育锻炼中人们的精神和身体比较松弛,气氛融洽,容易沟通思想,消除隔阂。例如,当孩子由于在学习上遭受挫折,内心忧郁、苦闷时,家长没必要在语言上做太多的唠叨,而是可以通过全家人的室外体育活动,来缓解孩子紧张的心理。因为将孩子带到室外,通过环境的改变,孩子的心理有了如释重负的感觉,之后家长便可根据孩子的具体身体素质情况,开展适合孩子的体育竞赛活动,尤其是孩子有特长的活动,让孩子受到压抑的爱好和特长得以释放,让他有快慢输赢的体会,在体育活动中体会由失败到成功的喜悦,逐步恢复在学习上所失去的信心。体育运动这一方式不但不会伤害孩子的自尊心,同时还可以促进家长与子女之间的感情交流。夫妻之间的体育活动也很重要,由于工作的压力或者某些误会,夫妻之间的感情也有疲倦麻木的时候,这时沉默和吵闹只能加深隔阂。如果进行体育活动,如双人自行车、远足、探险等活动,换一个环境,换一种话题,换一种思维,在两个人的配合中一切都能够消解。另外,全家人的郊游、爬山、游泳、打球打牌等活动,都能够将家人团结在一起,在活动过程中,家庭成员之间可以相互进行健康锻炼方法的指导,子女可以介绍在学校中学到的锻炼技巧,家长可以传授在单位或社区活动中掌握的锻炼方法,老年人也可以介绍长期摸索到的健身经验。这样相互启发和指导,其乐融融,家庭成员在放松和运动中忘却工作和学习中的不快,在帮助、指导和鼓励中达到默契和理解,既锻炼了身体,学习了锻炼方法,又增进了相互间的感情。

(二)家庭有利于体育事业的全面发展

1. 家庭体育是体育事业全面发展不可或缺的一部分

中国体育自从奥运历史上"零的突破"以后,经过亚运会的承办和两次奥运会主办权的争夺,到承办 2008 年奥运会做出的各项准备工作,体现了中国国力的增强和中国体育事业的迅速发展。尤其是代表国家名义的竞技体育比赛,牵动着每一个中国人的心。中国的专业竞技体育得到了世界的认可,但是,中国的大众体育即生活化体育活动的普及程度和发展水平,却并不像国际性的专业体育比赛那样令世人瞩目,这既和中国传统文化和社会经济发展水平有关,也和中国家庭体育发展缓慢有关。

体育事业的发展是全面的、立体的,体育不仅包括专业竞技体育,还包括生活休闲体育;不仅包括国家或地区间进行的竞技体育比赛,还包括大众参与、全民行动的群众体育;不仅包括学校体育,还包括家庭体育、社区体育、企业体育、社会营利性体育,学校、家庭、社会和国家都是开展体育活动的主体。体育不仅是在各种专业比赛赛场上的展示,体育更应该存于人们生命中的每一个阶段、人们生活中的每一领域,成为人们生活的需要。近年来,随着政府对大众体育的重视,随着中国百姓家庭生活水平的提高和对体育需求的增加,家庭体育也在城市中逐渐开展起来。家庭体育是学校体育和社会体育的延伸,是体育生活化建设的重要领域。如果将体育事业比作一个金字塔,那么超级国际体育比赛就是塔尖,而家庭体育活动就是宽厚的塔基。

家庭体育具有学校体育和社区体育没有的独特优势,可以在一定程度上弥补和克服学校体育和社区体育的不足。首先,是运动时间上的保证。由于现代社会竞争加剧,社会不稳定因素增多,人们的安全感降低,人们纷纷转向家庭寻找感情的慰藉。"家庭本位"的思想使人们关注家人的健康,愿意抽出闲暇时间陪伴在家人左右,共享天伦之乐,这是开展家庭体育运动时间上的保证。其次,是投资上的自愿。由于家庭体育是真正的"自我投资,自我受益",所以每个家庭都愿意为健康投资。例如许多家庭还购买了健身器材,并且健身器材也由以前的几百元向几千元过渡。最后,是锻炼方法多样,家庭成员间可以相互指导,家庭体育由于参与者关系的亲近性,活动形式可以不是很正式,可以适当改变规则和玩法,显示出家庭体育的趣味性和随意性的特点(周传志等,2005)。上述特点决定家庭体育比专业竞技体育、学校体育更贴近人们的生活,更能够满足不同人体育活动的需求,是体育事业全面发展不可或缺的基础部分。

2. 家庭发挥着体育的启蒙和普及的功能

家庭不仅具有人口再生产的功能,也担负着下一代的精神再生产、家庭生活方式和生活习惯的再生产。因为家庭是人生的第一所学校,家庭的教育和引导对幼儿的未来成长是至关重要的。家庭是人们体育启蒙的起点,是培养人体育运动习惯的学校,也是体育活动普及的重要场所。

随着生活条件的改善,中国人对家庭的启蒙教育也越来越重视,如从胎教到幼教,从送孩子到高质量的学校就读到参加各种名目繁多的特长班学习等。但是,中国家庭体育启蒙教育却不容乐观,在中国,为孩子花钱,家长们相当慷慨,统计显示,全国0—12岁的孩子每月消费总额超过35亿元,大部分消费在服装、饮食、玩具、文具等方面,而体育投资寥寥无几。家长为孩子在假期安排了各种辅导班,例如外语、奥数、琴棋书画等等,但是体育技能的学习和体育项目的锻炼的投入总是居于这些辅导班之后,甚至有的家长担心子女沉迷于体育活动中,认为比起"玩",学习成绩更重要,限制和阻挠子女对体育活动的参与。现阶段儿童的体育锻炼只是局限在学校体育课、游园等活动中,只有少数家长从孩子的健康出发,为孩子买体育器械、旱冰鞋等体育用品,督促孩子进行体育锻炼。这种现象说明目前家长对孩子体育启蒙教育的意识仍有所欠缺,体育活动的启蒙和普及并不是一朝一夕的事情,而是需要几代人长期形成一种稳定的体育活动的生活方式。如果从小在家庭中没有养成体育活动的技能和习惯,那么到了青春后期、青壮年期,也会忽视体育活动的作用,影响自身终身体育活动。据调查,许多人有参加健身活动的愿望,但是,由于在少儿时期没有经过科学的体育启蒙教育,不懂得锻炼的技术、方法等,所以影响了个人的健身行为。

幼儿体育运动的启蒙需要家庭支持,同时,家庭又是体育运动普及的重要场所。体育活动的参与和欣赏对人们来讲是一种需要,不仅是保持健康身体之必须,还是保持健康心理和精神状态所必须。但是目前来看,参加体育活动的人口虽然有所上升,不过结构上仍有很多问题。体育人口是指经常从事身体锻炼、身体娱乐,接受体育教育,参加运动训练和竞赛,具有统计意义的一种社会群体。一般来说,以每周参加3次以上体育活动,每次30分钟以上为标准。据中国群众体育现状调查结果显示,自1996—2000年的四年来,中国体育人口增长比例虽然高于人口总数的增长比例,但体育人口结构仍然不够合理,呈"马鞍形"分布,年龄段为16—25岁的体育人口数量占该年龄段总数的33.4%,此后该百分点逐年下降,至36—45岁降至最低,为12.8%,之后再逐渐升高,65岁以后上升至22.2%。中国体育人口分布的现状,一方面与社会经济发展程度、社会引导和国家政策有关,也与中国传统观念和中国人所接受的体育启蒙教育有关。中国的体育大多数还仅仅依赖于学校体育,而缺乏体育启蒙教育和终身体育的理念,致使人们在体育技能的学习和体育活动的锻炼方面的投入很少。老年人锻炼身体的人数比较多是因为老年人有时间并且对身体健康更加重视,16—25岁的人锻炼身体,主要是由于有学校体育教育的带动,而25岁以上到45岁,体育人口数量逐渐下降至最低,说明青年和中年人,尤其是中年人,由于工作和家庭压力变大,加之脱离了学校体育的带动,忽视了家庭体育的作用,便很少参加体育运动。家庭体育对于这个年龄段的人来说是最需要的。家庭体育可以让人们在轻松愉快的场所接受体育的再学习过程,学习体育运动的方法、培养体育锻炼的习惯,发挥家庭对体育普及的作用。

体育启蒙教育做得好,不仅能普及人们的体育技能,而且也能养成人们体育锻炼的习惯,提高对体育活动的兴趣,形成终身体育的观念。在技能、习惯和理念三者均具备的前提下,家庭体育活动才能真正地生活化、本体化、终身化,使体育活动成为人们的一种生活方式。如今,我国的竞技体育成就辉煌,具有中国特色的竞技体育举国体制不断完善,中国竞技体育已经成为世界体育舞台上一支非常强劲、耀眼夺目的重要力量。2008年北京奥运会,也促使我国政府对大众体育的重视,国民也不断提高健康意识和体育意识。一个国家真正的体育实力和国民健康素质不仅仅体现在竞技体育的成果上,更重要的是大众化、生活化体育活动的普及。全面发展体育事业,家庭体育起着十分重要的作用。

3. 家庭是发现和培养竞技体育人才的摇篮

俗话说"有其父,必有其子",这句话并不完全是一种唯心主义宿命论观点,其中也具有一定的科学道理。从生物学的角度来看,这说明是遗传基因在发挥着作用的。除此之外,在个人成长的过程中,家庭环境对一个人成长也起到十分重要的影响。体育人才的发现和培养也与家庭有着密切的关系,家庭是发现和培养竞技体育人才的摇篮。

家长是孩子的第一个老师,孩子在体育方面的爱好和发展,一方面取决于父母遗传基因影响,另一方面也取决于家长对孩子体育特长的发现以及未来对子女从事专业体育的支持。家庭是竞技体育人才的发源地和支撑点,在儿童时代,孩子从父母那里得到符合他们特点的玩具和游戏,到了青少年时期,父母对体育的爱好、对体育运动的评价,又给他们以直接影响。家长能够激励支持有能力的儿女参加竞技运动,家长也可能凭个人的意愿阻止限制儿女体育运动的兴趣和天赋。

众多体育明星在专业竞技体育上的成功,都离不开家庭这个人生第一所学校的培养。邓亚萍、刘国梁、孔令辉,三位乒乓球精英的父亲都是当地的教练,近水楼台先得月,子承父业,不能不说有老一辈的意愿。姚明和王治郅的母亲都是前中国女篮主力,他们两位打篮球,或许的确是自觉自愿的,但母亲的支持也是非常重要的。体育天才是需要发现的,发现后再去支持他们从事体育专业训练也是需要勇气的,这好比是家长帮助孩子选择高考的第一志愿一样需要勇气。被称为"中国斯诺克神童"的丁俊晖就是被他父亲发现的,他父亲是他的伯乐,他父亲既不是前国家队队员,也不是专业教练,他仅仅是个台球爱好者,离业余高手都有很大差距,不过他对台球有这个爱好,足以对丁俊晖的未来带来巨大影响。十年间父亲为儿子付出了自己的所有,停掉了生意,卖掉了房子,既是保姆,又是教练,可以说没有父亲的执着,就没有丁俊晖今天的成就。丁俊晖也认为父亲是他生命中最重要的人,他说:"他除了教授我台球技艺以外,更教了我太多做人的道理:从小就要我有正义感,从小就要勤奋节约,先做好人,再打好球。有名老话:'行万里路胜读万卷书',他也经常对我说,我最钦佩的人就是我父亲。"正是父亲发现了他的才气,还发现了他的勇气。

随着社会的发展和进步,人们对子女的"成才观"会逐渐发生改变,这种出自民间的竞技体育人才将来会层出不穷的。不管是通过国家体育体制内资源对体育人才的训练,还是纯粹源自民间家庭的体育奇才的发现和培养,都是离不开家庭环境的影响,离不开家人对其子女特长的发现和支持。而且,对于已经踏入专业"体育竞技场"的运动员和教练员来说,家庭依然是他们的情感支持和坚强后盾。他们艰苦的训练需要来自家庭的理解，他们痛苦的失败需要来自家庭的鼓励，他们事业成功的每一步都离不开家庭默默的支持。

第二节　体育与社会交往

一、社会交往和社会交往方式的新变化

人类区别于动物的基本特征就是除了自然属性外，还具有社会属性，人类就是群居性的高级动物。人类发展的过程就是在人们劳动生产和生活中的交往互动的过程，人要生存与发展，就要不断地、频繁地与他人交往，即便是性格内向、生活单一，只要生活在这个世界，社会交往是绝对难免的。从社会学和社会心理学的角度来看，社会交往是指交往主体之间的互动，彼此作用和影响的方式和过程。人们通过社会交往，可以获得各种资源和信息，获得理解、安全感和情感认同。所以说社会交往是人类社会的必然，也是人们生活的必需。

随着科学技术的进步和社会的发展，社会交往的形式和性质都在发生变化。最初人类的交往形式是人与人面对面的交往，交往的范围也比较小。随着交通和通信的发达，随着社会分工的细化，人们社会交往的广度、深度、频度和方式都发生了变化。

首先，从广度来看，社会交往的半径不断扩大。人们从最初的家族或村落内的交往，发展到如今与工作场所、百货商店、物业公司、小区邻居、医院、学校、公共交通等等各种各样的社会组织中的人进行交往。

其次，社会交往的频度降低。现代社会，由于社会流动加快，社会交往突破原有固定的地缘和业缘关系，人有可能同上千个人相互联系着，人与人之间暂时的、一次性的交往大大增加，人们除了亲密的亲戚和朋友，和其他人的交往频度大大降低，有些人可能只见过一次面便从此不再谋面。

再次，从社会交往的深度来讲，现代社会交往具有角色化和肤浅性。现代社会交往广度大和频度低必然使交往的深度变浅，因为现代社会交往并不是像前现代社会那样都是深度情感交往，而多数是角色与角色之间的非人格性的、"有限介入"的交往。正如社会学家齐美尔说："如果一个城市里，人对他们接触的每一个人都满腔热情地做出反应，或头脑里乱七八糟地塞满有关这些人的信息，那他必将从心理上彻底分裂，跌进一个难以想象的状态之中"（阿尔温·托夫勒，1985）。

最后,现代社会交往的方式多种多样。传统社会人们的交往是面对面的,通过语言、表情和动作来表达自己的心理,如今信件、电话、网络、货币、礼品等都成为交往的手段和途径,社会交往有直接交往向间接交往的发展趋势。

二、现代社会交往的冷漠、孤独和人类对新型社会交往的渴求

现代社会交往的深度、广度、频度以及方式都发生了变化,社会好像是由众多社会成员之间无数相互联系的网络所构成,社会成员之间的依赖性的确增强了,但是这种依赖是功能性的、形式化的,而真正情感上的理解、归属和安全感反而减弱了。交往的"事本主义"和"有限介入"成为现代文明的标志之一,人际沟通越来越受到大众传媒所操纵,人的情感生活越来越成为情感消费,例如出现"情感电话""陪聊家政服务"等等。外表频繁、热闹的交往却掩盖不了人们内心的孤独和痛苦。

社会交往的冷漠和孤独却无法抑制人类交往的本性,尤其是中国素来具有重视人际关系的文化传统。人们为了保持身心健康,既需要食品营养、体育活动、休息和其他生理方面的满足,也需要安全、友谊、爱情、亲情、理解、归属和尊重等通过社会交往而获得的心理方面的满足。从一定意义上讲,良好的社会交往是人生命所需的非常宝贵的滋补剂,是生活质量的一个衡量指标。在社会快速转型时期,在人们社会交往的渴求下,出现了新型社会交往,例如互联网上的BBS社区、学校的各种协会、公园里的戏迷票友、社会上面向市场的休闲会馆和俱乐部等等,其中体育活动的交往方式占有重要的位置,它为社会交往提供了轻松、健康的平台,在体育活动这个交往平台上,人们能够获得理解、情感归属、不同的社会体验、各种信息和资源。反过来,社会交往也促进人们了解体育、参与体育活动,学习到更多的体育技能,获得更多的体育信息。

三、体育活动是一种社会交往平台

(一)人们在体育活动交往中可以获得安全、理解和情感归属

体育运动,特别是集体项目,需要众多人的默契配合、顽强拼搏取胜,在训练和竞赛中,这种日积月累的合作往往能增进人与人之间的复杂的情感交流,加深彼此的感情和友谊。又如,传统体育中的气功和太极拳等,众多人在一起切磋技艺,交流心得,共同演练,能够达到增进友谊和交友的目的。

现代社会分工不断细化、各种社会组织层出不穷,个体既属于各种社会组织,又好像是在组织之外游离、漂泊,使人缺乏归属感。体育活动可以消解这种不安全感,特别是老年群体。退休后,老年人几乎脱离了工作组织,其活动几乎

在家庭这个社会单位内,容易产生"无用"的不安全感和孤独感,好比赵本山的小品里所表现的那位老人一样,生活在城市里感到十分无聊、无助和甚至有被遗弃的感觉。当下社区体育活动成为老年人新的交往方式,老年人是社区体育活动最活跃的群体,他们最初以健康为目的,自主地参加社区老年人的体育活动,通过参加体育活动,时间久了便认识了很多同龄朋友,以健康长寿为目的的体育锻炼活动同时也满足了社会交往的需求。老年人在锻炼身体的过程中彼此相识,在锻炼之余,这些同龄人之间聊聊相同的人生经历和新鲜的生活感受,彼此熟悉之后,还可以进一步丰富交往活动的内容,比如组织旅游、相约一同去超市购物,等等,在倾诉和交往中得到了情感的归属和群体认同。我国学者杨树和李英在对重庆市社区老年人体育锻炼动机的调查中发现,有 46.6％的男性老人和 44.5％的女性老人认为体育锻炼有助于交流(杨树、李英,2005)。

成年人大部分时间都投入在工作之中,在工作中的交往是一种理性交往,是以完成工作任务为目标的交往。尤其经过 20 世纪 90 年代以来单位组织性质的转变,企事业组织不再像过去那样对员工的生活全部包办,员工和同事之间的关系大多是单一的工作关系,上班时间没有更多的机会进行工作以外的交流。成年人社会交往需求的满足一方面依赖熟人社交圈,例如亲人、同学和朋友,另一方面就是要开拓公共社交圈。根据《居民沟通指数年度报告》显示,中国比较普遍的、被称为"老三样"的人际社交方式是聚餐、运动和卡拉 OK。运动是在 21 世纪以来越来越时尚的一种社交方式。各个城市都设立了各种各样的营利性或非营利性的健身中心和俱乐部,体育活动的社会空间不断扩大,成年人以体育爱好为纽带的社交圈越来越多。除了现实的空间以外的网络虚拟空间中,也有很多以体育爱好者聚集的网络社区和论坛,例如球迷协会论坛、上海球迷网、辽宁球迷论坛、足球论坛等等。在网络论坛中,对体育有着共同热爱的人们聚在一起,彼此分享着对体育赛事、体育明星、体育界大事小情的评说。这样的交往虽然不是面对面的,但是也会使现代人感受到情感抒发与交流的快感,对心理健康也是有好处的。

少年儿童也同样有社会交往的需求,而且体育活动是少儿最普遍的也是最受欢迎的社会交往方式。少儿最需要的就是与伙伴的玩耍和嬉戏,运动是他们的天性。少儿在体育活动中,通过与伙伴们的分组、设定规则、合作、竞争,潜移默化地习得了社会交往的技巧。由于受独生子女政策、教育制度和城市化的迅速发展的影响,中国少儿不可能像过去的家庭那样,由兄长带着弟弟妹妹玩或者胡同、里弄的小伙伴们在家门口一起玩,而是在学习压力、电脑游戏和卫星电视节目的多重作用下,逐渐成为"封闭的孩子",愉快的假期也成了他们最孤单的时候,他们性格越来越自我,做事很少考虑他人。如今,社会和家庭对少年儿童的这一现象都给予了关注。各大城市都建立了青少年体育俱乐部,为少儿体育活动提供了场所。少儿在参与这里的体育活动时,必然会逐渐地培养自己同陌生人交往的能力,从小学会开拓自己的公共社会圈的技能,有利于走出封闭、自我的心灵世界,寻找体育和社会交往带来的快乐。例如电视上曾经报道过农民工的孩子在城市学校就学时的交流和适应问题,多数农民工的孩子容易自我封闭,害怕被瞧不起,但是一名喜欢打篮球的农民工的孩子却与城市学生相处得很融洽,也有很多朋友,这是因为通过打篮球这项体育活动,他与城市学生找到了共同的话题,在运动中消除隔阂、增强了自己的社会适应能力,学习生活自然变得很愉快。这足以说明,体育活动是最愉快的社会交往平台。

（二）人们在体育活动中以新的角色出现,可以获得不同的社会体验

现代社会的成员在工作组织中扮演着组织和社会所期望的角色,由于社会高度分化、劳动高度分化,组织对成员工作绩效的高度要求,人们很容易被工作中所扮演的角色异化,个性也逐渐变得职业化。这种被工作的异化往往还会影响到在家庭中的角色转换,使家庭气氛不和谐。人们应该适时地逃离工作对个人的束缚,在离开工作组织以后,通过社会交往,体验不同的生活,扮演不同的社会角色,在不同的社会体验中丰富自己的人格,在愉快、轻松的社会交往中品味生活的快乐。

体育活动能够提供给人们新的社会角色,从中得到不同的社会体验,丰富人们的社会交往。在喜欢体育活动的群体里,或者在体育运动的俱乐部里,人们暂时停止在工作组织中的角色扮演,在体育活动中,以一种平等的关系重新获得一种新的"社会角色"。"商战中的失败者可以成为社区乒乓球比赛的胜利者,大学校长可能成为社区体育比赛的志愿者,清洁工俨然成为晨练点的社会体育指导员"（卢元镇,2003）。经过体育活动的参与,扮演不同的社会角色,人们在不同社会层面进行社会交往,感受到不同的社会体验,这样不仅能够得到别人的理解,也能够学会理解别人。广泛的社会交往和良好的人际关系的建立,不仅需要具备一定的资源,而且需要技巧,学会欣赏别人、接纳别人、理解别人,为自己创造和维系一个多元化、多层面、富有情感的社会交往。

（三）人们通过体育活动获得更多的信息和资源

社会交往可以满足人们的不同需求,安全、理解、归属的需求以及感受不同社会体验的需求,以上这些都是属于情感交往。除此之外,人们通过社会交往还

能够获得所需的信息、资源。在这样的社会交往中,体育活动仍然是一个轻松、健康、时尚的交往平台,但是交往的最终目的却是在运动中沟通,在沟通中获得资源和利益。

社会精英群体开始流行起体育活动,但是他们的体育活动是以"商务、运动、健康"为主题的,在运动俱乐部中活动的社会精英是将体育活动看成是一个相识、交流的平台,同时将体育活动视为交往的机会,与企业精英同场竞技、一展风采,例如,高尔夫是一项自然、健康的运动,同时还带有很强的社交功能。高尔夫比赛始终处于比较舒缓的节奏,而且在开阔的大自然中,人的心情会更开朗,心态也会更好。比起严肃紧张的谈判桌,高尔夫运动既让人放松,又方便与人的交流,增进企业家之间的了解,促进双方更大范围、更深层次的合作,对商务人士来说,是促进企业之间交流的好形式。在体育活动这个平台上,企业精英谈成了生意,也扩大了自己的社会交往。

另外各种体育赛事的举办,对赞助商、主办方、承办方、运动员、教练员来说也是同行间交往的一个良好契机。在这样主题性很强的交往中,交往的主体会大量地获得有利于自己的信息和资源,例如,赞助商可以获得更多的投资机会,运动员结识各种水平的同行,教练员获得更先进的训练方法等等,彼此互通有无,取长补短,达到共赢。

四、社会交往促使人们参与并坚持体育活动

(一)社会交往有利于传递体育技能和体育信息、促使人们参与体育活动

人们对任何事物的认识过程都是从发现到了解、再到对其意义的深刻理解。对体育运动的热衷和参与也是一样,首先需要对体育有所了解,并且掌握体育活动的技能,体验到体育活动对自己的益处。这样的过程需要幼儿时期家庭体育的启蒙、学校体育的指导,也需要交往圈中的朋友、同事的带动。比起家庭影响和学校体育教育,因社会交往而培养起来的运动习惯对人们的终身体育更有意义,因为在社会交往的过程中,交往主体间进行大量情感交流和信息传递,而且社会交往所传递的信息要比大众传媒的信息让人们感觉更有可信度,所以,良好的社会交往会有利于人们获得体育技能和体育信息,促使人们参与体育活动。另外,体育活动是一项集体参与的活动,尤其像篮球、足球、排球这样的运动,必须是多人参与的,有了良好的社会交往和人际关系,做到"一呼百应",组成了一个运动群体,才能进行体育活动。有的人由于家庭的影响、个人的爱好,天生喜欢运动。而有的人性格内向又没有学习过运动技能,所以即便知道运动的好处,但是没有养成运动的习惯。如果在自己的社交圈中有更多喜欢运动的朋友,那

么在他们的带动和鼓励下,会逐渐对体育运动产生兴趣,养成良好的运动习惯,这也是群体影响下的"再社会化"过程。

随着我国社会、经济快速发展,各种社会组织的构成形式也多种多样,人们的社会流动速度也在加快,在我国北京、上海这样的大城市,各种公司组织和服务机构内的员工,他们的社会交往已经突破了传统的方式,他们在忙碌的工作中,很难在身边寻找到兴趣相同的朋友,于是他们在公司内部的网络或者面向社会的网络公社论坛中结交朋友。现在除了"票友""工友""学友"之外,在网络上流行着新的名词叫"驴友","驴友"既是旅游的谐音,也是指热爱旅游及其他户外运动的朋友,他们也幽默地称自己是条"驴",喊出"驴行天下、运动无限"的口号,网络上的"驴友社区"便是他们交往的地方。除了这样的主题网络社区之外,其他网络论坛也是他们结交朋友,促使自己参加运动的方式。上海《青年报》就报道了30多名地铁上班族,通过网络联系,暴走地铁一号线地上路线33公里的消息。"暴走"盛行于我国香港地区和日本,是指在一段时间内,预定好路线和方向,带好路上需要的东西,长距离徒步行走。根据报道,这次暴走行动,从发起到成行都是通过网络实现的,参加暴走的驴友,也都是在网络上报名或者当天从网络上得知消息后,中途参与进队伍的,他们多是"电脑之家"网站论坛的网友,他们平日每天乘坐地铁在城市地下穿梭,暴走族就是要体验地上行走运动的感受,以此来锻炼身体,并体会平时忽略了的城市风景。现代社会,人们通过网络进行社会交往,在交往中关注体育、参与运动,这已经成为现代人的生活方式。

(二)社会交往促使人们坚持体育活动

体育活动是人一生的需求,是生活的一部分,一朝一夕的体育活动不能达到健身的效果,也不能培养体育欣赏的兴趣。这个道理众所周知,但是任何事情的坚持都需要毅力,何况在学习和工作之余,大量的余暇时间被购物、看电影、看电视、网络游戏等等各种各样的轻松、时尚的休闲方式所占用,而运动需要人们"动起来",需要大量体力的支出,所以在疲劳和惰性的怂恿下,明知道体育活动好处多多,但仍不能坚持。

外国学者布拉尼(Brawley)认为促使个体坚持体育活动有四个因素:社会强化、群体认同、体育活动本身的刺激性、参与活动的机会。社会强化可以理解为硬性规定,例如学校体育课不许缺席,但是如果不是体育专业训练团体或者学校,那么社会上几乎很少有通过社会强化来要求人们坚持体育活动的。除了体育本身的特性之外的群体认同和活动机会对坚持体育活动发挥重要的促进作用,而这两者与个体的社会交往有很大的关系,因为丰富而友好的社会交往,自然会增强个体对自己所属不同群体的认同感,认同感会引起个体对群体活动的趋同行为,个体的"自我"行为便会受到群体意识的约束。当个体已经成为因某项体育活动而组成的相对稳定的群体的一分子,那么他与群体内成员的交往和他对群体的认同感会促使他坚持这项体育活动。

研究已经表明,女性是否坚持体育活动与体育活动中的社会交往有很大的关系,美国有一项研究显示,62%的女性喜欢与朋友或配偶一起进行练习,而男性只有26%。25%的女性和18%的男性认为,与同伴一起练习是自己坚持体育活动的重要原因之一。斯蒂芬(Stephens)等人研究指出,在他们所调查的加拿大被试者中,18%的女性和12%的男性认为,不和他人一起练习就会阻碍自己继续参加活动,有35%的女性和24%的男性将社会交往看成是坚持体育活动的很重要的原因。

体育活动本身就是一种比较传统的人—人对话的交往方式,而且体育多数是一种团体性的、集体参与的活动。体育既是人们交往的手段,也是人们交往的目的。体育活动本身能够促进人的社会交往活动,也会使交往变得更加亲密。同时,社会交往也可以吸引人们参与和坚持体育活动。两者之间的相互影响、相互作用,既增强了现代人的情感归属、锻炼了人们的体魄,也提高了人们的生活质量,培养了人们积极、健康的生活方式。

第三节　体育与休闲时尚

一、体育休闲是休闲的重要内容之一

(一) 休闲时代的来临

休闲或称闲暇,是指人们从物质与文化环境的外在压力中解脱出来,在一天的全部时间中,除去必要的生产劳动时间以外的可以自由支配的时间里,所从事的一种相对自由的活动,是个人所喜欢的、自愿从事的、感到有价值的,并且能够满足个人精神、心理与生理需要的活动方式,它对人类创造精神文明起着重要的作用。1899年美国著名学者凡勃伦发表的《有闲阶级论》明确指出:"休闲已经成为一种社会建制,成为人的一种生活方式和行为方式。"

虽然休闲始于前工业社会,但是那时的休闲仅仅是指奴隶主和贵族所享受的悠闲的生活,而真正具有普遍社会意义的休闲是与工作、劳动相关联的,它作为劳动体力、精力消耗的补偿而存在。正是劳动之余的休闲创造了人类精神文

化,因为休闲让人灵魂沉静,使身体放松,使人愉悦、沉思、宽容,培养博大胸怀。有了余暇时间,人类才创造出了歌剧、诗歌、绘画、茶文化、服饰文化、体育文化等等。发达国家从工业社会进入后工业社会,已经迎来了"休闲时代"。

我国有着悠久的休闲文化传统,诗词歌赋,琴棋书画,都可以认为是休闲的产物。新中国成立之后由于"左"的思想,扭曲了对休闲的认识。改革开放以来,随着经济的发展、生活水平的提高和价值观念的变化,休闲也成为生活中不可缺少的一部分。尤其是我国进入信息化、知识化、科技化高度发展的现代社会以来,高效率、快节奏、激烈竞争已成为社会运行的基本特征。精细的社会分工,大强度、高密度的劳作,知识、信息的迅速传播和更新,使得人们的生活陷入极度紧张之中。城市生活的喧嚣,使人感到乏味、急躁、苦闷。在这样的状况下,人们普遍需要从工作压力和生活焦虑中解脱出来,寻找宁静、自由的空间,做自己喜欢做的事,保持一种平衡的心态,在一种没有压力的自由时间里,享受人生的幸福和快乐。正如古希腊哲学家亚里士多德称"休闲可以使我们获得更多的幸福感,可以保持内心的安宁。我们需要崇高的美德去工作,同样需要崇高的美德去休闲"。休闲在我国出现了普遍化、社会化和终身化的趋势,成为人们生活和生命的需要。加之在快速发展的娱乐产业、旅游产业和体育产业等的促使下,作为发展中国家的中国,也即将进入一个以追求休闲为目的的时代。

(二)走出休闲误区,树立正确的休闲理念

休闲的目的在于恢复和保持一个平和的心态,消解工作的压力,在自由的时间里,实现生命的价值。富兰克林说"闲暇就是为了做一些有益事情的时间",萧伯纳认为,"真正的休闲并不是无所事事,而是能够自由地做自己感兴趣的事"。休闲的内容多种多样,包括读报刊书籍、看电视电影、听广播音乐、学习与自修、逛街逛商店、去剧院看演出、体育锻炼、室外散步、去舞厅歌厅夜总会、上网学习获取信息、玩电脑游戏、吹拉弹唱、下棋打牌、书法绘画、摄影收藏、花鸟鱼虫宠物、参观古迹展览馆博物馆、社会公益活动、聊天等社交活动、访友聚餐约会、宗教活动、发呆闭目养神,等等,种类五花八门。

在中国,人们对休闲的认识不够全面,有的人甚至走进了休闲误区:首先,在现代社会中,尽管有不少人已经是衣食无忧,甚至是异常富裕,但他们不知道甚至也不需要休闲。这与我国传统观念、个人成长经历和教育水平有关,这种现象大多发生在中老年人群体中,他们除了工作以外,寻找不到生活的乐趣,认识不到休闲带来的快乐。

其次,是倒置了工作与休闲的关系。休闲原本是为了解除工作的疲劳,得到身心的休息,而有些人却以休闲来炫耀其身份地位,在休闲产业大肆宣传下,形成了"欲望化"的休闲习惯,欲望远远超出了基本需求,充斥着炫耀、攀比、舍简求繁。为了娱乐享受,人们拼命地赚钱、工作。现代人休闲的异化,会让人陷入渴望与焦虑之中,不仅给个人身心带来难以恢复的劳累与紧张,而且导致社会道德的滑坡。

最后,是休闲方式的单一化、静态化和封闭化。信息产业和科学技术的进步,为人们提供了丰富多彩的休闲活动,电视、影碟、网上冲浪、网络游戏成为大众和年轻人休闲的主要方式,占据了年轻人绝大部分休闲时间,这个社会好似是"游戏时代"和"电视时代"。这种长时间面对屏幕的静态且单一的休闲方式不但不会使人的身心得到愉悦,反而会给身体和精神带来负面影响,例如视力下降、颈椎疲劳、头脑混沌、性格孤僻等等。

休闲是一种教养,它需要学习,并且通过理性去加以认识。休闲需要时间、金钱和技能,但休闲更重要的是一种理念、一种生活理想和生活方式。真正的休闲,是自由地安排时间,自娱自乐,摆脱和忘却生活的压力与生命的虚无。被异化的休闲仅仅是一个口号,它没有带来自由的感觉,反而使人更加匆忙。

(三)体育休闲是健康新型的休闲方式

体育休闲是众多休闲方式中的一种,是以参与体育活动来消遣余暇时间,通过体育活动锻炼而获得愉悦身心、消除工作疲劳、缓解生活压力的休闲方式。由于知识社会和信息社会的到来,人们的休闲方式也呈现出智能化、知识化的特点,读书看报、学习充电、网络聊天、网络游戏,都是比较流行的休闲方式。去图书馆、科技馆、展览馆是家长最希望孩子课余参加的活动,人们的休闲更加注重满足精神文化需求。而且在高度现代化的社会中,体育和体力在人力资本中的地位下降,社会生产要素更加注重人的智能资本和技术资本。但是,在高强度脑力劳动和高社会压力的双重作用下,个体的身体健康和心理健康日益成为幸福生活的重要标志、生活质量的重要指标之一。可以说,休闲时代,人们更需要体育休闲。

体育休闲与其他休闲方式相比具有其特性:户外性、动态性、群体性、简单易行性。

1. 户外性

体育活动的内容有很多,但是大多数都是在户外进行的,至少是在居住的房屋外活动。这样可以通过改变环境来缓解现代人的压力和焦虑,体育场、体育馆或者公园充满着一种轻松、向上的气氛,比起KTV包房、网吧、房间内看电视更阳光、更有活力、更贴近自然。

2. 动态性

除了钓鱼、下棋、打牌,更多的体育活动是让人"动起来"的。现代社会由于轿车、互联网、计算机和电视机的普及,人们坐着的时间不断增加,随着休闲方式的多样化,人们喜欢用看电影、听音乐、去剧院来消遣时间,而"懒得"参加动态的体育活动。世界卫生组织于2004年宣称,因运动不足而生病最后导致死亡的人数在全世界每年有200万人之多,大约60%—85%的世界人口运动不足,将来"运动不足"很可能进入直接或者间接死因排行榜前十位。WHO将2004年世界保健日的宣传口号定为"为了健康而运动",并呼吁世人每天散步30分钟,这样可以防止运动不足。

3. 群体性

休闲生活的确是指那些自己喜欢做的事情,比较具有个人性,但是并不是片面地说是以个体形式的活动。现代休闲除了社交性的休闲方式以外,多数都是以个体为活动单元,将个人封闭起来,使个性更加孤僻。体育活动大多数是群体性活动,例如篮球、足球、跆拳道等等,群体性健身活动有利于压力的释放,有利于互相感染,能够从运动伙伴身上感受到乐观的生活态度。

4. 简单易行性

休闲体育并不是只能用金钱换取的,但是现在好多人走进休闲的误区,认为拥有名牌的运动装、观看高价的F1赛车比赛、购买昂贵的健身卡才算是享受了体育休闲。其实不然,相比其他休闲方式,体育活动是最简单易行的休闲方式,例如饭后的散步、周末清晨家人一起打羽毛球、带上一瓶水进行徒步运动、傍晚加入小区健身操的队伍中,这都是体育休闲。

体育休闲不仅能够锻炼人的身体,保持健康的体魄,而且也是人们精神压力的合理释放途径,埃利亚斯和他的学生把体育(尤其是足球)休闲看作是社会建立起来的情感(如暴力情感)宣泄的安全通道,因而体育休闲对维护社会的秩序具有积极的功能。另外,体育休闲活动还有利于人们适应快节奏的生活,因为人们在体育活动中,掌握各种活动技能和快速的活动方式,这样有利于准确、敏捷地完成生产和生活的动作,使工作得心应手。因此,体育活动是值得倡导的健康新型休闲方式。

二、发展休闲体育,促进体育游戏化、生活化

(一) 中国人体育休闲占总闲暇时间的比率不高

虽然体育活动是一种健康的休闲方式,但是在众多休闲活动中体育活动所

占余暇时间的比例并不高。从我国大城市看,城市居民平均每天的休闲时间总量大致在 5—7 小时之间,根据 1998 年对上海、天津、哈尔滨三座城市居民时间分配的调查显示,健身运动排在休闲活动中的第六位,前五位分别是:电视、广播、看书报,占 48.6%;走亲访友、闲聊,占 10.62%;电影、旅游、跳舞,占 7.77%;闲呆和闭目养神,占 7.4%;不以购物为目的的逛街和健身运动,两项都占 6.05%。另一项关于我国城乡居民余暇时间的支配意向调查,我国居民喜爱的休闲活动前五位的排序为:看电影、电视,占 28.8%;阅读书报,占 16.8%;参加体育活动,占 10.2%,参加社会公益活动,占 6.8%;旅游,占 6.4%。从调查数据中可以看到,大众传媒方面所占时间最多,尤其是电视,而体育活动的时间却相对很少。

人们参与体育休闲的时间占总余暇时间的比率很少的这种状况,是多方面因素导致的,其中包括大众传媒本身强大的吸引力、人们的生活时间的结构、人们的生活习惯和休闲意识。除此之外,还同人们对现代体育认识的不全面和"体育休闲化"的开发和建设不足有关。

(二) 平民性、娱乐性是现代体育的精髓

现代体育发源于西方发达国家,是从生活的需要和个人的感受出发的,是日常生活的一部分,体育所代表的是一种提高生活质量的方式。但是现代体育在中国的发展,并不是自身性的,而是作为一种外来文化"移植"到中国的,现代体育被中国百姓普遍知晓,是因为国际体育比赛中对中国代表队的关注。可以说中国人与体育是一种"仪式化"的关系,从体育中感受到的是民族自豪感,但不是体育本身。虽然新中国成立后,我们开始重视体育,但是仍然不是一种生活需要,而是"增强人民体质"为目的的纯生物学的观念,是欲甩掉"东亚病夫"帽子的政治目标,将体育看成为政治服务的"工具",这就是新中国成立后几十年来,我国之所以对专业体育比赛的名次和奖牌非常重视的原因。我们说,因为喜欢篮球而打篮球,这是一种休闲;因为游泳健身所以游泳,这也是一种休闲。在打篮球和游泳过程中可以得到休息、找到快乐,但是将篮球和游泳当成自己的职业,那么专业运动员的快乐则来自比赛的成绩和完成奖牌任务时的如释重负。当然,我们不否认体育所发挥的政治功能和社会整合功能,但是当今中国,在社会、经济快速发展的历史背景下,在休闲时代即将到来的时候,就要突破自上而下的体育观,还现代体育之本色,即它的公共性与平民性。将体育与休闲结合起来,对体育的认识与"健康、娱乐、游戏"联系起来,让民众普遍参与体育活动,并从中获得身心愉悦和情感释放,"找回中国体育早已遗失的娱乐,迎来体育文化属性的皈依"(胡小明,2005)。

（三）发展休闲体育能够促进体育活动游戏化、生活化

休闲体育，"是与专业体育相对应的概念，人们不是以体育为职业，而是在余暇时间进行的，以身体练习为主要手段，以追求身心放松，获得愉悦情感为主要目的的健身活动"（田雨普，2005）。休闲体育区别于追求结果的竞技体育、严肃的政治体育和市场味道浓厚各种邀请赛，它是源于生活、生活所需的、轻松愉快、具有游戏性质的体育活动，休闲体育使人们容易接受体育，并能使体育真正地融入人们的生活世界中去。

休闲体育的类别也是多种多样的，不同的分类前提，可以有不同的分类。按照参加者的身体状态，可分为：

（1）观赏性活动。观看体育比赛，自身虽然不直接参与，但内心情绪激动，思想活动激烈，对身体健康有益。

（2）相对静止性活动。如下棋、打牌、垂钓等等。

（3）运动性体育活动。其中包括健身性体育项目（散步、气功、太极拳、瑜伽等）；游戏性项目（游乐场，现代游戏，传统游戏等）；艺术体育项目（民间舞、交谊舞、表演舞）；自然体育项目（旅行、野营、登山、探险等），当然还有竞技性体育项目（田径、体操、球类、水上、冰雪等项目），但是休闲体育中这类项目并不是以得奖牌、创纪录为目的的。

以上这些休闲体育的内容，一看就会让人身心愉悦并无限憧憬。休闲体育最具有体育的本质特征，即游戏性、趣味性、生活性、娱乐性。在美国、日本以及中国等国家的《百科全书》中对体育都有这样的解释：sport（运动）是游戏，是娱乐活动。体育原本就是从劳动休闲中产生的、在人们的生活中发现的游戏活动，竞技体育是在民间游戏的基础上，不断完善、发展、演化而成，并逐渐形成具有自己独特规律的一项活动。随着现代竞技运动的高度发展，现代竞技运动的制度化、系统化、科学化、社会化更加突出，功利竞争性似乎成了主导因素。而其中传统民间游戏所固有的娱乐性、身体活动和机体能量发挥的适度性以及相对较为平和的对抗与竞争等特点日趋淡化，纯游戏的成分日趋减少。体育从人们的生活中走出来，又从生活中分离出来，成为一种专门的社会活动。要使体育真正地回到生活，或称"体育生活化"，那么，必须普及休闲体育，恢复体育原本的游戏性和生活性，使体育回归游戏、回归生活。发展休闲体育，促进体育的游戏化和生活化，将会改变人们对体育的片面认识，改变人们"懒"得参加体育活动的习惯，让体育与人们生活的距离拉得更近，让体育活动真正成为个体和家庭生活中自觉自愿、经常性的活动，成为生活不可缺少的组成部分。

三、体育时尚化有助于休闲体育的发展和普及

(一) 时尚是激发和引导人们参加体育活动的活跃元素

时尚是现代社会令人们熟悉的词,家居时尚、饮食时尚、服装时尚、时尚先生、时尚婚礼、时尚家庭,这样的词语在日常生活中比比皆是。生活中被人们推崇、被媒体传播、被大众接受的现象和活动,都可以称为时尚。"时尚",也被称为流行或风尚,它既是一种文化现象,也是一种流行的行为模式,还是一种生活方式。从社会心理学角度看,"流行是一种群众性的社会心理现象,是指社会上许多人都去追求某种生活方式,使这种生活方式在较短的时间内到处可见,从而导致人们彼此之间发生连锁性的感染,即所谓的'一窝蜂'现象"(时蓉华,1989)。时尚就是流行,所以每一个时代、每一段时期都有它推崇的东西,日本学者堤清二认为"时尚的含义很广泛,它是指一种社会的倾向,它的范围包括室内装饰、日用品、汽车、饮食生活的倾向等等,包括了所有在市场上购买全部商品的生活方式"(堤清二,1998)。

本章所论述的主题就是体育如何作为一种生活方式真正成为中国人生活的一部分。这需要三个方面的共同作用:第一个方面——从客体来说,即发展休闲体育,前文已经提到了要将休闲体育活动多样化;第二个方面——从主体来说,就是改变人们以往对体育的片面看法,培养人们体育休闲的习惯;第三个方面——时尚,将休闲体育与渴望体育休闲的人们两者联接在一起的时候,那么人们将会在时尚的激发和影响下,情不自禁地喜欢上体育活动。当具有传播迅速、受众集中、记忆深刻、容易体验等特征的时尚与充满活力和感染力的体育结合在一起,"运动时尚"将成为最受年轻人接受和模仿的生活方式。

在大学校园,"刷街族"轻盈的身姿滑行于校园中,这是时尚体育——轮滑的热衷者们自发组织的体育活动;在公园的空地里,中学生们将手中的篮球,在空中玩耍出各种令人目眩的样式;白领丽人在繁忙的工作之余,踊跃报名参加瑜伽练习,在柔和的瑜伽音乐中消解工作的疲劳;幼儿园的兴趣班里,孩子们身着白色的跆拳道服装,不仅锻炼了身体,还学会了礼仪……在我们日常生活中,人们越来越被这样的时尚体育所吸引,甚至产生一种欲马上参与到休闲体育行列中的难以抗拒的冲动。这就是体育时尚化的魅力,它产生出强大的文化驱动力。

时尚体育具备休闲体育的趣味性、教育性、娱乐性、生活性、游戏性,同时也符合人们健身养心的需求,最重要的是迎合了人们追求时尚、彰显个性的心理倾向。以时尚体育——街舞为例,街舞原来是专门供美国黑人发泄情绪、平息心境的一种运动,如今改头换面,演变为人气十足的时尚运动。在我国大城市,也能

随时可见兴致勃勃的青年男女,嘴里不停地念叨着"RAP",身体随之有节奏地舞动,奔放的热情,强烈的动感,让旁观者跃跃欲试。街舞最吸引人的地方,就是将现代人心底的愿望与不羁性格表现得淋漓尽致。没有条条框框约束的舞步,让人们沉浸于毫无拘束的运动中,这对于整天面对大量枯燥工作的上班族来说是一种很好的休闲方式。

时尚体育之所以迅速地被人们接受和喜爱,进而促使体育休闲的平民化和生活化,一方面是因为它具备一定的社会条件,如社会、经济的发展、人们生活水平的提高、人们健身的愿望等等,更主要是由于大众传媒起到推波助澜的作用。大众传媒通过广告、电视娱乐节目,引导人们的生活需求,提前为人们勾画出了美好的生活景象。这种景象影响着人们现实生活的消费倾向,促使人们进行更多的体育投资,参与并坚持进行体育活动。总之,时尚是激发和引导人们参加体育活动的活跃元素。

(二) 冷静面对体育运动的时尚化

我们一方面要承认体育时尚化对体育的普及所起到的作用,同时也要冷静地认识到时尚背后的商业操纵。

由于时尚体育具有流行性、新颖性和开放性的特征,其活动内容比较时髦、新潮,是在一定时期内流行的项目,并且,它是不定的、开放的,不是一成不变的、封闭的,新的时尚体育项目随着时代的发展而不断涌现,推陈出新,这一点也正是时尚体育的强大生命力之所在。在较大的吸引力和冲击力下,为大家所喜闻乐见,人们身体力行亲自参加、尝新,实现自我追求和自我价值。参加的人越来越多,形成了规模和潮流,为体育的普及起到了相当重要的作用。

但是,我们也不能忽略时尚体育的商业性和时尚背后的经济杠杆操纵。大多数时尚体育项目对运动器材和场地有一定的要求,需要提供专业性服务,这就是商业大力支持时尚体育发展的原因所在。我们认可商业在建设社会体育方面作出的贡献,但是如果人们的体育运动一味地被商业所牵引,盲目地追求时尚,那么在年轻人心目中会产生体育是只有依靠经济支出才能享受的活动,这是一个不正确的认识,这样下去,人们会因对体育活动的大量经济投入而模糊了体育本质的认识,使人陷入"消费——工作——再消费——再努力工作"的恶性循环中,不但没能从体育活动中得到放松,反而会被时尚体育的消费所累。休闲体育的内容丰富,只要有正确的体育活动理念和强烈的体育活动愿望,随时随地、轻轻松松地就能进行体育活动,并从中获得健康、快乐、轻松、温情等等。

总之,我们应当学会休闲、合理休闲、利用休闲,如果"缺少休闲,犹如数学上缺少'零'、音乐中缺少休止符、绘画中缺乏留白一样。没有休闲,就好比文章中没有标点符号、好比电视剧没有分集"(安希孟,2004)。

本章参考文献

[1] 安希孟:《不休闲,毋宁死》,《社会学家茶座》(第八辑),山东人民出版社,2004年。
[2] 楼嘉军:《休闲新论》,立信会计出版社,2005年。
[3] 卢元镇:《中国体育社会学》,北京体育大学出版社,2000年。
[4] 卢元镇:《中国体育文化纵横谈》,北京体育大学出版社,2000年。
[5] 时蓉华:《现代社会心理学》,华东师范大学出版社,1989年。
[6] 王雅林、董鸿杨:《构建生活美——中外城市生活方式比较》,东南大学出版社,2003年。
[7] 杨树、李英:《重庆市社区老年人体育锻炼动机调查研究》,《中山大学学报论丛》,2005年第2期。
[8] 周传志、翟爱民、杨冉:《家庭体育与全民健身体系的构建》,《武汉体育学院学报》,2005年第5期。
[9] 周哲玮:《2004年上海大学体育学研究年报》,上海大学出版社,2004年。
[10] 周哲玮:《2006年上海大学体育学研究年报》,上海大学出版社,2005年。
[11] 国家体育总局政策法规司:《群众体育战略研究:2005年全国体育发展战略研讨会文集》,北京体育大学出版社,2005年。
[12] [美]阿尔温·托夫勒:《未来的震荡》,四川人民出版社,1985年。
[13] [日]堤清二:《消费社会批判》,经济科学出版社,1998年。

第十一章
体育与未来社会

未来社会是充满希冀的远方土地,未来社会是潜藏风险的预留时空,人们总是乐此不疲地憧憬它、研究它、推断它、预测它、恐惧它,而它却总是静静地接受着人们的关注,默默地承受着人们的议论和评价。然而,未来社会注定是要到来的,它的内容和本质确定是丰富的和鲜活的,它是我们的后代必定要直面的生活世界。因而对未来社会做好预先的构想、推测和打算是极其必要且很有意义的工作,也是当代人义不容辞的责任和义务。杰·科克利认为,体育运动是一种社会建构,是人们彼此互动并塑造社会生活时所创造和参与的文化的组成部分,这里,我们依然采纳这一观点,承认体育的社会建构性。同时,我们也主张,随着经济的发展、社会的进步、信息技术和大众传媒的发展和影响、人们观念和生活方式的改变,体育日益成为社会生活的重要组成部分,体育对社会也起着越来越大的反作用力。换句话说,体育在社会中建构的同时也在建构着社会。未来体育与未来社会之间也同样存在着这种建构与反建构的关系,共同主导未来人们的生活方式和行动内容。

从当下世界全球化的发展趋势来看,未来社会必将是全球化的世界,也是日益多元、多样和丰富的世界。本章将围绕这一主线,关注国内外体育发展的趋势和事实,从体育在目前的全球化的发展,在风险社会的形成等过程中的状态、机遇和挑战,在未来社会生活中的角色和地位,以及体育与未来社会的互动关系等方面,加以重点阐述。

第一节 体育与全球化的发展

20世纪以来的世界,是政治、经济、社会、文化、技术日趋全球化的世界,虽然世界各地掀起一波又一波的反全球化浪潮(世界环保组织运动、世界劳工组织运动、狭隘民族主义、贸易保护主义等),但是,以技术、信息、经济发展为先锋的全球拓展运动依然不以人的意志为转移,坚定地向着全球化的未来进发。为了求得生存和发展,世界各国和组织都竞相融入这一竞争体系,随之而来的,是各国政治、经济、社会、文化的全方位的深刻变革。体育作为一个社会建构体,一个文化载体,一个经济、政治的功能体,既随着全球政治、经济格局的变动而变化,也随着全球性的社会、文化(如普世性的生活方式和思想观念)结构的转型而转型。同时,体育也凭借各种手段,通过其独特的内容和形式,对各国、各民族乃至世界范围的经济、政治、社会、文化,发挥着独特的影响力。

一、关于全球化

(一) 什么是全球化

"全球化"是一个复杂的多元概念,学术界至今没有一个统一的定义。张世鹏认为,全球化反映了70年代中期第三次科技产业革命以来西方社会以及整个世界的巨大变动,这种变动涉及政治、经济、社会、文化等领域,涉及经济基础与上层建筑、国内政策与国际关系、发达国家与门槛国家以及不发达国家的相互关系、世界基本格局与人类前途等不同范畴的重大问题(张世鹏,2000)。施密特认为,全球化是一个实践政治命题,也是一个社会经济命题,还是一个思想文化命题,全球化可笼统地界定为世界五大洲之间、各国之间联系与接触在数量与质量方面的巨大飞跃,界定为世界经济的新发展(赫尔穆特·施密特,1998)。贝克认为,全球化指的是在经济、信息、生态、技术以及跨国文化冲突与市民社会的各种不同范畴内可以感觉到的人们的日常行动日益失去了国界的限制,全球化代表了空间距离的死亡,人们被投入往往是很不希望、很不理解的跨国生活形式中(乌尔里希·贝克,1997)。上述三种解释都基本表达了全球化的本质内涵,并且在"全球化是经济、社会、文化领域的全球化"上不谋而合。

(二) 全球化的发端

有人把15、16世纪荷兰、西班牙商船远征看作是全球化的起源(伊曼纽尔·瓦勒斯坦,1974),有人把21世纪初世界经济概念的出现说成是全球化的开端(格雷厄姆·汤普森,1997);有人把第二次世界大战以后布雷顿森林体系的建立看成是全球化的开端(杨雪冬等,2006);有人把1972年布雷顿货币体系崩溃、美元与其他货币实行浮动汇率当作资本全球化的序幕(张世鹏,2000);还有人把1989年苏东剧变作为全球化发展的历史界碑。然而,目前人们更习惯地认为,

20世纪90年代"华盛顿共识"的形成与推行,意味着全球化格局的雏形显现。

(三)现代性与全球化

齐格蒙特·鲍曼认为,全球化是现代性在全球的"流动"和扩张过程。发轫于17世纪欧洲的现代性,包含传统西方理性主义、科学技术的进步以及资本主义的发展等意涵,它对资本主义的前期发展发挥了决定性作用。然而,阿诺德·盖伦认为,当资本主义发展进入20世纪,这种现代性似乎发生了转向,那种传统的理性主义已被独立系统的经济和国家、技术和科学的法律职能所替代,现代化理论的发展也隔断了现代性与西方理性主义历史语境之间的内在联系。这时,现代性已经成为促使资本主义生产方式发展乃至全球化社会形成的一种社会生活(或组织)模式、一种行为制度与模式(安东尼·吉登斯,2000),现代化已经等同于自足、自律的社会发展过程。因此,现代性似乎已经脱离它的西方本体论渊源,转向一种巨大的实在性力量。在世人的欢喜、悲伤、争论和憎恨中,这种实在性力量不断促动着全球经济的发展或波动,引领着全球各种政治力量的不断重组,改变着全球各地人们的思想观念和生活方式,乃至潜移默化地建构或形塑着各种地方性知识和文化。

二、经济全球化中的体育

体育作为一种文化现象、一种社会建构体,一直以来同样接受着上述"(转向后)现代性"这种实在性力量甚至政治性力量的形塑或建构,世界各个角落涌现出形形色色的新的体育事实和运行规则。比如,1984年洛杉矶奥运会的商业化运作改变了以后举办奥运会的命运和历史,给予与奥林匹克精神背道而驰的利润和功利化以合法性。当体育变得越来越商业化之际,经济利益伴随体育运动的时刻。全世界的许多人已经相信,没有可口可乐、麦当劳、耐克和其他跨国公司,体育运动就不会存在,人们的社会生活也不会像现在这样的丰富多彩。又如,体育(如足球世界杯)借助电视、互联网的全球性推广和运营,丰富或改变着世界各地相当一部分人的生活内容和行为方式,也强化了庞大体育迷(如足球迷)群体的自我认同;而且,媒体与体育之间越来越不可分割,产权、租售、特许、品牌、明星等关键词便时刻围绕着竞技体育运动,世界各大跨国集团的目光一齐瞄向具有符号象征性的热门运动项目和关键性运动明星,这些象征符号强烈冲击着人们的价值观念和思维方式。再如,全球环境恶化和资源枯竭、人类自身生存出现危机,激发人们对像汽车F1、汽车越野、高尔夫等资源浪费型、环境污染型、自然破坏型运动项目的理性思考,呼唤对自然、绿色、健康生活方式的回归。

还有,随着全球化经济的发展,在 20 世纪 90 年代来临之前,西方经济发达国家的体育产业已经达到了相当高的发展水平。英、美、日等国的体育产业不但已经挤进了国家的主要产业行列,排位甚至越过了汽车、石油、化工等国民经济发展支柱性产业,巩固了体育产业的社会经济地位;20 世纪 80 年代中期美国体育产业的总产值达到了 630 多亿美元,成为美国国民经济中的第 22 位支柱产业;到了 2000 年,美国体育产业总产值占美国当年 GDP 的 3.6％。这些进入经济全球轨道的体育经济成就在改变国家的经济、社会结构和提高人们生活水平的同时,促使国家或社会成员去进一步反思现代体育的价值和功能。当然,要想透彻理解经济全球化与现代体育的相互关系,最为突出的是要了解一个多世纪以来的现代奥林匹克运动的发展和变化过程。

(一) 经济全球化与奥林匹克运动

我们知道,"华盛顿共识"指的是以市场经济为导向的一系列理论,它们由美国政府及其控制的国际经济组织所制定,并由它们通过各种方式实施,具有某种国际扩张性政治权利的性质和形式。这种全球化的一个重要特征,是经济领域(投资、商贸、金融等)世界性的全面竞争的加剧。在这种日益加剧的全球竞争的环境下,国家(或地区、城市)的经济实力越来越依靠国内企业和大型跨国企业的业绩,关键知识、技术和品牌的产权和人力资源的拥有量,国内民众的需求和消费水平,国际性大型活动的争取和成功举办等等因素。尤其是争办大型活动,因其巨大的经济效应和文化效应,已越来越成为现代国家(城市)提升层次、促进发展、摆脱困境的战略性举措。大型体育赛事具备其他类大型活动的所有品质和功能,理所当然成为各国(城市)竞相争夺的对象,以奥运会和足球世界杯为代表的大型国际性赛事的申办和承办是最为典型的例子。

申办奥运会,是国与国的经济、政治实力的较量过程,也是策略性权力关系的建立、实践和变换的过程;权力资源的运用、社会资源的动员、人文资源的展示、智慧资源的开发都一时达到极致;创意、感动、迷惑、造假、贿赂等等手段纷纷登台,而且是无所不用其极。举办地的特殊地位、强有力的国家和政府支持计划、优美的城市建设和环境、惊人的市民支持率、悠久的城市历史和文化、异彩纷呈的申办报告和宣传片、精彩的陈述报告、首脑政要申奥现场的亲临坐镇等等,都一股脑地呈现出来;或者是,提供奥组委委员的优厚待遇(如盐湖城贿赂丑闻中所体现的),对奥组委委员过分热情的接待,给予运动员的优厚条件保证,等等,体育的"重要性"一时得到极度凸显。这里面,奥运会对申办国(城市)的宣传价值和经济价值显然是最主要的考虑因素。

举办奥运会,既是一个国家倾力对待的国事,也是全球各国共同关注和投入的两年一度的国际性大事。到目前为止,还没有哪一个国际活动像奥运会那样能够同时动员那么多的国家、地区和个人去参与和关注,可以说,奥运会代表了真正意义上的全球性。然而,这种全球性与全球化是相互关联和相互作用的,一方面,功利性的资本主义经济,领悟到奥运会全球性特征所蕴含的商机,利用奥委会机构庞大和举办奥运会经济依赖性的弊端,通过优势国家或集团的权力运作和利益渗透,将奥委会和奥运会拉入商业化的经济漩涡,积极为经济全球化服务;另一方面,奥运会又通过自己的奥林匹克理念和精神、自己的组织成员的国际广泛性,化解、缓和或抚慰经济全球化带给世界的诸多问题或风险——霸权主义、贫富分化、社会不平等、国家冲突、民族仇恨、恐怖主义、保护主义、环境破坏,等等。

全球性奥林匹克运动与全球化经济的互动关系可以在奥运会与世博会的比较中得到体现。无论奥运会还是世博会,都具有政治影响、经济拉动、社会进步、文化交融、环境改善等功能。现代奥运会创立初期,奥运会与世博会是不可分割的一对孪生姐妹,奥运会似乎侧重于文化,而世博会则侧重于经济,奥运会举办地和举办时间同时也是世博会的举办地和举办时间。但是,由于当时奥运会影响力的欠缺,人们对参与奥运会和世博会的态度和热情存在天壤之别。比如,1896年的雅典奥运会和世博会,1900年的巴黎奥运会和世博会,1904年的圣路易奥运会和世博会,情况都是:世博会现场门庭若市,奥运会现场庭冷人稀。这反映出第一次世界大战前的人们的注意力主要聚焦于贸易和利润的争夺,而不是文化和精神的交流。但是,由于奥林匹克运动具有世界性和民族性的双重特质,加上顾拜旦等关键性人物的不懈努力,奥运会的影响力在全球范围日益增大(1908年的伦敦开始,奥运会便没有受到与其同时举办的法兰西—大不列颠博览会的任何干扰)。这一点随之却被德国法西斯和其他国家主义的意识形态注意到,并被强行介入和不当利用,奥林匹克精神和原则遭到严重破坏。

然而,随着世界经济全球化的发展,国家资本主义和跨国集团等经济和政治力量的不断干预和过度运作,全球性风险日益显现,整个世界越来越需要奥林匹克运动所倡导的那种公平和团结原则、国际主义精神和多元文化主义理念的滋润和呵护,奥运会的影响力随之得到前所未有的提升。这期间,由于在举办洛杉矶奥运会过程中对全球化经济逻辑的一次创造性应用,奥林匹克运动会的命运从此发生转折。直至目前,综合性的奥运会的影响力似乎越来越有超越侧重于经济因素的世博会的趋势,尤其是广大普通民众,似乎更加关注奥运会而不是世博会。近年来,出现了(夏季)奥运会与世博会分地点(1992

年巴塞罗那奥运会和塞尔维亚世博会)、错时(2008北京奥运会和2010上海世博会)举办的现象,明显带有利用奥运会和世博会各自拥有的全球性的经济、社会影响力,避免两者之间的功能重叠和相互干扰的意味。与其说这是奥运会与世博会影响力之间的较量,不如说这是经济全球化的广度和深度进一步拓展的表现。

全球性奥林匹克运动与全球化经济之间的互动关系也可以在对北京奥运会现实性的全球经济效应的体察中感受到:

奥林匹克之梦

举办奥运会对一个国家或城市的吸引力是显而易见的。运动会只持续一段很短的时间,却能带来数不尽的收益,包括有形收益和无形收益。有形收益是成千上万的旅游者,包括入境或进城观看颁奖典礼的郊区家庭和逗留在高级酒店里的外国显贵及商界名流。无形收益包括全球范围内数天的电视转播渗透和媒体对举办城市长篇累牍的精彩报道。事实上,奥运支持者往往宣称,举办奥运会的真正价值是从此和奥林匹克的形象联系在一起的。

(马修·波班等:《奥林匹克大机遇》,新华出版社,2002年)

跨国公司关注北京奥运市场蛋糕

"与体育比赛不同,这里的竞争只有金牌,没有银牌或铜牌。"受德国政府委派专门关注北京奥运经济的德国工程咨询协会原秘书长阿兹曼4月19日在"投资北京——奥运经济推介会"上说。

他透露,与德国工程咨询协会有联系的众多欧洲企业、工程设计师们都对北京奥运会非常感兴趣。"对于他们来说,参与北京奥运会,不仅有可观的经济回报,而且能极大地增加声誉"。

在此间举办的"投资北京——奥运经济推介会"共吸引了来自中外企业界和研究机构的近千人,其中包括40余位来自世界500强企业的领导人。

道琼斯全球副总裁约翰·麦克马纳曼说,这是北京市首次向全世界全面展示奥运商机,对促进2008年奥运会的成功,无疑非常重要。中国快速增长的经济和2008年奥运会是当前让华尔街投资者最兴奋的话题。

包括通用电气、北电网络、波音、柯达、沃尔玛、大众、戴尔等12家全球500强以及20多家国际知名企业领导人在总共两天的时间里,聆听了北京奥运经济的战略构想,共同探讨各自领域里的奥运商机。

拜耳公司大中华区总裁施德浩说,北京举办奥运会和中国加入世贸一样,提高了拜耳对这一市场的信心,拜耳也进入投资中国的新阶段。公司已经决定在上海投资30亿美元,建立世界最大规模的聚合物生产厂,不仅为北京奥运会服务,也为全球服务。

波音公司全球副总裁王建民说,2008年,波音将推出一款全新的机型,这将是21世纪最好的交通工具,用它把世界宾客带到北京将是一件令人兴奋的事。

对于这些经常穿梭于世界各地的跨国公司领导人来说,这两天的停留除了展示实力,还具有特别的含金量。

北京市发展和改革委员会主任丁向阳,在18日的开幕式结束后正式抛出了北京奥运经济大蛋糕。未来7年里,北京在奥运会的推动下,总共的投资和消费市场需求将超过30 000亿元人民币,其中直接与奥运会有关的为2 800亿元人民币。

国际奥委会1985年创建的TOP赞助计划第六期(2005—2008年),在去年就已经吸引了包括可口可乐、通用电气、柯达、松下等10家跨国公司加入,充分说明它们对北京奥运会的期望。

(张舵、汪涌、王蔚,转引自新华网,2004-04-20)

两段报道或叙述一定程度地说明,经济全球化拓展了奥林匹克运动的发展空间,奥运会则促进了经济的进一步全球化。而且,这种互动关系已经深入到世界经济发展的各个层面和细节,无论是大型跨国公司投资还是国内中小企业投资,无论是显贵名流的高级酒店消费的还是普通平民的家庭日常消费,无论是产品还是服务,无论是有形收益还是无形收益。更为现实的是,以功利形式运作的奥运会似乎增加了奥林匹克理念和精神普及的效率和范围,在普通人的日常生活中,全球性的奥运经济模式和国际主义的奥林匹克精神似乎并行不悖地为化于人们的思想观念之中,成为人们生活内容的一部分。

(二) 经济全球化与非奥运体育活动

当然,经济全球化与体育的相互意义不仅体现在奥林匹克运动方面,世界杯、美国NBA、四大网球公开赛、F1汽车大奖赛等大型赛事具有类似的效果。

仅以足球世界杯为例,"足球是世界上最受大众喜爱的体育运动,同时也是全球化程度最高的职业。很难想象,巴西、喀麦隆或日本的医生、信息工程师、'蓝领'人员或银行职员能够像足球运动员那样,自由地从一个国家到另一个国家工作"①。再者,世界杯的举办和如火如荼的职业联赛凸显了足球运动的全球化水平;而全球化足球的每一个细节:球员流动、跨国球迷、商业化的媒体运作、国际赞助、跨国赌球、共识性的国际足球价值观、地方性的市民足球文化等等,都从正面烘托了世界经济的全球化效应。

此外,经济全球化对大众体育运动同样有着深远的影响。社区体育锻炼、体育社团活动、休闲体育活动、极限运动、野外生存、街头时尚运动等等贴近广大民众的各类体育实践活动,同样随着全球经济的繁荣和大众传媒技术的发展而迅速在全球兴盛起来,成为生活世界的一部分。这方面内容这里不再赘述。

三、全球化与体育文化

前文已经提及,全球化给世界带来了诸多问题或风险——霸权主义、贫富分化、社会不平等、国家冲突、民族仇恨、恐怖主义、保护主义、环境破坏,等等。随着全球化过程,人们被放置于陌生、紧张、戒备、算计、恐慌、茫然的行动空间,赖以生存的地方性的生活世界被控制、被撕裂、被污染、被威胁、被扭曲,人与人之间因整齐划一的功利性和目的性而失去亲密感,信任的纽带因此发生松动或断裂,各民族(地方)文化一同遭到新自由主义理念的冲刷,地方性知识与千篇一律的理性规范冲突不断,自我认同、民族认同和文化认同发生困难。在这样一种文化殖民主义的经济全球化场域之中,人们的心灵绿洲普遍趋于沙漠化状态,急切渴望一种能够弥合创伤、慰藉心灵、消除紧张、找回信任的共识性文化或精神的灵丹妙药出现。针对这种状况,哈贝马斯建构了"沟通理性"的概念,主张建立一个以合理理据进行协商和沟通的生活世界;贝克建议建立一种生态民主政治的世界公民社会,即一种由全体公民广泛参与的审议型民主政治的社会,以化解全球性的社会风险;赫尔德则主张建立地区性议会,同时承认地区性管理和国际性管理的合法性,依据有争议的跨国事务的性质和范围来确定选民,进行跨越民族和民族国家的全民公决,同时国际政府组织接受公众监督,以建立一种世界主义的民主模式。

这些学者提供的理念和模式虽然有很强的学理性,甚至构建了有世界影响力的理论体系,然而时至今日,这些理论并没有在全球出现一个成功的应用性案例,霸权主义、增长模式、保护主义、贫富分化、环境恶化、恐怖主义等所带来的风险状况和人类生活意义的缺失状况依然严峻。这时,家喻户晓的奥运会及其耳

---

① 卡内基国际和平基金会经济学家布兰奇·米拉诺维奇:《足球,没有国界的行业》,法国《世界报》2006年7月8日文章,《参考消息》2006年7月10日转载。

熟能详的奥林匹克口号和理念似乎具备了更为强大的市民亲和力，奥林匹克主义似乎正在征服越来越多的学者和民众，实践于世间一个多世纪而历久弥新。

(一) 全球化与奥林匹克文化

现代竞技体育精神植根于欧洲启蒙运动的理性主义——追求个性自由、强调奋斗和自我实现、崇尚科学，与追求利润的资产阶级的业绩主义遥相呼应。现代奥林匹克运动是以竞技体育运动项目为其主要操作内容的，以"更快、更高、更强"为基本口号之一，自然继承了理性主义的竞技体育精神，追求奋斗、追求卓越。显然，这种理性主义的价值观和奋斗精神，对西方自由资本主义以及垄断资本主义的发展起到了推动作用，也对现代奥林匹克运动的发展起到积极的促进作用。

另一方面，西方理性主义的新代理——新自由主义经济的过度发展（全球化）给世界带来种种问题：一是导致普遍的市场力量和国家体制控制着当今人类的生活世界（于尔根·哈贝马斯，2004）；二是导致全球性的民族主义、恐怖主义、排外主义和保护主义的泛滥；三是导致全球性风险社会的来临。也给体育带来种种危机，锦标主义、精英主义、过分的量化和规则化、过分科技化、过度商业化、兴奋剂泛滥、体育赌博泛滥、申奥贿赂，等等，这些问题给人类文明发展方面的后果体现是："文明的冲突"（塞谬尔·亨廷顿，2002）加剧，安全感、生命意义、人文精神、道德观念的严重缺失。

于是，美国学者亨廷顿认为，现代性和西方普世文明在世界的拓展激起各国、各民族本土文明的反抗和复兴，反而促使了西方文明的衰落，以至于"在未来的岁月里，世界上将不会出现一个单一的普世文化，而是将有许多不同的文化和文明相互并存……在人类历史上，全球政治首次成了多极的和多文化的"（塞谬尔·亨廷顿，2002）。贝克也认为，"在世界社会的词组中，世界是存在差异、多样性的，社会是非一元化的社会，这样人们就把世界社会理解为没有实现统一的多样性。这个世界社会是以千差万别的差异为前提条件的……"（乌尔里希·贝克，1997）。也就是说，这种强权主导的经济全球化并不能够代表西方文明的全球化，或者说，西方文明在全球化的过程中反而走向它的反面——全球化进程受到阻碍，促进了多样文明的兴起。然而，世界文明的这种"没有实现统一的多样性"同样潜藏着风险：排他、混乱、没有共识，不能统一行动，大国沙文主义、法西斯主义抬头、侵略事件频发，世界将重回新型"古希腊城邦时代"。因此，经济全球化进程的当今世界，正急切呼唤一种能够带领世界走向秩序和和平的、新的普世文化的诞生，国际性的奥林匹克主义就成为一种可能的选项。

现代奥林匹克运动的创始之初,其主要创始人皮埃尔·顾拜旦提出国际交流、文化理解、互相尊重的基本原则,主张"所有的赛会、所有的国家"共同参与的思想,从起源上就预设了奥林匹克主义的超民族、超国家、超阶级的内涵。另一方面,奥林匹克运动鼓舞人们"通过没有任何歧视的,以友谊、团结和公平精神互相理解的体育活动来促进和建立一个维护人的尊严和平等的社会",这种"非歧视""团结""平等""公平"的思想和社会价值观念,体现的是人类维护生活世界的生存环境的普遍愿望,以实现生命的尊严和价值,促进人和社会的全面发展,具有跨文化的普遍性。这些特征表明,奥林匹克主义已经具备普世性文化的特质。

奥林匹克运动的思想和价值虽然具有普世性特质,却并不否认社会文化价值的多样性。巴西奥林匹克学院前院长 Lamartine P. DaCosta 认为,顾拜旦的思想"已经很接近多元文化主义的概念了,广泛性成为现代奥林匹克运动和奥运会的原始特性"。奥林匹克主义倡导的是国际主义和和平主义,是多种文明的和平共处和各民族的相互尊重,它提出了一个弥合当今世界创伤、重构全球秩序的共识性的备选方案。奥运会举办期间休战的共识即是这种方案的现实体现。

国际奥林匹克运动正是通过自身的跨国、跨文化性,通过带有共识性的"和平""公平""平等"等思想理念,迅速盛行于全球的各个角落,这本身就是一次文化的全球化过程,是对全球化内涵的一种必要的补充。同时,国际奥林匹克主义也是对经济全球化的后果——生活世界的理性化、风险社会的来临、文明的冲突所造成的人类道德伦理缺失和生命意义丧失的一种精神的弥补和抚慰,某种意义上说,它是经济全球化进程的同行者和护驾者。

(二) 全球化与足球世界杯文化

体育文化全球化的另一个典型是足球世界杯文化。它以经济全球化为背景,以世界各地的广大球迷群体的热情为支撑,以国家荣誉和民族自豪感为竞争的催化剂,借助于已达成共识的仪式和规则,宣扬一种介于世俗和神圣之间的全球性的符号意义,具有宗教的属性和功能,对于人格培养、集体认同和社会秩序构建都具有独特的作用。

对于足球世界杯的广泛性和宗教性,少林寺方丈释永信一语中的:"世界杯是跨文化和跨宗教信仰的和平盛会,因此它在精神层面上距离佛教和少年功夫的信念并不遥远。在决赛中,平民百姓和国家领导人都坐在看台上。这令我想起佛祖说过的众生平等。"而且,世界杯足球赛也像一种"病毒",在全世界球迷中"传染"和"蔓延"。为了世界杯,各个国家的球迷已作好了牺牲一切的准备:勒紧裤腰带、四处借债、牺牲假期和休闲时间、把工作放到一边，甚至让自己的婚姻都处于危险之中。这种把球场当作教堂一般的信仰足以具备愚公移山的力量①。

与奥运会的"休战共识"一样，世界杯可以平息一些国家的战争。来自科特迪瓦的消息说，"世界杯的热情使这个分裂的国家变得团结了"；安哥拉看上去不再像"战争的国家，而是足球的国家"；在伊拉克，政界和球迷都希望交战各方停火，以便居民能够安全地坐在咖啡厅或饭店里观看球赛；约旦国王阿卜杜拉允诺在穷人居住区设立23个大屏幕，并给军队配备卫星接收器。世界杯俨然具有和平的象征意义。

足球世界杯是跨阶级、跨职业的，具有促进社会整合的作用。在玻利维亚，总统莫拉莱斯甚至下令收费电视免费向贫困农村居民转播世界杯（2006年德国）。在哥斯达黎加，教育部规定给学生和教职员工放特假，让他们观看哥斯达黎加队对德国队的世界杯揭幕战，因为"这个国家已经瘫痪"（哥斯达黎加劳动部长语）。在厄瓜多尔，帕拉西奥总统也宣布准许员工观看国家队与波兰队的首场比赛，但损失的工时必须在未来几周补回来。在孟加拉国，应大学生的要求，国立理工大学的考试推迟到世界杯结束后进行。

足球世界杯的跨文化、全球化的特征还体现在，各大洲足球技术风格的碰撞和融合，世界各职业足球俱乐部球员之间的交流和转会。

随着世界经济的发展和信息时代的到来，足球文化也随之相互交融，取长补短。欧洲文化容纳了南美文化的激情和创造性，造就了英格兰的新形象，其打法不再是呆板与单调的"力量"型足球。南美文化也在逐步吸纳欧洲文化的理性和纪律。以阿根廷为代表，在保持原有技术特色的同时，讲究足球规律，遵守整体纪律，以更加务实的精神来改变着南美足球的形象。他们既拥有杰出的个人技巧，还加速了整体战术，既保持个人的即兴发挥，又遵守足球规律和纪律。同时电视媒体对足球运动的推广起了至关重要的作用，它将不同的足球风格展现在观众面前，促进了各国之间的学习和了解。最典型的莫过于以"桑巴舞"概括巴西的足球风格，可见"足球机器"式的呆板，在球场上缺乏创意也常让人失望。当今世界足球大融合的大背景同样是文化的大融合，欧式、拉美式足球大碰撞，各国球星走南闯北、跨洲越洋，也形成了一种前所未有的融洽走势。随着波斯曼法的出台，代表足球最高水平的欧洲足坛，开始吸收个大洲的优秀球员。土耳其队

---

① 《为足球而疯狂——西班牙》，法国《世界报》2006年5月29日。

明显就是一个欧亚的"混血儿",他们的主力阵容中有一大半效力于国外的顶尖俱乐部,他们的足球也彻底地融入了欧洲。当球员和球队跳出本国土壤,当留洋踢球和借鸡生蛋逐渐成为不可阻挡的潮流时,不断融合足球文化的世界杯就会上演全球化的"好戏"。韩国队在荷兰人希丁克的调教下已经有了荷兰队的影子。有着"法国二队"称号的塞内加尔队,绝大多数队员效力于法国联赛,无形之间取得了惊人的进步。即使超级强大的巴西队也不能免俗,首发11个人中有9个人在欧洲效力。世界杯正是展现足球风格全球化的最佳舞台。

(叶佳春:《剖析足球全球化对世界足球运动的影响》,
《体育与科学》,2005年第3期)

足球蕴含着深刻的象征意义。尽管足球世界杯竞赛中出现了足球流氓、地下赌球、黑哨、民族主义、男权主义等负面因素,但是足球世界杯文化的全球化趋势却不可阻挡。

四、体育全球化与地方性体育

前文已经交代,西方文明的全球化促使西方文明的衰落,其他文明的复兴,世界文化的多样化。说明全球化发展是一个辩证的过程,说明地方性发展是全球化的另一面,是全球化不可分割的一部分。而且,随着地方性发展的进一步推进,地方性力量很可能反客为主,成为全球化力量的主导。以中国的发展为例:目前中国的崛起,相当重要的一个原因是中国积极融入了全球化的世界经济体系。美国有报道认为,全球化的最大收获者是美国、中国和韩国;更有甚者,日本人认为"全球化就是中国化"。这些观点从另一个侧面反映了地方性力量与全球化力量之间的互动与可转换性,也就是说,全球化是一把双刃剑,既塑造了地方性,也被地方性塑造。

地方性体育与地方性经济的发展一样,在融入全球化(奥林匹克运动)的同时,也改变着全球化的内涵。如:世界各个国家、地区和社会,在一段时期内,运动的开展都有"唯奥运项目"的倾向,奥运项目欣欣向荣,非奥运项目日渐萎缩,中国的奥运战略是这种倾向一个侧面反映。"唯奥运项目""唯金牌"的倾向,是西方理性主义的表现,其弊端越来越被地方性力量所反思,其性质越来越被地方性实践或生活所改变,其所形成的地方性知识被越来越多地得到积累,结果是,流行于各地市民社会中的传统性喜闻乐见的地方性体育活动项目的价值得到重视,其规则逐步升华为主流性的游戏规则。像日本的柔道、韩国的跆拳道和中国的武术,都是以它的民间力量和品质魅力为支撑,不同程度地冲击奥运会,同时受到地方乃至全球人类生活世界的普遍实践和广泛流行。

2006年7月初,河南嵩山少林寺方丈释永信欢迎来自美国的500洋弟子,他对这些中国武术"朝圣者"的到访表示感谢,并相信他们将在这里"学到东方的传统文化和生活方式",然后再将其与美国的现代化文明相互融合,以此为世界和平作出贡献。

(《中国功夫越发向世界开放》,《参考消息》,2006年7月21日)

当然,奥林匹克运动和奥运会是这种体育的全球化与地方性体育之间的互动过程的集中体现场所。由于奥林匹克运动的介入,东西方文化之间形成了一种强大的"黏接力",东西方文化交流得以进行,作为体育文化全球化标志的奥林匹克运动也因此受益最大(卢元镇,2003)。除此之外,地方性体育也在其他领域与全球化相互建构,如经济、文化、宗教等领域,上述美国的500名洋弟子的少林寺"朝圣"即是这种相互建构的体现之一。

第二节　体育与风险社会

前文述及,带有强制性的经济价值判断和扩张性的政治价值判断意味的全球化,带来的是贫富分化、社会不公、国家冲突、民族仇恨、恐怖主义、保护主义、环境破坏、资源匮乏、道德沦丧,正如乌尔里希·贝克所言,世界普遍出现危机,全球性的风险社会已经形成。在这种科技理性、经济霸权和政治强权当道的世界,体育也无例外地受到冲击。例如,目前普遍存在的(非人性的)过分量化和规则化问题、过分科技化问题、锦标主义、兴奋剂泛滥问题、过度商业化问题、体育赌博泛滥问题、职业腐败问题(盐湖城冬奥会贿赂丑闻)、政治操纵问题(像1980年莫斯科奥运会和1984年洛杉矶奥运会的抵制事件),等等,构成了体育场域的理性主义风险型生态;加上种族歧视、性别歧视、球场暴力等传统性社会问题和偏离行为,世界体育场域的广泛性风险生态已经形成。下面仅以全球化过程中的中国竞技体育的变化和危机,说明这种广泛性的体育风险生态及其生成机制。

一、中国体育场域的风险生态

改革开放同样让中国体育场域走向了全球化的发展道路,体育伴随着经济、社会的变化而变化,同时为经济、社会的发展而发挥了自身的独特功能。比如,中国从20世纪80年代中期开始,逐步放开(并扶持)体育产业的发展,以至目前社会和民众普遍认同了体育的社会化、市场化的发展方向,部分领域和项目初步实现了社会化和产业化;再如,像其他国家(城市)一样,中国竭力争办国际性大型体育赛事,为增强国家(城市)的经济活力和综合竞争力及提升国家(城市)声誉服务,成功获得了2008年奥运会举办权。这是积极的一面。可是在另一方面,中国体育场域的诸多的问题和危机不断出现,如兴奋剂、足球暴力(如针对权磊等足球运动员的凶杀事件)等问题屡见不鲜;更为严重的是,一些深层次问题越来越突出,触及国家与社会的结构和体制层面,关系社会的和谐与稳定。

(一) 竞技体育领域内的退役运动员问题

除了拿金牌、夺锦标,运动员更为关心的是自己今后的退路。如何适应社会,如何跟上市场经济的步伐,如何找到理想的职业等等关系到运动员退役后的生活保障问题,是运动员日常生活重点思考的话题,是他们现在或将来的社会行动的主题。

现实情况是,这个群体的整体就业情况非常不能令人乐观。由于缺乏必要的知识和技能,这个群体在社会化的道路上布满坎坷,正如"邹春兰事件"[①]所反映的。而且,即使其中的少数成员凭借自己先天的"禀赋构型"和运动生涯所积累的社会资本而获得了某种社会转型的机会,也会招致国家、社会等方面的重重阻力,正如"田亮事件"[②]所反映的。

国家体育总局人事司2002年的《全国体育人事工作调研报告》显示(见表11-1),在湖南等八个省区,处于待业的退役运动员占全部在队运动员人数的28.9%,占运动员编制总数的24.2%。其中宁夏回族自治区比例高达78%,是在训运动员的3倍多,其滞留运动队时间最长的达21年。被誉为"金牌工厂"的辽宁体院,在2002年,积压的待分配人员有数百名,2003年各种冠军就有数十人。2002年辽宁省退役运动员的待业比率达34.5%。

---

① "邹春兰事件":1993年退役的九次全国举重冠军,吉林省体工队举重队员邹春兰,因没有安排工作、生活困难而于2003年被迫从事澡堂搓澡工作。该情况于2006年3月27日被《中国青年报》报道,引起社会广泛关注。
② "田亮事件":奥运跳水冠军运动员田亮,在没有事先向上通报的情况下,私自参加各种商业活动(出写真、签约香港英皇公司代理海外广告权等),违反了国家游泳运动管理中心的有关规定,于2005年1月26日,被开除出中国国家跳水队,转至陕西省跳水队训练,引起社会广泛关注。

表 11-1　2002 年八个省区退役待就业运动员基本情况

省　区	占在队运动员比例(%)	占运动员编制比例(%)
湖　南	30	22.8
广　东	23.3	26.6
广　西	25.7	16.5
四　川	30.1	29.3
吉　林	40	12.3
辽　宁	34.5	31.6
内蒙古	8.7	7.3
宁　夏	78	52.9
总　计	28.9	24.2

资料来源：国家体育总局人事司 2002 年《全国体育人事工作调研报告》

据统计，目前中国国内在役运动员约有 14 000 名，按照优秀运动队 15%—20% 的年更新率，平均每年有近 3 000 名运动员退役进入待业行列。对于全国待就业人口总量来讲，这是不算大的一个比例。但是，经过了多年的累积，这个群体的数目总和还是相当可观的。问题的关键是，社会主义市场经济的今天，这一群体新进者依然产生于传统的计划经济体制。

（二）体育职业化过程中的问题

职业体育是竞技体育的产业化，以 1994 年中国足球职业化改革为象征，中国体育职业化发展已走过许多年头。但是，这么多年的市场体制的实践并没有给中国竞技体育事业和体育产业事业起到应有的助推作用，相反，倒为中国体育场域带来接连不断的危机和丑闻。以足球为例，先后出现嫖娼、群殴、黑哨、假球、赌球、罢赛、凶杀等一系列事件，足球运动水平踟蹰不前，投资人收益无法保障，球市空前惨淡，球迷和观众极度失望，足球文化被严重损害。尤其以 2004 年所谓的"十月革命"和 2006 年的暴力事件频发为典型。

2004 年 10 月 2 日，北京现代国安足球俱乐部在首届中超联赛第十四轮对阵沈阳金德的比赛中，宣布罢赛已表示对于长期在联赛中受到不公正待遇的不满。随后，大连实德、上海国际等几家较有影响力的俱乐部则声援罢赛，表示要引发一场"革命"。这几家俱乐部通过召开"投资人联席会议""中国足球体制改革理论研讨会"等一系列活动,利用媒体的宣传,要求联赛管理体制的改革,足协将联赛的主办权交给主要由各个俱乐部组成的"中国足球职业俱乐部联盟有限公司"。然而,中国足协方面在多次协商以及通过地方足协沟通控制未果的情况下,12月初,国家体育总局表示了强硬的态度,一切以中国足球的稳定发展为大前提,支持中国足协的决定。同时,在与有关部门进行了"沟通"之后,徐明等人突然间偃旗息鼓了,表示可以接受目前的事实,即改革的主导权仍旧由足协控制。俱乐部投资方又重新和足协握手言和,一场革命仿佛就此结束,在市场权力的竞争中,足协重新控制了局面(张修枫,2005)。但中国足球随后面临且至今没有改观的是,球市的空前冷淡。

中国足坛危险重重,偶有球员遭暴徒刀砍,他们分别是:成都五牛队球员王炯(2004年9月)、武汉队球员王小诗(2005年9月)、青岛队球员张翼飞(2005年10月)、深圳健力宝队球员陈永强(2006年6月)、深圳金威队球员陆博飞(2006年9月)、大连实德队球员权磊(2006年10月)。暴力事件发生的范围几乎遍及全国。

(三) 体育产业化过程中的问题

20世纪90年代初期,中国体育产业化发展道路开始起步,至今已走过十几年的坎坷路程。目前,体育用品市场是一个快速发展的市场,体育彩票市场进一步活跃,开始形成规模(鲍明晓,2005)。然而,体育竞赛表演市场、体育健身娱乐市场和体育中介市场的发展却远未成熟,加上国际体育产业的激烈竞争,这一领域的发展正面临着巨大的挑战。

中国的体育竞赛表演市场,是与职业体育的发展以及承办各种商业性体育赛事等一道发展起来的。风险性投资、赞助的拓展、转播权出售、门票销售、场馆出租、符号商品的销售等等,每一步骤都是赛事经营主体加以认真考虑的问题,都关系到赛事经营主体的收益程度和事业发展状况。但是,由于中国整体体育产业环境不成熟,如:体育产业风险投资基金的发展缺乏现实的法律法规保障(吴美丽,2005);体育赞助的"行政性市场垄断"的形成,即体育赞助的归口和审批放在国家体育部门,体育部门偏重自身利益而盲目引导各种体育赞助(唐宇钧,2005);经济及法律制度尚不完善,如:赞助等同于捐赠而无法进行税前开支的政策(喻伯海,2005);等等,以致中国体育竞赛表演市场布满风险。而且,对该领域的部分项目的过度商业开发,也会带来很多社会问题。

中国的体育健身娱乐市场和体育中介市场,因为法制、法规建设的滞后,专业性人力资源的严重匮乏,监督机制缺乏以及执行不力,机构和从业人员的合法性、专业性和体育设施的科学性、安全性等方面存在着普遍隐患,亟待解决。

(四)体育社会化过程中的问题

《全民健身计划纲要》早已出台而群众体育体制和运行机制却仍未成熟,这是学者对中国社会体育发展状况的评价。而且,社会各界参与地方社会体育建设的程度和水平、公益性的体育社团组织的发展和运行状况、深入社区和百姓的体育健身的服务水平和规范程度、广大民众的实际锻炼的条件状况和参与水平、众多以营利为目的的健身服务机构和人员的规范性和合法性状况,等等,这些方面的现实情况其实并不令人乐观。虽然国家于2006年1月1日起正式实施《体育服务认证管理办法》,但面对如此庞大的不规范的社会和市场规模,现阶段的行政管理部门和监督部门远未跟上改革步骤,专业人员的执法水平整体有待提高,体育社会化过程存在着很大的不确定性。

二、体育场域风险的生成机制

在全球体育场域,类似中国的情况同样存在,比如苏联和东欧国家的运动员群体的生存状况;困扰欧洲地区多年的足球流氓和暴力问题,等等。人们常常将中国退役运动员的问题或者归咎于由来已久的体育"举国体制",认为从属于这一体制的竞技体育的"一条龙"的培养体制和"三从一大"的训练原则,牺牲了运动员的文化学习及其他能力培养的时间和精力,严格的运动员管理规定相对剥夺了运动员接触社会、自我实现的权利和机会;或者归咎于运动员个人智力品质和努力程度的缺乏。对于中国体育职业化过程中的问题的看法也是如此,要么抱怨中国足协的行政控制逻辑,要么怪罪于俱乐部投资人的市场功利逻辑。

针对这些观点,我们应将视阈扩展到中国改革开放以来的经济全球化过程和社会全面转型过程。自20世纪80年代初的改革开放以来,中国逐步采纳市场经济的运行规则,经济得到巨大发展,社会关系得到重新调整,社会力量重新组合,社会阶层发生分化。一方面,通过权力寻租、投机、勤劳等"实践"方式,新的利益集团和精英权贵出现;另一方面,因为某些制度和受教育程度、先天能力等原因,一部分人"被甩到了社会结构之外"(孙立平,2003),成为社会的底层。这一被甩群体回到社会的主导产业中去已没有可能,回到原来那种稳定的就业体制中去也没有可能,朝阳产业也不会给他们提供多少就业机会。直至2001年加入WTO,中国经济加速全球化步伐,采纳更多的国际规则,一些制度被进一步调整,而这种制度的调整过程一直是在新引进的运行体制与传统运行体制之间不断冲突和磨合过程中进行的。

中国体育场域也正是在这样一个社会的新、旧体制冲突与磨合，以及社会制度的重新安排过程中持续发生变化的，体育制度、体育组织、体育阶层、体育权力关系、体育实践行动是在这种背景之下进行展开的，体育场域中的问题和风险也正源自这种冲突和安排过程。而且体育场域中的问题和风险与整个社会的风险在性质、内容、形式和特征上都是相契合的。邹春兰正是社会转型过程中"被甩出去"的群体中的一员；足球"十月革命"所反映的也是新引进的市场体制与传统的计划体制之间的矛盾、新的制度安排尚未形成而产生的不协调的问题。

中国的改革开放过程，是新的体制的引进和采纳过程。这种新的体制即是市场体制和国际通用规则，也就是西方理性主义或称现代性的体现。因此，我们也可以将中国的改革开放过程称作现代性的引进和采纳过程，亦即现代化的过程。二十多年来中国体育场域所引进的先进科技，所吸收的西方管理经验，以及所变革的各种制度安排，很大程度上体现了中国体育场域真正意义上的现代化发展历程。二十多年来中国体育场域呈现的种种危机和问题，也产生于这种现代性的引进和采纳过程。

众所周知，现代性则是指发轫于17世纪的欧洲，由理性触发、科学技术的进步而推动的，促使资本主义生产方式发展乃至全球化社会形成的一种社会生活（或组织）模式、一种行为制度与模式（安东尼·吉登斯，2000）。现代性是社会和世界风险的产生根源（乌尔里希·贝克，2004），现代性风险是人类系统地处理现代化自身引致的危险和不安全感的方式，在自然和传统失去他们的无限效力并依赖于人的决定（决策或行动）的地方，才谈得上风险（安东尼·吉登斯，2000）。概言之，风险来自现代性的动力机制、制度维度的扩展和人的决定（行动或决策）。

由于体育场域的风险与整个社会的风险在性质、内容、形式和特征上都是相契合的，因此，我们不妨采用吉登斯和贝克的观点，认为体育场域的风险既是由现代性的动力机制及其制度维度的扩展所致，也是由人在体育实践中的行动和决策所致。具体到中国体育场域的风险，就是由市场体制的引进、先进科学技术的不当利用和体育行动者在其中的行动和决策带来了诸多的不确定性所致。例如，在"田亮事件"中，行动当事方正是围绕市场和计划这两种远未磨合成功的社会制度安排（一种有效的制度安排尚未建立），策略性地运用自己所拥有的稀缺资源和社会资本与对方进行博弈和优势争夺，以便控制更大的"不确定性领域"。显然，这些行动具有很大的不确定性，对于行动发起者田亮来说，是充满风险的。

第三节 未来的体育

未来社会既是更加讲究自由和民主的社会,也是更加讲究制度和规范的社会,是多元文化和旨趣共存共荣的社会。未来社会的人们对体育内容和形式的需求可能更加广泛,而对其功能的寄托和期望可能更加宽容。新兴体育形式不断涌现,大众运动项目欣欣向荣。体育的健身功能突出,文化功能增强,政治功能相对减弱,经济功能继续拓展。未来社会必将是全球化的社会。互联网完善、时空重组或消融、地球村和世界共同体真正形成,体育作为人类永恒的生命活动和文化承载形式,将在未来的世界共同体中大行其道。未来社会依然是充满风险的社会。人们仍将通过发明许多艺术,采取各种技术形式和手段,来规避风险,寻求安全;或者采纳感情和观念上改变自我的方法,与决定着他命运的各种力量进行和解(约翰·杜威,2005)。而体育则可以作为人们感情和观念改变的寄托形式之一,同时体育自身的风险也可以通过技术形式和手段加以转移。

总之,在未来社会,体育理念已经内化到人们的思想和意识之中,体育已经成为人们生活中不可分割的一部分,成为人们实际生活的内容和方式之一;同时,体育也成为一种社会形态体,成为社会结构的必要组成部分。人和社会都不能忽视体育的存在。未来体育活动的发展趋势和特点将表现在以下几个方面:

一、更加适应人们的多元化兴趣

为适应人们的多元化兴趣需要,体育项目更加分化:未来体育活动中的优势竞技运动项目继续强化,大众运动项目日益增多和规范,网络虚拟体育运动和体育游戏愈益兴旺。田径、游泳、球类、雪上运动等传统的奥运竞技项目将继续保持或发扬,高尔夫、游艇、滑翔等休闲项目稳步兴起,攀岩、冲浪、跳伞、漂流、越野、野外生存等极限项目的开展将如火如荼,街头篮球、滑板、太极拳、瑜伽等社区或家庭体育项目红红火火,类似全国在线职业足球队冠军赛、省际在线高尔夫球运动队联赛、社区围棋在线交互队对抗赛等类型的互联网虚拟体育运动以及各种虚拟体育游戏逐步兴起。

二、适应科学技术和经济的发展

体育材料、设施和活动组织的精致化、精确化、自动化含量进一步提高,各类运动设施更加完备,运动训练的理论和水平更加完善和有效。

体育运动更深入地参与到全球经济竞争之中,贡献和拓展自己的经济功能,体育产业和商业网络更加发达,国民经济贡献中的体育比重不可或缺。

三、体育的各项功能有所分化

社会功能反映上,体育人口量显著增加,社区体育自发活动丰富多彩、休闲体育活动日益红火、各类体育协会组织更加发达。形形色色的体育活动在进一步促进社会的和谐的同时,其中存在的诸多不确定因素也增加了社会的风险。

文化功能反映上,多元化体育观内化到全球各角落人们的日常生活方式之中,普世性的和地方性的体育文化价值观在持续的相互交流中同时被认同和发扬,体育参与的自由化和体育活动的制度化进程将同步推进。更有甚者,以体育为象征的文化表现可能成为一个地方或城市的文化的主流。

政治功能反映上,在一个具有特殊意义的事务处理上,体育的政治功能可能一时表现突出。但从未来社会的形态、结构的发展上看,不同时期的不同国家、地区或民族,在不同的与体育相关的事务上,体育的政治功能将有所削弱,但政治仍然需要体育。

四、体育与媒体的互动关系更加紧密

体育具备"卓越、刺激"和"直观、张扬"的专业特征,媒体具有强大的"扩大"功能和"吸引感官"的职业习惯,加上经济利益这一永恒主题的驱使,未来体育与媒体的相互依赖、相互促进的关系将更加紧密,途径更加多样,最有可能的是互联网体育活动在全球民众中使用率的升高。

本章参考文献

[1] 鲍明晓:《我国体育产业的形成和发展》,《体育科研》,2005年第6期。

[2] 陈希:《普通高校高水平运动队运动员来源与构成模式研究》,《体育科学》,2004年第5期。

[3] 范明志:《对我国重大赛事风险识别的初探》,《体育科研》,2005年第2期。

[4] 郝勤:《论"举国体制"与〈奥运争光计划〉的关系——兼论制定新的奥运争光计划的几个问题》,《体育文化导刊》,2003年第12期。

[5] 胡小明:《中国体育的改革与创新》,《西安体育学院学报》,2005年第5期。

[6] 李力研:《21世纪奥运大讲坛——解读体育文化》,中国社会出版社,2004年。

［7］李友梅：《组织社会学及其决策分析》，上海大学出版社，2001年。
［8］梁晓龙：《对当前我国体育产业发展若干问题的思考》，《体育科研》，2005年第1期。
［9］刘东锋：《中国体育管理体制改革的路径选择》，《成都体育学院学报》，2005年第2期。
［10］卢元镇：《中国体育社会学评说》，北京体育大学出版社，2003年。
［11］茅鹏：《鲜明的对比——体育体制与运动进步》，《体育与科学》，2005年第1期。
［12］隋路：《国家意愿与体育经济政策的形成》，《体育学刊》，2005年第4期。
［13］孙立平：《断裂——20世纪90年代以来的中国社会》，社会科学文献出版社，2003年。
［14］唐宇钧：《我国体育赞助政府管制分析》，《广州体育学院学报》，2005年第6期。
［15］吴美丽：《我国体育产业风险投资基金的投资与管理研究》，《体育与科学》，2005年第2期。
［16］谢立中：《西方社会学名著提要》，江西人民出版社，2001年。
［17］谢亚龙：《金牌的产权究竟归谁》，《体育文化导刊》，2005年第3期。
［18］薛晓源、周战超：《全球化与风险社会》，社会科学文献出版社，2005年。
［19］颜绍泸、周西宽：《体育运动史》，人民体育出版社，1990年。
［20］姚辉洲：《优秀运动员社会化研究的意义和内容构想》，《上海体育学院学报》，2005年第5期。
［21］喻伯海：《对我国体育赞助中蕴涵风险的分析》，《南京体育学院学报》，2005年第5期。
［22］俞吾金等：《现代性现象学》，上海社会科学院出版社，2002年。
［23］张世鹏：《什么是全球化》，《国际政治》，2000年第1期。
［24］周雪光：《组织社会学十讲》，社会科学文献出版社，2003年。
［25］爱德华·麦克诺尔·伯恩斯、菲利浦·李·拉尔夫：《世界文明史》，商务印书馆，1987年。
［26］安东尼·吉登斯：《现代性的后果》，译林出版社，2000年。
［27］埃哈尔·费埃德伯格：《权力与规则》，上海人民出版社，2005年。
［28］布迪厄、华康德：《实践与反思——反思社会学导引》，中央编译出版社，2004年。
［29］戴维·赫尔德：《民主的模式》，中央编译出版社，2004年。

[30] 格雷厄姆·汤普森:《全球化与国内经济的可能性》,德国艾伯特基金会出版《国际政治与社会》杂志,1997年第2期。
[31] 赫尔穆特·施密特:《全球化,政治、经济与文化的挑战》,德国出版社,斯图加特,1998年。
[32] 杰·科克利:《体育社会学——议题与争议》,清华大学出版社,2003年。
[33] 齐格蒙特·鲍曼:《个体化社会》,上海三联书店,2002年。
[34] 塞拉斯·比纳与贝扎德·亚格梅安:《战后的全球积累和资本的跨国化》,王列与杨雪冬编译:《全球化与世界》,中央编译出版社,1998年。
[35] 塞谬尔·亨廷顿:《文明的冲突与世界秩序的重建》,新华出版社,2002年。
[36] 伊曼纽尔·瓦勒斯坦:《现代世界体系》,圣迭尔出版社,1974年第1卷。
[37] 于尔根·哈贝马斯:《现代性的哲学话语》,译林出版社,2004年。
[38] 约阿吉姆·比朔夫:《全球化,世界经济结构变化分析》,张世鹏与殷叙彝编译:《全球化时代的资本主义》,中央编译出版社,1998年。
[39] 约翰·杜威:《确定性的寻求——关于知行关系的研究》,傅统先译,上海人民出版社,2004年。
[40] 乌尔里希·贝克:《风险社会》,译林出版社,2004年。
[41] 乌尔里希·贝克:《什么是全球化》,祖尔卡姆出版社,美因河畔法兰克福,1997年。
[42] 詹姆斯·S.科尔曼:《社会理论的基础》,社会科学文献出版社,1999年。
[43] 《"中国功夫越发向世界开放"》,《参考消息》,2006年7月21日。
[44] 《日本人称"全球化"为"中国化"》,《参考消息》,2006年6月17日转载英国《独立报》6月15日文章。
[45] Lamartine P. DaCosta:《奥林匹克多元文化主义:走向文化相对主义?》,《奥林匹克教育国际论坛暨"奥林匹克运动"课程骨干教师培训班专题报告摘要》,2006年。

第十二章
研究综述：体育社会学的相关理论*

功能主义理论和冲突论是整个20世纪70年代的两种关于社会生活的一般理论，大多数社会学家都采用其中的一种来指导他们对社会中的体育运动进行分析。这两种理论方法都有自己关于社会秩序基础的不同假设；对社会生活和体育运动，都有各自不同的问题；对社会中体育运动的重要性和后果，有着各自不同的结论。

20世纪80年代初期以来，研究者们更需要对发生在更大背景中的运动体验进行详尽描述，也需要更多地了解作为一种文化体验的运动参与的意义。所以，他们越来越多地结合批判理论和互动理论这类更趋于定性的方法来开展工作。

本章主要是对体育社会学研究者们就体育运动进行研究和理论概括时，对所采用的多种不同研究取向加以介绍，分析这些理论在体育运动研究中的具体运用情况。

第一节 功能主义的研究

功能主义理论认为，所有社会生活背后都存在着一个基本驱动力，即任何社会系统都有着一种寻求维持自身平衡、并能持续有效地进行运作的倾向。在社会生活的主要领域（体育运动也是其中的一个领域）中，系统只有当人类群体形成对价值的共同认识以及可以通过协作来组织社会生活时，就"自然"可以达到平衡了。这一理论认为，秩序本身是自然的。任何行动或组织形式作为社会系

---

* 本章根据杰·科克利的《体育社会学——议题与争议》（第6版）（清华大学出版社2003年版）编写。

统存在的必要条件,是支持或促进系统平衡的,所以,它们即被称为是功能的。当然,也有些行动或组织形式并不具有这种"功能一致性",甚至会破坏这种平衡,就被称为是反功能的。其中,体育运动作为一种既有的社会设置,被功能主义认为是能促进人们的共识与共同价值的。

一个社会系统的有效运作需要满足四个基本条件:一是必须存在使人们了解生活得以维持的基本价值和规则的方法。而且,必须有机会通过无危害的方式释放那些由于遵从具体的价值和规则时所产生这种紧张和挫折。二是必须包含有使人们聚集在一起并建立整合的社会关系的社会机制。三是必须存在使人们了解什么目标是重要的以及实现这些目标的方法。四是必须包含内在的机制,以便在保持系统内部秩序的同时能对系统之外的社会与环境的变化做出反应。功能主义认为,这四个基本条件在任何社会中都是社会秩序的基础。那么,体育运动是如何发挥功能以满足这四种系统需要的呢? 为此,功能主义理论的社会学家所提出的问题通常是:体育运动如何"适应"社会生活并促进社区、社会的稳定与社会进步。他们的研究通常分成以下四个正功能类型。

一、参与体育运动与发展良好性格之间的关系

良好性格的形成与发展是一个社会化的过程。功能主义理论研究体育社会化时,主要关注的是接受社会化的运动员。功能主义者的社会化是一种内化模式的社会化(Coakley,1993a,b)。体育运动作为进行社会化的社会设置,是否通过使人们学习社会价值和规则来提供社会化体验,是否提供了种种以安全的方式释放紧张和挫折的环境,从而保持社会的秩序和稳定? 这是功能主义社会学家所要考察的。那么,是谁以哪些因素促使人们参加体育运动,这种参与如何使年轻人为他们长大之后适应社会、成为对社会有用的人做准备的? 是这一研究主要关注的内容。

依据功能主义理论的研究,促成人们参加体育运动因素主要有三点:首先是人们的能力和特征,其次是家庭、朋友对他们的影响,再者就是机会,包括参加体育运动的机会和体验成果的机会。通过研究,他们发现参与体育运动不仅是外在因素影响的结果,而且还构成人们日常生活过程的一部分,人们将体育运动融入其日常生活。

克里斯·斯蒂文森(Chris Stevenson,1990b)的研究发现,运动员的整个生命具有不同程度的重要性的持续体验。首先,成为精英运动员要经历过其生命中比较重要的关系成员给他带来的影响,并且会得到这些主要成员给予他的支持和鼓励;然后,他要经历一个运动参与的培养热忱的过程,在这一过程中,他决

定是否积极地取得期望中的运动员身份,并随着所获得的承认和尊重而更加热衷于体育。

彼得·唐纳利与凯文·扬(Donnelly and yong,1988)的研究认定参加运动与认同的形成过程相联系。因为一个人要被其他运动员所认同并被接纳为一名运动员,就必须在运动参与中学会"说该说的话和做该做的事"。这种认同和接纳不是一次完成的,它是一个持续的过程。如果一个人没有在运动参与中建立社会联系和获得认可,他的运动参与就可能是不经常的或不长久的。

科克利和阿妮德·怀特(Coakley and White,1992)的研究表明,年轻人参加体育运动,是因为它有助于延伸对生活的控制,选择成长道路,在他人面前显示自己的能力。他们积极思考生活的其他方面与运动的适应关系,包括自我观念和对生活的追求。参与模式的变化取决于获得机会的途径、生活中的变化、对自己以及与世界联系的认知方式的变化。他们所做的参与决定,与他们所感知到的体育文化有关,也与运动参与、一般的社会认可和达到个人目标之间的联系相关。

功能主义理论研究者也同时关注运动参与的改变或中止问题,并以"角色理论"为指导(Coakley,1993b),思考着如何让孩子们能继续留在体育运动中,如何控制和培养孩子们的性格,如何能建立具有"推进"体系的运动项目,以便能将运动员逐级地输送到更高层次的竞争中去。

科克利(Coakley,1992)的研究表明,当年轻人感到他们失去了对自己生活的控制,并且除了体育运动没有任何身份时就会出现劳累过度。促使年轻人保持身份的多元化以及其性格的多面性,才能促使其继续留在体育运动中。康斯坦第诺·科科利斯(Konstantinos Koukouris,1994)的研究表明,如果仅将体育运动参与时的身份与生存本身联系在一起,而没能培养成一种向更高层次去进一步竞争的性格的话,就无法继续完全参与到体育运动中去了。所以,要想了解运动参与的变化,就要了解这些人的生命历程及其维持身份、获取资源、发生转变的文化背景(Brown,1985;Messner,1992;Swain,1991)。

依据功能主义理论的说法,如果参与体育运动是扩展了他们的经验、关系和资源,我们就可以推断体育运动塑造了他们的性格。20世纪50年代开始,功能主义者通常收集关于成就和成功的材料,来认真检验参与体育运动与性格逻辑之间的关联性,虽然这些材料所能提供的一致性证据非常有限(Beller and Stoll,1995;Papp and Prisztoka,1995)。

人们普遍认为,通过体育运动的社会化,运动参与者会逐步认同和接受一种"运动伦理",因为这种"运动伦理"是定义一名真正运动员角色的主要标准,它由四种信念构成:一是运动员要为"比赛"做出牺牲,二是运动员要为表现杰出而努力,三是运动员要接受冒险和忍受痛苦,四是运动员的追求永无止境。遵从运动伦理可以使运动参与在许多人的生活中成为一个独特的、令人激动的活动。

也有一些人认为,运动和参与运动的功能就是给运动员和观众提供了宣泄压力、发泄攻击性的机会,并且培养他们在面对有压力的、感情高度激动的环境时的处理对策。运动能起到控制和减轻攻击性行为和暴力的作用。弗洛伊德认为,人的死亡本能在人的心灵里会以破坏性能量的形式存在,要想控制它,就要通过有表现力的攻击性活动安全地释放它。生物学家则假设人类可以通过比赛或观看体育比赛安全地释放攻击性能量(Lorenz,1996)。马什(Peter Marsh,1978,1982)认为,作为运动迷之间"仪式对抗"的体育运动所产生的冲突是相对无害的,是象征性的攻击性能量的表现。但是,人类学家赛普斯(Richard Sipes,1975,1996)的研究并没有证明这一点。他发现,接触型运动在90%的好战社会中十分流行,只有20%的和平社会中有流行。

一种信念认为,在面对紧张、失败、艰难和痛苦时,参与运动能教导人们如何控制攻击性行为。诺山瞿克(Nosanchuk,1981)对空手道训练的研究、特鲁森(Trulson,1986)对跆拳道训练的研究也表明这一点。瓦康德(Loic Wacquant,1995)对黑人社区拳击训练的研究说明,控制在很大程度上依赖于运动参与所发生的环境。通过参加运动学会控制侵犯行为的表达,在观众身上并没发生。因为运动员在运动场上表现出的控制,更多地建立在对赢得比赛的关注上。

二、群体、社区和社会中的体育运动和社会整合

功能主义者认为,团结和整合是社会秩序的基础。那么,体育运动是否能使人们聚集在一起并产生团结和整合呢?这是功能主义者需要考察的主题。

功能主义理论认为,体育运动在群体、社区和社会中都起着一种团结和整合的作用。因为体育运动中的互动可以减少不同群体间所存在的偏见,如种族间的偏见。在各种社会制度中,体育运动项目在废止种族隔离的程度上相当彻底,而体育组织的设立又可以削弱对少数民族背景的运动员的歧视(Edwards,1973)。消除种族隔离是一个由社会、法律—政治和经济力量共同作用的复杂过程。它通常是逐渐发生的,并且受许多因素的推动和限制(Rayl,1996)。虽然在体育运动中金钱是最主要的推动力,但是,利益的推动同样能消除体育运动的种族隔离。另外,当没有其他可以梦想的东西时,"冠军梦"的力量对黑人青年来说是强大的(Hoberman,1997)。体育作为一种获得声望和经济成功的手段,对于黑人来说可能更具特殊的意义,因为其他活动存在着更多成功的障碍(Harris,

1994)。此外,运动项目和运动队伍的组织结构、与消除排斥性政策相关的报酬和黑人的某项体育技能,都对推动种族隔离的消除产生着影响。

但是,人们也认为,要简单地得出体育运动中的互动可以减少偏见的结论,还是需要谨慎的。因为,当人们使用种族和族群观念解释世界已经成为一种习惯时,要想打破偏见、挑战观念或改变人们的行为(尤其是在场下的行为)是很难的。互动虽然能产生友谊,但种族孤立和自我隔离的模式仍然存在(Stratta,1995)。虽然说关系取决于个人交流,但是许多人并没有利用体育运动中彼此互动的机会来加强这种交流(Chu and Griffy,1982;Miracle,1981 等)。

对一个社区或社会来讲,体育运动功能一般体现大致是:第一,保证公共秩序。为此,政府常常制定规则来规范体育运动的合法性,规范运动如何组织、谁有机会参加、在何地可以开展以及什么人在什么时候可以使用公共运动场所,以便尽力消除市民间的冲突;第二,提高市民的认同感、归属感和团结感。体育运动长期以来被团体、组织、城镇、城市和国家用来表达他们的集体情感(Jackson,1994)。当社区或社会呈现出某种多元化变化,或者社会发生剧变时,为了提高社会的认同感和团结感,政府就可能会涉足并利用体育运动(Maguire and Stead,1996)。随着全球化的到来,不同国家的边界属性在人们生活中变得越来越模糊和越来越不重要,许多国家的政府都是利用体育运动来提高国家的认同的(Houlihan,1994)。

另外,体育运动越来越普遍地被推崇为一种价值观,来阐释一种社会生活逻辑。在苏联等社会主义国家,体育运动是与"团队工作、共同目标和兴趣、集体主义……同志关系(和)努力工作及对共同事业负责"等相关联的。而在市场经济国家中,体育运动与成功及辛勤工作联系在一起,强调竞争、个人成就和个体实现。在纳粹德国,体育运动是与日耳曼民族优越意识及战争动员联系在一起的。

20 世纪 80 年代以来,体育运动与社会经济发展密切地结合在一起,并促进了地区或社会的经济发展。在许多情况下,体育比赛的主办都是为了促进当地经济的发展(Huey,1996),进而促进当地的"公共利益"。

国际体育运动有一个长期的理想,即促进国家间的平等和友谊。"宗教虽然未能统一希腊,但运动(定期的)却办到了这一点"。现代奥运会的设立就是试图发挥这种团结功能,以实现国际和平的良好愿望。

三、运动参与和成就动机

功能主义理论所要考察的一个主题是,体育运动是否能够教会人们致力于社会进步,以及体育运动参与是否能够教给人们努力工作以实现社会进步。为此,功能主义方法经常研究的是:谁以及哪些因素促使人们参加体育运动,这种参与如何使年轻人为他们长大之后适应社会、成为对社会有用的人做准备。

现在,高度表演性的和职业化的青年体育运动之所以流行,是因为孩子们的喜欢,他们认为这种运动能够满足他们对被社会接受以及身份认同方面的需求。但是,这种运动在很长的时期都被认为只是男孩梦想成就以及男性实现成就的场所。

20世纪70年代以来,世界体育运动中最显著的变化就是女孩子和妇女参与人数的增加。由于女权主义强调,只要女性有机会发展她们的智力和体能,她们就能够得到相应的增强,这鼓励了妇女在体育中追求她们的兴趣(Fasting,1996)。

女性的运动参与机会类型反映了在文化中占主导地位的女性定义。70年代早期,女性被广泛视为天生脆弱,倾向于从事优雅的运动。今天,大部分人都认为,妇女应该具有与男人一样的参与机会(Sabo and Messner,1993)。研究表明,参加体育运动是增强妇女个人力量的一种体验(Nelson,1994;Young and White,1995)。如果能成为一个技巧娴熟的运动员,能改变妇女看待自己的方式,它使女性感到体格强壮,更有能力、更容易控制作为一个独立的个体的生活,这十分重要,因为社会生活的组织总是使妇女认为自己是脆弱的、依赖他人的和无能的(Cantor and Bernay,1992;Hargreaves,1994)。体育运动的参与也给女性提供了重新结合自身力量的机会。发展体能不仅给予妇女以信心,也给予她们以成就感,这种信心和成就感来源于她们知道自己能够用身体能力和力量来表现。体能的增强也使她们感到更加独立,更容易控制身体安全和心理上的健康(Birrell and Richter,1994;Theberge,1995)。一般认为,个人的效能感或成就感使得妇女在争取运动和运动组织中领导职位的努力中更加自信。虽然"妇女参与运动可以挑战有关妇女能力的传统印象,为女性提供积极向上的角色楷模"(Elaine Blinde,1992)。

从社会阶层的角度分析,在低收入社区中,男孩和年轻男子往往把参与体育运动看作树立男子汉气概的特殊而又合理的途径。梅斯纳认为:"孩子的选择机会越有限,他的家庭情况就越不安全,他就越有可能早早开始运动员生涯。"(1992:40)因为他们把参加体育运动当成一种获得"尊重"的手段。我们联系他们的生活背景就能理解他们参与体育运动的动机,体育运动为他们提供了一个逃离暴力、绝望、种族歧视和贫穷的避难所(Wacquant,1995)。

除此之外,对某些人来说,体育中确实存在着导致向上社会流动的职业机会。虽然体育组织的高级职位仍由白人把持,但这些机会越来越开放。如果体育队伍和部门的组织文化变得更具包容性,并且向妇女和少数民族提供全新的途径,让他们全面参与用于决定体育中的各种标准的政策和规范的制定,那社会流动的机会将会进一步得以改善。

虽然研究表明,人们在其生命的不同时点所做出的运动参与决定,其原因皆有不同。但是,体育运动参与的主要因素之一,就是参加体育运动拥有着能够体验成功的机会。

四、运动参与和提高防御能力之间的关系

功能主义理论还关注体育运动参与是否能帮助人们形成或提升一套必要的生存技能,以使人们在面对外来的社会和环境变化时得以生存下来。这里,他们主要讨论的是关于健康和和谐的问题。

从 20 世纪 70 年代中期开始,对健康和健身的日益重视使更多的人加入各类不同的体育运动之中。运动也开始强调体力和竞争力的发展。肌肉已经在各年龄段妇女中被广泛接受为可取的特征。她们把身体能力和随之而来的良好感觉放在优先位置。再者,许多跨国公司,如耐克和锐步(Reebok)的宣传也从妇女健康和外形转到健康与运动方面,它们传递的信息意在"吸引妇女对运动的热情,把它作为妇女解放和权力的象征"(Conniff,1996)。

政府参与运动也是为了促进市民的健康。比如,具备政府资助的健康保险项目的国家经常推动并赞助体育运动,以提高公众的身体健康状况,减少健康服务的成本。这是加拿大政府在 20 世纪 70 年代中期推动和资助健身及运动项目的主要原因之一。类似的动机推动了其他国家健康及运动项目的赞助和组织,包括英国、瑞典、挪威和中国。许多人相信参与运动能增强体质,体质的增强可以促进健康,而良好的健康状况就可以减少医疗费用。

过去,政府参与运动也是基于这样的信念,即健康和体能与经济效益有关。比如,苏联政府以及其他社会主义国家或计划经济国家的政府,常常推动和赞助体育运动,希望他们的工人变得更健壮,更有技能和更有生产效率。社会学家庞诺马里弗(Nikolai Ponomaryov,1981)认为,当工人们具有高度发展的身体技能时,他们就可以忍受工作中的压力,更快地应付变化的生产过程对体能的需求。

实际上,一些人一直保持或发展其他的体育运动,其价值和经历是与他们彼此的关系以及他们的期望通过愉快的体育运动表达的那些关系相联系的。这些体育即乐趣参与模式。这一参与模式注重身体的体验和享受而不是把它当成工具来训练和使用。对乐趣参与型体育运动的赞助一般是基于这一观念,即促进

人们广泛参与各种各样的体育活动和体育运动是对社会有益的,参与的全体性、健康和快乐比出色的表现更重要。

总之,功能主义理论关心的是体育运动如何满足社会系统的需要,如何促进个人成长、有益于保持所有组织层次上的社会秩序,如何有利于生活于其中的社区,如何为各个年龄段的人提供释放紧张和挫折的机会而不造成危害,如何加强"社会凝聚力",如何能促进健康。在功能主义理论看来,体育运动对个体和社会都是一种激励。

虽然功能主义理论是体育研究中最广泛应用的理论,但是,它也存在着某些不足,主要表现为:常常夸大了体育运动的积极作用,忽视其反功能;其群体的需求与社会整体的需求相同的假设忽视了利益冲突的可能性;只关注体育运动满足社会系统的功能性,忽视了体育运动是一种社会成员的"社会建构"。

第二节 冲突理论

冲突理论是关心社会问题和社会不平等的一般理论。冲突理论认为,以内在的经济利益差异为特征的相互关系一直是不断变化的。社会秩序之所以存在,是因为一些群体拥有资源,使他们可以强制和微妙地操纵其他人接受他们的世界观。

在冲突理论看来,体育运动由市场经济的经济因素和资本需求所决定或塑造。为了满足市场(或资本主义)经济的效率需求,科层制内的大多数工人从事高度专业化的和异化的工作,使得他们对工作缺乏控制权和兴趣,从而去寻找既可以逃避工作又紧张刺激的活动,由此,体育运动成为尤其受欢迎的一种娱乐形式。首先,体育运动和产品消费相联系。其次,体育运动可以用来强调那些赋予拥有经济权力者以特权的价值和过程,却使其他人成为有效率的、顺从的工人。在冲突理论看来,运动最终增加了市场经济社会中拥有经济权力者的利益。这是因为运动使工人们的情感集中于逃避性的活动中。体育运动是一种麻醉剂。

冲突理论对体育运动的研究所提出的问题是:体育运动如何保持社会精英群体的权力和特权,体育如何成为经济剥削和压迫的工具。

一、运动员的身体是如何被异化的

这要考察竞技性体育运动是否使运动员将他们自己的身体作为生产的工具、作为供他人娱乐和制造利润的机器来定义和体验(Brohm,1978)。考察运动员是否服用兴奋剂,因为他们是以获胜、追求利润至上的体育运动系统的受害者。

冲突理论将社会化也看成是一种内化过程,即人们被动地由经济力量所塑造,成为温顺的工人,成为商品和服务的急切的消费者。它们强调精英主义者采用高压的方式组织运动项目,由军事化的风格训练运动员,使其驯服、保守、甘愿参与暴力,以达到社会中有权势的人所赞同的目标。这些研究通常关注被终止的运动参与。冲突理论关注的问题还有如下一些:一是体育运动如何被组织得具有工作狂、军事化、性别主义、种族主义的趋向;二是来自低收入和工人阶级背景的人,运动参与为什么会只有很少的机会或选择;三是运动员为什么总是被动地成为利益驱动的体育机制的牺牲品;四是处于权力地位的人们如何控制参加运动的条件,以便获取金钱和维持他们自己的利益。

关于运动参与的中止或改变问题,冲突理论以"异化理论"为指导进行研究,探索了精英体育运动中的运动员是如何成为剥削的受害者,并退出体育运动的。采用冲突理论方法的研究者关注的是,严格组织的、以获胜为目的的项目可能使孩子不愿意参加体育运动。科克利(Coakley,1992)的研究表明,在当年轻人感到他们失去对自己生活的控制,并且除了体育运动没有任何身份时就会出现劳累过度。而劳累过度根源于要求这些年轻人进行高难度表演的组织。科科-利斯(Konstantinos Koukouris,1994)的研究表明,结束或改变运动参与的决定主要是和得到工作养活自己的需要相联系,或是因体育组织严格的训练无法与他们新的成人生活相协调。他们不是简单地"社会化地退出体育运动",不是全然结束体育运动,而是经常寻找其他方法来锻炼身体或与体育相联系。

但是,有人质疑过于强调获胜的项目会对孩子们的全面发展有所影响。青少年体育运动正发生着私有化和"业绩原则"两种变化趋势,这两种趋势对于那些参与青少年体育运动的人以及实际参与时所获得的经验产生了影响:一方面,他们可以体验到各种形式的私有体育项目所具有的种族隔离和排斥性;另一方面,他们体验着由"业绩原则"引发的各种身心压力。体育运动存在着两种不同的形式:一种是非正式的、由运动员控制的运动,一种是有组织的、由成年人控制的运动。在不同的形式中,孩子们的个人体验是不同的。参与正式组织的体育运动的孩子们能够处理好同成年权威角色的关系,学会活动的规则和策略,可以"看到的是活动中的官僚制度和等级制度,他们开始熟悉被规则约束的团队工作,熟悉工作和成就的成人模式"(Adler and Adler,1994)。有学者认为,过多地参与有组织的体育运动,"孩子被动地接受成年人所提供的世界",这样会使其感觉自己对改造世界是无能为力的(Adler and Adler,1994)。

关于运动员为了提高成绩使用药物一事是值得关注的。20世纪50年代以来,由于人们可以轻易地获得能提高身体性能的药物,所以使用提高成绩的物质的现象在上升(Todd,1987;Voy,1991)。健康政策专家查尔斯·叶塞利斯解释说,这些药物为体育运动创造了"世界纪录,没有药物他们不能达到超越人类生命极限的强大的身体能力。而这些可以带来电视转播利润,获得资助"(Rozin,1994)。在运动员追逐杰出表现和梦想时,他就在运动伦理上走得太远,过度地遵从提倡牺牲和冒险的规范,他们就不会把使用提高成绩的物质的行为定义为偏离行为。

二、体育运动如何对人们加以强制和控制

这类研究主要考察:体育运动是否促使人们去关心比赛和得分,是否促使人们寻找解决社会、经济和政治问题的办法。

事实上,对比赛的质量和比赛结果的患得患失现象,主要表现在那些正式组织的、由成人控制的体育运动中。在这些比赛中,行动、个人参与和行为被严格的专门规则所规范,而这些规则由成人在执行。参加这些运动的孩子们还对他们在运动队中的正式位置非常关心,教练和观众也十分强调选手们位置的重要性,常常鼓励选手们在比赛中"恪守自己的位置"。由成人控制和组织的体育运动中,孩子们对于规则和教练员的期望非常顺从,很少有明显的争论。孩子之间即便有争论,也是因为某个运动员记不住比赛规则、没有守在自己的位置上、没能有效地比赛或者不能执行由成人制定的比赛策略。

在有组织的体育运动中,孩子们会很严肃、认真地对待比赛。因为他们想取得比赛的胜利,总是要知道他们的胜负记录,知道他们在运动联盟中的排名。其地位在很大程度上取决于教练员对其身体技能、在全队中的价值所作的评估。但是,只有运动员严格遵守队规,才最有可能得到教练员的赞许。所以,在这些比赛中,始终充斥着成年人的口哨,口头的鼓励、指令和建议。他们看到的是活动中的官僚制度和等级制度,并开始熟悉被规则约束的团队工作,熟悉工作和成就的成人模式。

有组织的体育运动的实际活动,只能按规则安排的时间来进行,并受到天气、阳光等自然条件的制约,参与活动的时间也要根据其运动技能的差异而有所不同。这样的比赛一定程度上限制了运动员之间的友谊和友爱的交流,并且使得那些羞怯的、技术水平较低的小个儿只能靠边站。

因为运动员对运动伦理的集体遵从和过度遵从所产生的特殊的团结感,就把运动员与其他人分离开来,甚至把敬畏、羡慕他们的运动迷区分开来(Lyng,

1990),这也使运动员们经常产生过度的自豪,引发出某种形式的傲慢或夸大的力量意识(Higgs,1995),认为自己生活在一个免于遵循社会规则的特殊场所。

三、体育运动和商业主义的发展

这里,主要是考察体育运动是否利用以下两种方式促进资本主义扩张:为大公司和富人创造利润,或作为广告,鼓励人们把消费看作自身价值和生活质量的证明。也考察社会不平等问题以及体育运动所反映和加强的不平等方式。

体育一旦被商业化,就通常会具有"推销文化"的特征(Gruneau and Whitson,1993),公开出售体育表演及其相关产品。各大公司将体育作为其全球扩张的工具,使用精英运动员的形象来展现他们的公关工作和市场形象,强调效率、权力、技术的应用和成功的取得(Hoberman,1994)。如:百威啤酒与美式橄榄球联姻并将其介绍到英国,因为橄榄球所强调的粗犷、力量控制、身体支配、忍痛比赛、投"炸弹"、"惩罚对手"和抬着"受伤的战士离场"等的男子汉气概,可以改变口味清淡的百威啤酒的形象(Joe Maguire,1990)。

商业化也会导致控制体育的组织发生变化。当体育开始依赖自身创造收入时,体育控制组织通常就会离运动员越来越远(Guterson,1994)。一座城市为了彰显其具有"世界级",也要拥有职业运动队并组织大型体育比赛,对其进行多种形式的公共支持(Gruneau and Whitson,1993),进而导致体育业主从城市手中榨取公共资源(Purdy,1988)。

体育的商业模式并不是唯一能给运动员和观众提供的东西,但大多数人所希望得到的东西却只能建立在受商业和公司利益操纵的有限的信息之上的(Sewart,1987)。在社会生活中,人们在金钱、财富、政治地位与影响力、社会地位等方面的差异非常重要。控制资源并且把它们运用于组织和赞助体育运动的人,往往优先考虑符合他们的价值和利益的运动形式。他们对体育运动的赞助不仅是想拓展市场和获取利益,同时还是一个倡导社会生活应该如何组织、经济不平等在当今社会为什么存在等特殊观念的过程。因为,在所有社会中,谁参与体育运动、谁观看体育比赛以及谁能够得到体育方面的信息,不论以何种标准划分,机会和参与都与社会阶级紧密联系在一起(Donnelly and Harvey,1993)。同时,经济不平等对人们生活的长期影响,导致了某些体育运动同拥有不同财富和权力的人们的生活方式相联系(Laberge and Sankoff,1988)。参与这些体育运动的人们往往对他们的工作具有相当大的控制力,他们能够自由地排出时间来参加这些体育运动或者把参与体育运动同他们的工作结合在一起。参加体育运动虽然对于提升他们的地位有好处,但绝不可能被当成整体身份的必备基础

(Messner,1992:59)。相对来说,低收入人群和那些贫困人士就很少经常性地参加某种体育运动,而来自低收入阶层的男性往往也把参加体育运动当成一种获得"尊重"的手段(Messner,1992:57-58),因为体育运动为他们提供了一个逃离暴力、绝望、种族歧视和贫穷的避难所(Wacquant,1995)。大家普遍认为,"对于黑人和其他少数民族的社会进步而言,体育领域比其他任何领域蕴含的机会都要多。而且,它是黑人提高其社会地位的最好途径之一"(Miller Lite Report,1983)。

四、体育运动与民族主义和军事主义的关系

这里所要考察的是:体育运动是否产生肤浅的、非理性的和潜在有害的民族主义自豪感,是否被用于为社会中的暴力进行辩护,尤其是国家为保护经济特权者的群体利益而发动暴力。

当不同种族或族群群体的运动员是对手时,体育运动甚至成为产生或强化种族和族群的场所。体育竞争会强化感情,并产生敌意的群体间的行为。拉普奇克(Richard Lapchick,1984)说,当黑人和白人运动员"一起参加比赛时,偏见不可能随汗水一同蒸发掉……任何否定性行为的表现都有可能加剧现有的偏见"。

很少有国家会将国际友好和世界和平置于与奥运会相关的国家利益之上。大多数国家首先考虑的是通过体育运动来展示国家的优越地位。同时,民族主义主题一直存在于国际体育运动之中(Whannel,1992)。

一些研究表明,接触型运动存在并蓬勃发展的社会里,存在着高比例的侵犯和暴力。接触型运动似乎是用来表达相同的文化模式和导向的,即强调高度杀伤性的竞争,内部暴力和攻击性。在一项精心设计的研究中,对比了十个和平社会和十个有长期战争传统的社会,理查德·赛普斯(Richard Sipes,1996)发现,接触型运动在90%的好战社会中十分流行,而在只有20%的和平社会中是比较流行的。还有研究表明,在参加奥运会的国家中,接触型运动的普及程度与军事活动成正比(Keefer et al,1983)。英国历史研究显示了相似的模式:占支配地位的运动形式中的暴力与特定社会的暴力水平密切相关(Dunning,1993)。

媒体体育中的形象和信息很清楚地强调建立在传统国家忠诚和爱国主义基础上的国家主义和国家团结。它重视心理和身体上的攻击性,将粗鲁、有侵略性和竞争描述为信仰和技巧的标志。有人赞同攻击性,这很符合许多美国人处理人际间和国际关系所使用的政策的意识形态。

运动经常被用于军事和警方的训练。比如,美国和其他国家的军事学院传统上都对军校学员进行大量的体育训练,甚至现代奥林匹克比赛的建立也是部

分出于顾拜旦的信念,即通过开发卓越的领导者和战士所需的技能,运动可以用来激发法国的年轻人保卫法国(Tomlinson,1984)。

出于寻求认可和声望动机的运动还可以发生在国家层面上。政府官员们相信,当他们的运动员赢得金牌时,其国家形象就能在全世界面前得到提升。当巴西赢得他们的第一届世界杯足球赛时,多数巴西人强烈地感到,他们的生活方式相当于甚至可能好于欧洲国家的生活方式。他们认为巴西现在必须作为国际关系中的一个平等成员被认同和对待(Humphrey,1986)。相反,一些英国人认为,他们国家队的失败是他们国家的地位在国际事务中整体下降的征兆(Maguire,1994)。随着国家边界在人们生活中变得越来越模糊和越来越不重要,世界许多国家的政府正利用运动来通过围绕着对国家的认同的内部团结(Houlihan,1994)。政府利用运动宣扬自己的政治意识形态的典型例子是1936年的纳粹德国。多数主办奥运会的国家利用这个机会展现国民及世界其他地方人民所喜欢的东西,但是希特勒却通过"二战"前的柏林奥运会宣扬"日耳曼民族优越"的纳粹意识形态。

20世纪70年代以后的世界媒体报道加强并增添了体育运动与政治之间关系的新视角(Blain et al,1993;Real,1989)。以往,习惯于通过突出与国家利益和象征相关的政治争论来吸引观众;现在,通过突出"这个国家对那个国家"的竞争来加以吸引读者。

过去媒体对奥运会和其他国际体育运动的报道鼓励民族中心主义,并且用军事途径来处理国际关系,"冷战"后,民族主义主题仍然存在(Sabo et al.,1996)。但主要的是已成为大型跨国公司进行商业展示的舞台。在多数全球运动项目中,国家身份已变得日益模糊,运动队和运动员现在是根据赞助公司的标识来识别的,而不是根据国籍。有观点认为,标识忠诚比国家忠诚更重要。辨识运动员和运动队时,消费主义代替着爱国主义。国际体育运动成为各跨国公司利益角逐的场所。如果以运动鞋公司为例,那么,现在所有人都把奥运会看成是"耐克"对"锐步"的比赛(Reid,1996)。

五、体育运动和种族主义、性别主义的关系

这一主题主要是考察体育运动是否根据人种和性别划分人群,是否强化有关人种的刻板印象,是否歪曲有关男性气质及女性气质的定义,因而在社会中造成人种和性别上的不平等。

自20世纪90年代以来,性别和性别关系成为体育社会学的最热门话题。70年代以来,由于某种形式的政治压力和政府立法使得女性参与体育运动具有

更多的机会。尤其是三十多年的世界范围的女权运动,强调人类的女性只要有机会发展她们的智力和体能,她们也会得到相应的增强。这个思想鼓励了妇女在体育参与的兴趣(Fasting,1996)。然而,当政府通过新的政策或法规时,人们常常会在实际层面上讨论它们的意义,因此在一段时间里仍无法体现出性别的平等和公平(Hall,1996),甚至那些因妇女平等而感到"受害"的男人们对性别秩序的变革表现出强烈的反对(Staurowsky,1996)。同时,在妇女运动项目中,女教练和权位上的女代表仍然很少(Parkhouse and Williams,1986),而且工作职位越高、越有权势,妇女就越少。即使谋得这些职位,她们也会感到自己仍一定程度上得不到包容(Pastore et al,1996)。即使体育用品广告及其他文化信息并不对成绩卓著的女运动员感兴趣,它们大力宣传强壮和运动是"时髦",强调"形体健身",宣扬"美丽神话"(Hargreaves,1994;Wolf,1991),而向女性透露出的信息是"结实的异性化身体"极具价值。为遵从这一神话,许多女运动员在训练时仍保持瘦身节食,增加了损伤的可能性。

虽然大多数人认为,妇女应该具有与男人一样的参与机会(Sabo and Messner,1993),但当她们开展在传统上已成为"男性标志"的运动时,仍会遭遇极强的抵制(Bryson,1990)。当然,随着女性的参与更多地基于女性的价值与经验,并强调愉悦和参与本身的时候,她们的社会意识,甚至女权意识就有可能得以提高(Bailey,1993)。

大多数占主导地位的运动形式多有利于男子。在这种文化意识形态中,运动成为对男子汉气概的一种颂扬。布鲁斯·基德(1987)就将体育场所描述成"男人文化中心",强调进攻和竞争的运动"符合"男性气质定义。依据男性气质定义的传统内容(即"天生而然"),强壮而有攻击性的男子受到崇拜,被奉为英雄;而虚弱或被动的男子以及被看作"娘娘腔"的男子,被推向社会的边缘或受到排挤(Jansen and Sabo,1993)。同性恋取向更是成为一种贬损性的身份标签和不正常的生活方式。在西方文化中,多数人还是将女性定义为"弱势性别",与柔软、细小、感性化、需要保护联系在一起。由此,人们对女强身者的描述就是:女强人、非女性的怪人、最结实的身体、新女性、"性别扭曲者"、表演者等,其描述因历史和文化因素的不同而变化(Bolin,1992)。虽然如此,女性强身者对原有的性别逻辑发起的挑战确实已经开始。当然,随着女性健身的流行,也有人试图将"坚强身体"重新定义为性感身体,强调更具异性吸引力的"形体"(Cole,1993)。

研究表明,种族在生物学上是无意义的(Hallinan,1994),不能根据种族来解释运动员的身体技能和成就。但有些人用"种族理论"解释某种体育运动中黑色皮肤的人成功和白皮肤人的失败。如今,对人种差异的恐惧并没有消亡,白人的特权也没有消失,强化种族意识形态的努力采取了其他形式。比如,过分地关注没有达到社会期望的黑人运动员,关注体育运动中表现突出的黑人运动员的道德过失和性格弱点上。种族逻辑以各种各样的形式呈现。例如,贝尔和桑(Bale and Sang,1996)指出的,欧美白人在解释肯尼亚人和埃塞俄比亚人长跑比赛的成功时,是以"刻板的、有时用种族主义的术语来解释的"。

在体育运动的社会世界中,种族逻辑以复杂的方式与性别逻辑交织在一起。理查德·梅杰斯(Richard Majors,1986、1991)认为,美国黑人男子已经接受了美国文化中主流的男性气质的定义。由于种族逻辑限制了黑人在制度化的领域中的成功,他们便将精力放在独特而富有表现力的、引人注目的举止、言谈、衣着、发型等方式上,以此来处理这些问题。这就是所谓的"冷酷姿态"的人际间的自我表现形式。这在有许多黑人运动员的体育运动中是不可缺少的。

来自不同种族背景的运动员在团队中表现出来的地位模式,可以看到种族观念在体育运动中的影响。在美国,黑人运动员很少在大型团队体育项目中处于所谓的"思维位置"。这一模式影响了种族意识形态在运动员地位模式中的表现模式。种族意识形态不仅将黑人男子身体变成某项体育运动中的娱乐商品,也限制了黑人进入体育组织中的管理位置(Anderson,1993;Lapchick,1996),因为这些位置往往都是处于"思维位置"的前运动员。何况,由于教练能力不能像运动能力那样客观地测定,因此招聘人员在评价教练竞选者时就会带有三观感情(Lavoie and Leonard,1994)。

总之,冲突理论关注体育运动如何反映并加强社会权力和经济资源的不平等分配,导致对体育运动的负面效果的强调,得出需要对体育运动和社会总体进行根本变革的结论。但冲突理论的问题在于,它认为体育运动是由社会中的经济力量和资本需求唯一地决定的(Messner,1984),从而忽视了娱乐和大众参与的运动,忽略了运动参与有时是一种个人具有创造性和解放性的体验,也可以挑战和抵制拥有经济权力的那些群体的利益,甚至在某种情况下可以改变一个组织或社区中权力分配的方式(Birrll and Theberge,1994a,b;Donnelly,1988)。

第三节 批 判 理 论

社会学家在没有完全放弃功能论和冲突论的同时,运用批判理论来描述和理解在个体、群体和社会的生活中体育运动的日常现实。批判理论认为,历史的、社会的和物质的条件限制了人们的行为和社会生活。这一理论试图考虑社会生活的复杂性和多样性,往往关注于解释特定的问题和情境。它关注社会生活中的权力——权力来自哪里、在不同情境和人生活的不同方面权力如何运作、当人们与众多生活问题斗争时权力如何转移?

批判理论关注行动和政治参与。他们认为,所有人类关系是以关于怎样界定和组织社会生活的政治斗争为基础的。在体育运动中,斗争的基本问题是:什么样的活动才称得上"体育运动"?体育运动怎么会需要攻击性、竞争以及运用表演技术来理性地追求目标?为什么体育运动中表现出色的标准是根据高度专业化活动中可测量的成绩来界定的,而成绩与运动场外的普通的健康或生活几乎没有关系?

大多数社会中主要的运动形式,是按照有利于一些人而不利于另一些人的方式社会性地建构起来的。体育社会学越来越多地采用批判理论,因为越来越多的人认识到,仅仅根据市场经济的生产需求或者社会系统的均衡需求,是不能解释体育运动的。因为,当人们在体育活动中运用权力和资源时,他们也同时创造和组织了体育运动。

在批判理论看来,体育运动和社会之间的关系不是一劳永逸地确定下来的:历史条件和政治经济力量发生改变,体育运动也会随着政府、教育、媒体、宗教和家庭的新发展而改变;体育运动还会随着关于男性气质和女性气质,关于人种、族性、年龄、性取向和身体的新观念而发生改变。一般来说,批判理论可能会提出这样一些问题:为什么不同时代的体育运动有所不同?为什么过去女性不允许参加某些体育运动?为什么大多数体育运动是种族隔离的,人种和族际隔离模式如何随着时间发生改变?为什么某些社会围绕着性问题(同性恋运动会)、精神和身体能力问题(特殊奥林匹克与准奥林匹克)以及年龄问题(高级奥林匹克运动会和高级高尔夫球以及其他)而发展专门的运动和运动组织?

在体育社会学中,批判理论对体育运动的具体关注主要是:

(1) 社会中的体育运动"可能是"什么样子;

(2) 不同群体参加体育运动的机会如何变化;

(3) 应该怎样改变体育运动以反映社会中更多人的利益;

(4) 在人们怎样彼此互动、怎样组织社会生活方面,体育运动什么时候和怎样才能成为促进变迁的场所。

而批判理论也包含着一些不同的具体类型,如女性主义理论、文化研究等。

一、女权主义理论

女权主义理论是批判理论的一个具体类型。所有的女权主义理论都是批判性理论,其基础是女性生活体验以及许多社会中对妇女蓄意的、剥削和压迫的事实证据。女权主义理论还强烈承诺发展改善妇女条件的社会行动计划。女权主义理论产生于对忽视女性的知识传统的普遍不满。

女权主义其实并没有形成一致的意见,一般可以分为自由女权主义和激进女权主义。自由女权主义者认为,现在最需要关注的问题应该是歧视与不平等机会。自由女权主义的目标就是要在社会生活的所有领域,包括体育运动中促进女性有充分平等地参与机会(Lenskyj,1992b)。其中,针对体育运动,他们关心的是女性是否有公平和平等的机会成为运动员,参与运动并获得报酬,是否可以担任各种层次的教练,并在能体育组织的权力结构中获得应有的职位。在海伦·伦斯基(Lenskyj,1992b)看来,"自由女权主义者大概会同意这种观点,'适合男性也就适合女性'"。

而激进女权主义者则认为,最主要的问题并不只是歧视和机会不平等。因为许多活动和组织是代表并加强男性权力和特权的,所以,其最终的目标就必然超越了平等的参与机会。激进女权主义者不赞同"适合男性的也就适合女性"这一思想(Vertinsky,1992)。针对体育运动,他们对从事体育活动以及在体育组织中工作的意义提出了质疑。因为在这些活动或工作中,评价组织成功和个体资格的最重要标准是攻击性、竞争性、目标导向和理性的效果。

激进女权主义者主张,要完全理解我们生活中有组织体育运动的历史和社会的重要性,必须理解体育运动怎样一直而且仍将根据性别而分界。他们支持这一主张的论据是:有组织的体育运动在英国发展的时候,许多人害怕女性会控制家庭生活,害怕女性抚育的孩子不够坚强、无法控制世界各地的被殖民者、不会打仗、不会扩张资本主义经济。在19世纪,这种对"社会生活女性化"的恐惧也刺激了其他社会中有组织的竞技运动的发展和对它的赞助。体育运动原是强调和传授"男子汉"价值和行为的。因此,过去女性一直被排除在接触生体育运动之外,也不鼓励她们参加剧烈的运动,因为人们认为她们的身体没有攻击性、缺乏体能和精力。当然,这种排除和劝阻的更重要的含义是:女性身体天生弱于男性身体,生物特性使女性注定要受男性的控制(Bryson,1991)。这种观念成为发展有组织体育运动的根据,并同样存在于其他文化中。

当体能起到实际作用,力量和暴力广泛应用时,男性与女性之间力量的平等可能有利于男性。但如果不需要体能时,力量和暴力的表现也受到控制,男性就会寻找其他方式来维护其优越性的合理。拳击、冰球等被认为是"男性的"或"攻击性的"体育运动,至少部分地提供了这种理由。这些体育运动的增强和普及,部分是因为它们加强了这样的信念:力量和侵略是生活的重要组成部分,男性优于女性,因为男性比女性更具力量,更有侵略性(Bryson,1991;Nelson,1994)。

女权主义者认为,体育运动是"性别分化"的活动,有组织的体育运动强调竞争、效率和成绩排名,却不看重相互支持、友善、反馈和体谅,因而加强了它的"性别分化"特征。体育运动是根据男性价值和经验而社会性地建构的。它意味着"男性价值和经验"成为评价一切从组织成功到所有参与者资格的标准。

根据对体育运动的这种分析,女权主义理论使得体育社会学研究者在研究时提出下列问题(John Acker,1992):

(1) 在大多数社会中人们看待性别、看待男性气质和女性气质的方式,在多大程度上影响着性格的形成和主导运动形式的结构?

(2) 如果性别不是体育运动和组织的一个组织原则,我们今天在世界上大部分地区所看到的体育运动还会存在吗?

(3) 社会中某种形式的男性气质与男性权力、特权,与今天大多数大众体育运动的包装、提倡和组织具有怎样的联系?

(4) 特定社会中与居主导的运动形式相联系的形象、符号和观念,是如何造成体育运动参与者、体育活动、体育组织的"性别分化"的?

(5) 体育运动及其组织的结构和运作机制,是如何确立起对女性的贬低和排斥的?

(6) 运动员和教练如何建立性别化的外表或个人形象,才能使他们适应体育运动与组织而不被认为是偏离的或威胁性的?

这些问题是体育社会学的关键问题。苏珊·比勒尔和黛安娜·里克特(Susan Birrell & Diana Richter,1994)研究了一种具体的体育运动经验是如何被社会性地建构的。她们以两个社区中参加减速垒球协会的妇女为观察对象,关注这些女性的女权主义意识如何表现、如何形成她们的运动经验,体育运动又如何与她们的生活整合在一起。她们发现,这些女性试图创造替代性的运动体验。随着她们的团队发生变化,这些女性体验到作为垒球运动员的一种满足感和快乐,并且再次肯定了她们集体的女权主义意识和政治权力感。研究表明,体育运动与其说是"社会的反映",不如说是人们自身的"社会创造"。这种体育运动的定义和组织是以参与者本身的意识和集体思考为基础的,这意味着人们可以通过自己的努力改变体育运动。也就是说,体育运动并不总是再生产出主导的行为和思想方式。

迈克尔·梅斯纳(Michael Messner,1992)采用一种批判的女权主义来研究男子运动员生涯中男子气质的社会建构方式。他发现,男子在他们的运动经验之前就已经具有性别认同以及关于男子气质的特定看法,在体育运动参与的过程中,他们建构了各种导向和关系,具有与社会中居主导的男子汉观念一致的体验,并由此加强了他们在公众中的地位,形成了彼此间非亲密性的忠诚关系,强化了对女性的父权制关系,构建着使一些人拥有对其他人的特权的男性气质。这一研究表明,性别是一种社会建构,体育运动可以为研究性别认同的形成提供富有成效的场所("社会场所")。

"性别分化"过程是男孩和女孩运动体验的一个普遍部分(Hasbrook,1995)。因为女性参加运动时,和男性一样,大多数人逐渐学会了接受痛苦、身体的冒险和受伤为正常的事。但因为高难度表演的体育运动是以男性的价值和体验社会性地建构的,为了在这些体育运动中被认可,女性经常接受与之相伴随的思维和"表演伦理"。因而,女性体验的身体社会化与她们作为高难度表演的运动员身份相关,但与她们的女性身份无关。

二、文化研究

批判理论的体育社会化研究是将体育社会化作为社区的和文化的过程来研究的。他们不只观察运动员的体验特征,他们更关注的是作为社会中人们创造和获得故事的场所的体育运动,人们可以用这些故事来理解世界及生活。所以,对体育社会化的研究是关注谁的体育故事成为文化中的主流。媒体虽然没有垄断我们的思维,但媒体的故事和形象经常提供我们思考的背景,框定了我们生活中的话题和我们创造并用来理解世界的故事。因此,针对体育运动的这种批判性的研究主要是涉及体育运动在整体文化中的影响。

以葛兰西(Antonio Granmsci)批判理论的观点分析,大众(诸如体育运动)是讲述故事的理想场所,人们可能通过这些故事对生活中什么重要以及生活是什么形成观念。体育运动作为一种重要的社会现象,可以给人们提供某些话语和观念的背景,并告诉人们如何看待和评价自己及世界的其他部分。许多社会学家认为,对某一种观念的赞同过程其实是一个建构的过程。如果依照批判理论来看,这一过程被称为建立霸权的过程。

戴维·安德鲁斯(David Andrrews,1996)应用文化研究和后结构主义来研究篮球巨星迈克尔·乔丹的故事,以及这些故事与美国文化中种族观念之间的联系。他所关注的是:当与体育运动相关的大众形象在媒体和日常谈话中呈现时,它们如何成了一种文化象征。安德鲁斯等人的研究强调,没有人能生活在观念的影响之外(Birrell and Cole,1990;Paraschak,1997)。这种研究的假设是:体育运动是人们生活中快乐的源泉,因而成为人们获得和挑战观念的渠道。它可能表明了体育运动如何影响文化中的集体意识,以及如果这种影响强化了陈规陋习和剥削,人们如何能够消除它。

道格·福利(Doug Foley,1990)采用"表演理论"的批判理论来研究一个小镇上的体育赛事与社区社会化过程之间的关系。他的研究发现,一般学校体育运动作为小镇上重要的社区典礼,再造着现存的性别、人种、族性和收入的不平等。同时,围绕着体育运动所产生的故事也再次肯定了已有的思想和行为方式。

其实,体育运动一定程度上也维护着种族意识形态。一种有利于白人的种族逻辑表明,白皮肤的人智力优越,有色人种则"像动物一样野蛮"。甚至认为,黑人的头盖骨比较厚,所以他们不会被白人的拳头打青或打裂(Hoberman,1992)。因此,当黑人拳击运动员获得成功时,这种种族逻辑就用于解释他们的成功。理查德·梅杰斯(Richard Majors,1986、1991)也认为,当黑人男子努力根据美国文化认可的方式来确立他们的男子汉形象时,其中的一些人就会产生出一种"冷酷姿态"的自我表现。

另外,艾恩·博林(Anne Bolin,1992)针对女性强身的研究表明,占主导地位的女性定义也表露出其某种局限性。因为,妇女已把她们的生活仔细地分成"台前"和"台后"两个部分。在体育馆后台区域,她们严格地训练并不理会外人是如何对性别定义予以关注的。但在"前台"她们又尽力运用女性气质的象征符号来掩饰肌肉太多的表征,凸显着当今所定义的女性气质的主流形象。这种划分,已开创了把肌肉和力量发展作为妇女个人效能感来源的可能性,从而扩展着关于女性气质的定义。

批判理论的分析集中在媒体体育中的形象和信息在多大程度上代表了关于社会生活和社会关系的主流的观点上。使用批判理论的研究主要明确了成功、性别、种族三个主题。

媒体体育中再现的形象和信息都强调那些经过选择了的主题,即确认重要的议题和看待世界的具体方式。在美国,媒体就强调要通过竞争、努力工作、坚持、支配别人、服从权威以及"一流技巧"来获得成功。虽然还有一些观点认为,成功是可以建立在移情、支持别人、自治、内在的满足、个人成长、协调、妥协、增长的变化或平等的成就上的。但是,这种观点却很少有人会注意到。

体育的媒体报道主要是强调男孩和男性比女孩和女性更适宜参加各类体育运动。有关男人的体育占据了整个媒体报道的80%(Creedon,1994;Messner,1996),对女性运动员的报道多是强调其文雅、平衡和审美性——与传统女性形象一致(Deford,1996;MacNeil,1996),对她们所取得的成就却评价过低(Daddario,1994;Heinz,1991)。一般而言,媒体塑造出的女性运动员形象——强大而无力、勇敢而脆弱、有力而可爱,也是一种令人迷惑形象(Heinz,1991)。

这一形象以一种明显的矛盾方式把她们的长处和缺点混合在一起。

体育的媒体报道影响着关于种族和种族关系的观点。由于种族意识形态深深地植根于西方社会,种族主义有时会无意识、无意图地存在着,具有种族意识形态的言行还没有彻底消失(Murrell and Curtis,1994)。这种种族问题必将影响到黑人孩子,当他们看到黑人运动员在运动中表现出色时,他们就可能会致力于成为运动员,并考虑能在追求教育和职业时会获得某种程度的优先权(Bierman,1990;Gaston,1986)。正是认识到这一点,一些以黑人为主的城市媒体就赞助社会服务,并且鼓励那些强调教育的重要性的比赛(Johnson,1995)。

使用批判理论的研究明确了与国家主义、竞争个人主义、团队、抱负和消费主义相关的主题(Hargreaves,1986;Kinkema and Harris,1992;Sabo et al.,1996)。媒体体育中的形象和信息很清楚地强调建立在忠诚和爱国主义基础上的国家主义和国家团结。如果某种运动与一个国家所应有的传统观念不一致时,这一运动项目将不会得到优先报道。当本国的运动队或运动员在与其他国家的体育代表队或运动员竞争时,常常被描述成为"我们对他们"的比赛。当本国运动队或运动员胜利时,媒体评论员强调"我们赢了"。即使在团队运动中,媒体也强调个人通过努力达到比赛的胜利,强调个体必须对他们生活中发生的事情负责,以及团体失败是由于个人性格缺陷的观念。媒体通过强调服从权威、对群体忠诚和愿意为群体利益做牺牲的形式来强调团队协作的重要性(Kinkema and Harris,1992)。这一主题明显地适应市场经济和商业组织下的意识形态:团队意味着在领导—教练指导下的忠诚和生产率。

体育媒体的另一个主题是重视心理和身体上的攻击性。它将粗鲁、有侵略性和竞争描述为信仰和技巧的标志,将橄榄球的擒抱描述为挤碎的撞击,将篮球中的强烈的犯规描述成对对手的警告。在美国,体育媒体中运用的语言事实上是暴力和战争的语言(Segrave,1994)。

此外,体育媒体的商业形象和信息促进了消费主义。他们鼓励体育观众通过购买衬衣、鞋子和帽子等来表达他们跟运动队和运动员的联系。

总之,美国媒体的体育报道强调的是,关于"世界是怎样的和世界应该如何"这一具有传统意识形态的观点,它们期望也愿意将这些主题转化成美国公共意识的一部分。在批判理论看来,体育运动从来就不曾以那种非常有秩序的和理性的方式发展,而且将体育运动看作是一种社会现象,并不存在简单的规则。因为拥有不同权力和资源的群体内部和群体之间的关系是复杂变化的,所以体育运动的结构和组织也不断随之变化着。批判理论家们所关心的是:体育运动如何影响人们形成观念和导向的过程,而人们又是如何用这些导向和观念来解释他们生活中发生的事情的。他们想要知道,体育运动如何以及什么时候才能促进人们对社会世界的认识和解释方式发生变化。

虽然这一理论的目标是要创造和保持各种形式的参与机会,让尽可能多的人参与运动,以促进个人发展,并能产生促使体育运动和整体社会发生变革的批判能力。但是,它却没能为人们提供一个明确的规则,以便确定体育运动什么时候再造着主导的社会关系形式,什么时候它又抵制和改变着社会关系。

第四节 互 动 理 论

互动理论为人们研究体育运动中的意义、认同和社会关系提供了新的分析框架。互动论的基本假设是:人类行动包含各种各样的选择,而选择又以人们彼此互动时所创造的意义或"情境定义"为基础。由此可见,人类就不仅仅是自动地对我们周围的世界做出反应;相反,人们也可以主动选择某种特定的行为方式,并期望自己的行为能够影响自己、周围的人以及生活于其中的社会世界。互动论针对体育运动的研究,通常是关注人们如何形成与体育运动相关的意义和认同,这些意义和认同是如何影响他们的行为以及与他人的关系。

互动论者使用的研究方法主要是收集,收集那些关于人们如何看待他们的社会世界及其与周围世界相联系的资料。其研究方法是需要参与观察和深入访谈,这对于理解人们如何定义情境并使用那些定义作为基础来确定自身做出行为选择来说是最好的。解释互动论研究的最好方法是给出一些例子。例如:

(1) 彼得·唐纳利和凯文·扬(Peter Donnelly & Kevin Yong,1988)通过人种志的观察和访谈资料发现,成为一名严格的运动员是一个艰难而长期的认同构建与认定过程。如何成为一名运动员的复杂过程:① 获得体育知识;② 与运动员建立关系;③ 习得规范和期待;④ 赢得成员认可;⑤ 在互动中重复肯定和再肯定自我认同。

(2) 加里·艾伦·法恩(Gary Alan Fine,1987)在对青少年棒球联盟的研究中表明,每个运动队里的男孩都形成了他们自己的意义和知识体系,并以此来评价他们的棒球体验、指导他们与队友在整个赛季中的互动。这种自属文化(idiocultures)是孩子们对自己在联盟中的体验予以解释,并赋予意义的情境。根据自属文化,为得到同辈群体认可,许多男孩子选择可以表现独立性的行为,强化其男性气质。运动和运动参与可以以许多不同的方式影响年轻人,这取决于体育运动如何组织以及在年轻人的成长过程中什么样的问题是重要的。他关注的是男孩们彼此互动时,他们与教练、父母互动时所发生的道德社会化。他发现,教练和父母提供给男孩们的道德信息是站在成年人的角度,而男孩却是从自己的角度接受和解释这些信息的。因此,社会化是一个双向互动的过程,在此过程中学习者在学习什么以及如何学习方面扮演关键角色。

（3）蒂姆·柯里(Tim Curry,1992)的研究,勾勒出运动员逐渐将疼痛和受伤看作其运动体验的正常组成部分的社会过程。在运动员生活中,痛苦的和具有潜在自我破坏性的体验是被定义为积极的体验的。

一、体育运动成为发生在社会总体中的"性别分化"过程的场所

这一过程是孩子们运动体验的一部分(Hasbrook,1995)。当男性参加运动时,大多数人逐渐学会了接受痛苦、身体的冒险和受伤为正常的事(Curry,1993; Curry and Strauss,1994)。南希·西伯奇(Nancy Theberge,1995)注意到,运动员的体验和取向与男性控制球队、运动本身有关。在体育参与的过程,队员们彼此之间发展了密切的过程。团队成为一个拥有自己的动力和内部组织的社区。正是在这种"构建的社区"背景中,运动员了解了运动本身,了解了自己,了解了彼此。这些运动员给予他们的运动体验的定义和意义以及他们将之与自己生活联系的方式,都是在运动场内外彼此互动时产生的。托德·克罗西特(Todd Crosset,1995)研究了女子职业高尔夫球队的社会世界。他发现,如果女性进入这一社会世界,她们会非常关心消除主导的性别观念潜在的负面影响。她们会强调"我们的思想和行为上不同于一般的有满屋子孩子的已婚妇女"。艾伦·克莱茵(Alan Klein,1993)研究竞争性健美的社会世界,发现健美运动员的大部分生活是围绕着性别和性的问题。当他们经历对自己身份和自我价值的严重困惑时,学会了将力量的形象投射到世界的其他部分。在他们的社会世界中,关于阳刚之气的观念是狭隘的、单维的,因而男性健美运动员显现出对同性恋的恐惧态度,并尽力公开展示他们的异性美。

二、体育运动为社会化的强有力的形式提供了场所

体育运动不仅是身体的运动、比赛、团队和组织,它们也是社会世界。所谓社会世界,是用来指称围绕着特定的活动,并包括所有与此活动有关的人与关系的一种生活方式和思维方式。对于围绕着体育运动的社会世界的社会化和体验,学者进行了一系列研究。帕蒂和彼得·阿德勒(Patti and Adler,1991)的研究表明,年轻人加入体育团队的社会世界后就非常投入地进入他们的运动员角

色中,以至于这些角色深深地影响到他们如何看待自己及其在运动、社会生活和学业上的时间分配。运动团队的社会世界成为他们看待这个世界的其他部分、设定目标、评价和定义自己的背景。洛伊克·瓦匡特(Loic Wacquant,1992)研究了贫民区体育馆拳击运动员的社会世界。他认为,拳击馆的社会生活是由黑人贫民区的社会力量和它的男性街道文化产生的。为了满足拳击身体上视觉上和精神上的要求,他们进行剧烈的身体训练,"吃饭是拳击,喝水是拳击,睡觉是拳击",培养出"社会化了的生活的身体"。在这一社会世界的生活体验使他们与同龄人分开,并使他们在缺少希望或机会的危险的街区中寻找生活的意义时继续活着。对他们来说,拳击是一种强有力的社会化体验。瑞安(Joan Rayn,1995)对精英女子体操社会世界的描述,为理解那个世界中女孩和年轻女子经常养成无规律饮食行为的原因提供了基础。这些女孩经常把它看作是作为一名运动员的一部分,是体操社会世界生活的一部分。

这些社会世界的研究表明,体育运动为社会化的强有力的形式提供了场所。要完全了解社会化过程和体验,就需要了解这些世界及其文化整体之间的联系。一旦我们"深入"了解了体育世界,一旦我们能够应用社会学的方法深入其中,运动员的思想和行为对我们才变得有意义并为人所理解,不论他们在外人看来是怎么样的(Goffman,1961)。体育运动的重要性在于它们被建构和"调解"为再现世界是怎样运行的和生活中什么是最重要的标志。因此,研究体育运动的互动论者近来开始将身体体验包括在对体育运动中的意义、认同和互动的研究中(Curry,1992,1996;Hasbrook and Harris,1996;Johns,1997)。

虽然互动论有效地研究了意义、认同和互动,但是因为它仅关注个人的情境定义和互动机制,而没有鉴别意义和互动过程如何与社会整体的社会结构相联系,同时,也往往不注意社会生活中的身体体验,不能很好地解释根植于体育运动过程中的行为。

在以上介绍的几类理论中,功能主义理论主要是解释体育参与在运动员和观众生活中的积极后果;冲突理论主要是解释运动员和观众是如何以及为什么因经济目的而受到压迫和剥削;批判理论认为,体育运动以复杂多样的方式与社会关系相联系,并且随着权力和资源的转移,随着社会、政治和经济关系发生改变,体育运动也在发生变化;互动理论则主张要理解体育运动,就必须理解与体育参与有关的意义、认同和互动。社会学所提供的这些取向各不相同的理论框架,对理解和认识体育运动和社会之间的关系,是颇有助益的。

本章参考文献

[1] 威尔·杜兰:《世界文明史——希腊的生活》,东方出版社,1998年。

[2] Acker, J. 1992. Gendered institutions. *Contemporary Sociology* 21, 5: 565–569.

[3] Adler, Patricia, and peter Adler. 1994. Social reproduction and the corporate other: The institutionalization of after-school activities. *The Sociological Quarterly* 35(2): 309–328.

[4] Anderson. D. 1993. Cultural diversity on campus: A look at collegiate football coaches: *Journal of Sport & Social Issues* 17, 1: 61–66.

[5] Andrrews, D. 1996. The fact(s) of Michael Jordan's blackness: Excavating a floating racial signifier. *Sociology of Sport Journal* 13, 2: 125–158.

[6] Bale, J., and J. Sang, eds. 1996. *Kenyan running: Mouement culture, geography and global change*. London: Frank.

[7] Bailey, N. 1993. Women's sport and the feminist movement: Building bridges. pp. 297–304 in G. Cohen, ed. *Women in sport: Issues and controuersies*. Newbury Park, CA: Sage.

[8] Real, M. R. 1989. *Supermedia: A cultural studies approach*. Newbury Park, CA: Sage.

[9] Beller, J. M., and S. K. Stoll. 1995. Moral reasoning of high school athletes and general students: An empirical study versus personal testimony. *Journal of Pediatric Exercise Science* 7: 352–363.

[10] Birrell, S., and C. Cole. 1990. Double fault: Rene Richards and the construction and naturalization of difference. *Sociology of Sport Journal* 7, 1: 1–21.

[11] Birrell, S., and D. M. Richter. 1994. Is a diamond forever? Feminist transformations of sport, pp. 221–244 in S. Birrell and C. L. Cole, eds. Women, sport, and culture. Champaign, IL: Human Kinetics.

[12] Birrll, S., and N. Theberge. 1994a. Ideological control of women in sport, pp. 341–360 in D. M. Costa and S. R. Guthrie, eds. *Women and sport: Interdisciplinary perspectiues*. Champaign, IL: Human Kinetics.

[13] Birrll, S., and N. Theberge. 1994b. Feminist resistance and transformation in

[14] Blain, N., R. Boyle, and H. O'Donnell. 1993. *Sport and national identity in the European media*. Leicester, England: Leicester University Press.

[15] Blinde, E. M., and S. L. Greendorfer. 1992. Conflict and the college sport experience of women athletes. *Women in Sport & Physical Actiuity Journal* 1, 1: 97-114.

[16] Bolin, A. 1992. Vandalized vanity: Feminine physiques betrayed and portrayed. pp. 79-99 in F. Mascia-Lees and P. Sharpe(eds.). *Tattoo, torture, mutilation, and adornment: The denaturalization of the body in culture and text*. Albany, NY: State University of New York Press.

[17] Brohm, J. M. 1978. *Sport: a prison of measured time*. London: Ink Links(*essays on how sport in distorted by economic and political forces in contemporary society*).

[18] Brown, B. 1985. Factors influencing the process of withdrawal by female adolescents from the role of competitive age group swimmer. *Sociology of Sport Journal* 2, 2: 111-129.

[19] Bryson, L. 1990. Challenges to male hegemony in sport. pp. 173-184 in M. A. Messner and D. F. Sabo(eds.). *Sport, men, and the gender order* Champaign, IL: Human Kinetics.

[20] Cantor, D. W., and T. Bernay(with J. Stoess). 1992. *Women in power: The secrets of leadership*. Boston: Houghton Mifflin.

[21] Chu, D., and D. Griffy. 1982. Sport and racial integration: The relationship of personal contact, attitudes and behavior, In A. O. Dunleavy, A. Miracle, R. Rees, eds. *Studies in the sociology of sport*. Fort Worth, TX: Texas Christian University Press.

[22] Coakley, J. 1992. Burnout among adolescent athletes: A personal failure or social problem? *Sociology of Sport Journal* 9, 3: 271-285.

[23] Coakley, J. 1993a. Socialization and sport. In R. N. Singer, M. Murphey, and L. K Tennant(eds.)pp. 571-586 in *Handbook of research on sport psychology*. New York: Macmillan.

[24] Coakley, J. 1993b. Sport and socialization. *Exercise and Sport Science Reuiews* 21: 169-200.

[25] Coakley, J. and A. White. 1992. Making decisions: Gender and sport participation among British adolescents. *Sociology of Sport Journal* 9, 1: 20 - 35.

[26] Cole, G. L. 1993. Media portrayal of the female athlete. pp. 171 - 184 in G. L. Cohen, ed. *Women in sport: Issues and controuersies*. Newbury Park, CA: Sage.

[27] Conniff, R. 1996. New day for women's sports. *The progressiue* 60, 9 (September): 11.

[28] Creedon, P. J., ed. 1994. *Women, media and sport*. Thousand Oaks. CA: Sage.

[29] Crosset, T. 1995. *Outsiders in the clubhouse: The world of women's professional golf*. Aibany, NY: State University of New York Press.

[30] Curry, T., 1993. A little pain never hurt anyone: Athletic socialization and the normalization of sports injury. *Symbolic Interaction* 16, 3: 273 - 290.

[31] Curry, J., and R. H. Strauss. 1994. A little pain never hurt anybody: A photo-essay on the normalization of sport injuries. *Sociology of Sport Journal* 11, 2: 195 - 208.

[32] Cury, T. 1991. Fraternal bonding in the locker room: A profeminist analysis of talk about competition and women. *Sociology of Sport Journal* 8, 2: 119 - 135.

[33] Cury, T. 1993. Alittle pain never hurt anyone: Athletic career socialization and the normalization of sports injury. *Symbolic Interaction* 16, 3: 273 - 290.

[34] Daddario, G. 1994. Chilly scenes of the 1992 Winter Games: The mass media and the marginalization of female athletes. *Sociology of Sport Journal* 11, 3: 275 - 288.

[35] Deford, F. 1996. The new women of Atlanta. *Newsweek*, June 10: 62 - 71.

[36] Donnelly, P. 1988. Sport as a site for "popular" resistance. In R. Gruneau, ed. *Popular cultures and political practices*. Toronto: Garamond Press.

[37] Donnelly, P., and K. Yong. 1988. Reproduction and transformation of cultural forms in sport: A contextual analysis of rugby. *International Reuiew for the Sociology of Sport* 20, 1 - 2: 19 - 38.

[38] Donnelly, P., and J. Harvey. 1996. Overcoming systematic barriers to access in active living. Unpublished report submitted to Fitness Program, Health Canada.

[39] Dunning, E. 1993. Sport in the civilizing process: Aspects of the development of modern sport. pp. 39 – 70 in Dunning, E., J. A. Maguire, and R. E. Pearton, eds. *The sports process: A comparatiue and deuelopmental approach*. Champaign, IL: Human Kinetics.

[40] Edwards, H. 1973. *Sociology of sport*. Homewood, IL: Dorsey Press.

[41] Fasting, K. 1996. 40,000 female runners: The Grete Waitz Run — Sport, culture, and counterculture. Paper presented at Intenational Pre-Olympic Scientific Congress, Dallas(July).

[42] Fasting, M. J. 1996. *Playing nice: Politics and apologies in women's sports*. New York: Columbia University Perss.

[43] Fine, G. A. 1987. *With the boys: Little league baseball and preadolescent culture*. Chicago, IL: University of Chicago Press.

[44] Foley, D. 1990. *Learning ca pitalist culture*. Philadelphia: University of Pennsylvania Press.

[45] Gaston, J. C. 1986. The destruction of the young black male: The impact of popular culture and organized sports. *Journal of Black Studies* 16: 369 – 384.

[46] Gruneau, R., and D. Whitson. 1993. *Hockey Night in Canada: Sport, identities, and cultural politics*. Toronto: Garamond Press.

[47] Goffman, E. 1961. *Asylums: Essays on the social situation of mental patients and other inmates*. Garden City, NY: Anchor Books.

[48] Guterson, D. 1994. Moneyball! On the relentless promotion of pro sports. *Harper's Magazine*(September): 37 – 46.

[49] Hall, M. A. 1996. *Feminisim and sporting bodies*. Champaign, IL: Human Kinetics.

[50] Hallinan, C. J. 1994. The presentation of human biological diversity in sport and exercise science textbooks: The example of "race." *Journal of Sport Behauior* 17: 3 – 15.

[51] Hargreaves, John. 1986. Sport, powr and culture. New York: St. Martin's Press.

[52] Hargreaves, J. 1994. *Sporting females: Critical issues in the history and sociology of women's sports*. London: Routlege.

[53] Harris, J. 1994. *Athletes and the American hero dilemma*. Champaign, IL: Human Kinetics.

[54] Hasbrook, C. A. 1995. Gendering practices and first graders' bodies: Physicality, sexuality, bodily adornment in a minority inner-city school. Unpublished manuscript.

[55] Hasbrook, C. A., and O. Harris. 1997. Physicality and the production of masculinities among first and second graders. *MasculInities* (in press).

[56] Heinz, M. 1991. Women's sports in the media. *Inside Track* (Spring). CBC radio program.

[57] Hoberman, J. 1992. *Mortal engines: The science of performance and the dehumanization of sport*. New York: The Free Press.

[58] Hoberman, J. 1997. *Darwin's athletes: How sport has damaged black American and preserued the myth of race*. Boston: Houghton Mifflin.

[59] Houlihan, B. 1994. *Sport and international politics*. Hemel Hempstead, England: Harvester-Wheatsheaf.

[60] Huey, J. 1996. The Atlanta game. *Fortune* 134,2(July 22): 43 – 56.

[61] Humphrey, J. 1986. No holding Brazil: Football, nationalism and politics. In A. Tomlinson and G. Whannel, eds. *Off the ball*. London: Pluto Press.

[62] Higgs, R. J. 1995. *God in the stadium: Sports and religion in America*. Lexington, KY: The University of Kentucky Press.

[63] Jackson, S. J. 1994. Gretzky, crisis, and Canadian identity in 1988: Rearticulating the Americanization of culture debate. *Sociology of Sport Journal* 11, 4: 428 – 446.

[64] Johns, D. 1996. Positive deviance and the sport ethic: Examining weight loss strategies in rhythmic gymnastics. *The Hong Kong Journal of Sports Medicine and Sport Science* 2(May): xx.

[65] Johnson, P. 1995. Biack radio's role in sports promotion: Sports, scholarships, and sponsorship. *Journal of Sport & Social Issues* 19, 4: 397 – 414.

[66] Keefer, R., J. H. Goldstein, and D. Kasiarz. 1983. Olympic games participation and warfare. In J. H. Goldstein, ed. *Sports violence*. New York: Spinger-Verlag.

[67] Klein, A. 1993. *Little big men: Bodybuilding subculture and gender construction*. Albany, NY: State Iniversity of New York Press.

[68] Kidd, B. 1987. Sports and masculinity. pp. 250 – 265 in M. Kaufman, ed., *Beyond patriarchy: Essays by men on pleasure, power, and change*. New York: Oxford University Press.

[69] Kinkema, K. M. and J. C. Harris. 1992. Sport and the mass media. *Exercise and Sport Science Reuiews* 20: 127 – 159.

[70] Koukouris, K. 1994. Constructed case studies: Athletes' perspectives of disengaging from organized competitive sport. *Sociology of Sport Journal* 11, 2: 114 – 139.

[71] Laberge, S., and D. Sankoff. 1988. Physical activities, body habitus, and lifestyles. pp. 267 – 286 in J. Harvey and H. Cantelon, eds., *Not just a game*. Ottawa: University of Ottawa Press.

[72] Lapchick, R. 1984. *Broken promises: Racism in American sports*. New York: St Martin's/Marek.

[73] Lapchick, R., ed. 1996. *Sport in society*. Thousand Oaks, CA: Sage.

[74] Lensky, J. H. 1992b. Unsafe at home base: Women's experiences of sexual harassment in university sport and physical education. *Women in Sport & Physical Actiuity Journal* 1, 1: 19 – 33.

[75] Lorenz, K. 1966. *On aggression*. New York: Harcourt Brace Jovanovich.

[76] Lyng, S. 1990. Edgework: A social psychological analysis of voluntary risk taking. *American Journal of Sociology* 95, 4: 851 – 886.

[77] MacNeil, J. 1996. The emergence of football specatting as a social problem, 1880 – 1985: A figurational and developmental perspective. *Sociology of Sport Journal* 3, 3: 217 – 244.

[78] Maguire, J. 1990. More than a sporting touchdown: The making of American football in England, 1982 – 1990. *Sociology of Sport Journal* 7, 3: 213 – 237.

[79] Maguire, J. 1994. Globaliztion, sport and national identities: "The Empires Strike Back?" *Society and Leisure* 16: 293 – 323.

[80] Maguire, J. and D. Stead. 1996. Far Pavilions? Cricket migrants, foreign sojourn and contested identities. *International Reuiew for the Sociology of Sport* 31, 1: 1 – 24.

[81] Marsh, P. 1978. *Aggro: The illusion of uiolence*. London: Dent & Sons.

[82] ——1982. Social order on the British soccer terraces. *International Social Science Journal* 34, 2: 247 – 256.

[83] Majors, R. 1986. Cool pose: The proud signature of black survival. *Changing Men: Issues in Gender, Sex and Politics* 17(Winter): 184 – 185.

[84] ——1991. Cool pose: Black masculinity and sports. pp. 109 – 114 in M. A. Messner, and D. F. Sabo(eds.). *Sport, men, and the gender order*. Champaign IL: Human Kinetics.

[85] Messner, M. A. 1984. Review of *Class, sports, and social development* (Gruneau, 1983) and *Sport, culture, and ideology* (Hargreaves, ed., 1982). *Journal of Sport and Social Issues* 8, 1: 49 – 51.

[86] Messner, M. A. 1992. *Power at play*. Boston: Beacon Press.

[87] Messner, M. A. 1996. Studying up on sex. *Sociology of Sport Journal* 13, 3: 221 – 237.

[88] Messner M. A. and D. F. Sabo, eds. 1992. *Sport, men, and the gender order: Critical feminist perspectiues*, Champaign, IL: Human Kinetics Books.

[89] Messner, M. A., and D. Sabo, eds. 1994. *Sex, violence & power in sports*. Freedom, CA: The Crossing Press.

[90] *Miller Lite Report on American Attitudes Toward Sports*. Milwaukee, WI: Miller Brewing Co.

[91] Miracle, A. W., 1981. Factors affecting interracial cooperation: A case study of a high school football team. *Human Organization* 40, 2: 150 – 154.

[92] Murrell, A. J., and E. M. Curtis. 1994. Causal attributions of performance for black and white quarterbacks in the NFL: A look at the sports pages. *Journal of Sport & Social Issues* 18, 3: 224 – 233.

[93] Nelson, M. 1994. *The stronger women get, the more men love football: Sexism and the American culture of sport*, New York: Random House.

[94] Nelson, M. B. 1994. *Are we winning yet? How women are changing sports and sports are changing women*. New York: Random House.

[95] Nosanchuk, T. A. 1981. The way of the warrior: the effects of traditional martial arts training on aggressiveness. *Human Relations* 34, 6: 435 – 444.

[96] Nelson, M. B. 1991. *Are we winning yet?* New York: Random House.

[97] Papp, G., and G. Prisztoka. 1995. Sportsmanship as an ethical value. *International Reuiew for the Sociology of Sport* 30, 3/4: 375 – 390.

[98] Patti, P. A., and P. Adler. 1991. Social reproduction and the corporate other: The institutionalization of afterschool activities. *The Sociological Quarterly* 35, 2: 309 – 328.

[99] Paraschak, V. 1997. Variations in race relations: Sporting events for Native Peoples in Canada. *Sociology of Sport Journal* 14, 1: 1 – 21.

[100] Parkhouse, B. L., and J. M. Williams. 1986. Differential effects of sex and status on evaluation of coaching ability. *Research Quarterly for Exercise and Sport* 57, 1: 53 – 59.

[101] Pastore, D. L., S. Inglis, and K. E. Danylchuk. 1996. Retention factors in coaching and athletic management: Differences by gender, position, and geographic location. *Journal of Sport & Social Issues* 20, 4: 427 – 441.

[102] Ponomaryov, N. I. 1981. Sport and society. Translated by J. Riordan. Moscow: Progress Publishers (and Chicago: Imported Publications, Inc.).

[103] Purdy, D. 1988. For whom sport tolls: Players, owners, and fans. *The World & I* 3, 10: 573 – 587.

[104] Rayl, S. 1996. Dents in the color line: professional basketball in the 1930's and 1940's Paper presented at the annual meetings of the North American Society for the Sociology of Sport, Birmingham, AL (November).

[105] Rayn, J. 1995. *Little girls in pretty boxes: The making and breaking of elite gymnasts and figure skaters*. NY: Doubleday.

[106] Reid, S. M. 1996. The selling of the Games. *The Denuer* Post, July 21: 4BB.

[107] Rozin, S. 1994. Steroids and sports: What price glory? *Business Week*, October 17: 176.

[108] Sabo, D., et al. 1996. Televising international sport: Race, ethnicity, and nationalistic bias. *Journal of Sport & Social Issues* 20, 1: 7 – 21.

[109] Sabo, D., and S. C. Jansen. 1993. Seen but not heard: Black men in sports media. pp. 150 – 160 in M. A. Messner and D. Sabo, eds. *Sex, violence & power in sports*. Freedom, CA: The Crossing Press.

[110] Segrave, J. 1994. The Perfect 10:"Sportspeak" in the language of sexual

relations. *Sociology of Sport Journal* 11, 2: 95 – 113.

[111] Sewart, J., 1987. The commodification of sport. *International Review for the Sociology of Sport* 22, 3: 171 – 192.

[112] Sipes, R. D. 1975. War, combative sports, and aggression: A preliminary causal model of cultural patterning. pp. 749 – 762 in M. A. Nettleship, R. D. Givens, and A. Nettleship, eds. *War: Its cause and correlates*. The Hague: Mouton.

[113] ——1996. Sports as a control for aggression. pp. 154 – 160 in D. S. Eitzen, ed. *Sport in contemporary society*. New York: St Martin's Press.

[114] Swain, D. A. 1991. Withdrawal from sport and Schlossberg's model of transitions. *Sociology of Sport Journal* 8, 2: 152 – 160.

[115] Stratta, T. 1995. Cultural inclusiveness in sport — Recommendations form African-American women college athletes. *Journal of Physical Education, Recreation and Dance* 66, 7: 52 – 56.

[116] Stevenson, C. L. 1990b. The early careers of international athletes. *Sociology of Sport Journal* 7, 3: 238 – 253.

[117] Staurowsky, E. J. 1996. Biaming the victim: Resistance in the battle over gender equity in intercollegiate athletics. *Journal of Sport & Social Issues* 20, 2: 194 – 210.

[118] Theberge, N. 1995. Gender, sport, and the construction of community: A case study from women's ice hockey. *Sociology of Sport Journal* 12, 4: 389 – 402.

[119] Trulson, M. E. 1986. Martial arts training: A novel "cure" for juvenile delinquency. *Human Relations* 39, 12: 1131 – 1140.

[120] Todd, T. 1987. Anabolic steroids: The gremlins of sport. *Journal of Sport History* 14, 1: 87 – 107.

[121] Tomlinson, A., and G. Whannel, eds. 1984. *Five ring circus: Money, power and politics at the Olympic Games*. London: Pluto Press.

[122] Vertinsky, P. A. 1992. Reclaiming space, revisioning the body: The quest for gender-sensitive physical education. *Quest* 44, 3: 373 – 396.

[123] Voy, R. 1991. *Drugs, sport, and politics*. Champaign, IL: Leisure Press.

[124] Wacquant, L. J. D. 1992. The social logic of boxing in Black Chicago: Toward a sociology of pugilism. *Sociology of Sport Journal* 9, 3: 221-254.

[125] Wacquant, L. J. D. 1995. The pugilistic point of view: How boxers think and feel about their trade. *Theory and Society* 24: 489-535.

[126] Whannel, G. 1992. *Fields in vision: Television sport and cultural transformation*. London: Routledge.

[127] Wolf, N. 1991. *The beauty myth*. New York: Anchor Books.

[128] Young, K., and P. White. 1995. Sport, physical danger, and injury: The experiences of elite women athletes, *Journal of Sport & Social Issues* 19, 1: 45-61.

后 记

与体育社会学研究内容的博大精深相比,这部书稿只能说是在它的浅滩上做了一次仓促的漫游,不足以呈现体育社会学研究的全貌。如果说它的出版,能够有助于读者对体育社会学研究有一个概观上的理解,能够为我国的体育社会学研究提供一种新的视角和分析问题的方法,则心愿足矣。

本书主要为学习体育社会学的大学生和研究生编写,在内容结构上将体育放在一个宏观的社会结构下进行考察,主要侧重于体育与相关社会设置间的关联性分析,以期使读者从社会学的角度对体育的发展有一个整体性的把握。

参与本书编写工作的人员及其分工如下:第一章,陆小聪;第二章,董鹏;第三章,马进军、王斌(执笔);第四章,杨坤;第五章,夏丽娜;第六章,张修枫;第七章,胡全柱、张鹤巾、王永;第八章,赵文杰;第九章,杨柳;第十章,包艳;第十一章,秦文宏;第十二章,耿敬。部分研究生参加了本书的校阅工作,陆小聪最后对全书做了统稿修改。

在本书的编写过程中,胡申生教授从选题到内容以及人员的组织都提供了极其有价值的指导忄生意见,在此表示衷心的感谢。

体育社会学在我国虽然起步不久,但是已经引起了众多的学术关注。本书在吸收已有研究成果的基础上,做了一个探索性的研究,希望它能成为正在构筑中的我国体育社会学大厦的一块垫脚石。

编　者
2020 年 10 月